実例でわかる 人事考課結果の昇給・昇格・賞与への活用のしかた

現代マネジメント研究会
代表取締役
菅野篤二 著

日本法令

はじめに

　人事考課制度のしくみや評定技法、人事考課表の実例を紹介した本は数多く出版されていますが、「人事考課の結果を昇給、昇格、賞与、能力向上等へ具体的にどう落とし込んでいくか」について解説している本はあまり出版されていません。

　人事考課は人事制度を運用するために行うものであるため、例えば、人事考課を昇格へ落とし込む手順は、その会社の給与のしくみに合わせた個別の方法になり、一冊の本としてまとめづらいことがあるのでしょう。

　そこで、本書はモデル会社（実存する会社の一部を変更したもの）を設定し、そのモデル会社の人事制度に合わせた落とし込み方を「実例篇」として紹介し、その後にモデル会社とは違った人事制度を採用する会社の実例を「応用篇」として紹介することにしました。

　人事考課の結果を活用目的に落とし込むためには、まず、人事考課の結果を調整する必要があります。人事考課はデジタル的なものではないため、人事制度をいかに細かく作り込んだとしても、評定者によって結果にバラつきが出てくるものです。そのため、事後に調整が必要になってきますが、結果を調整する前にバラつきを少なくするための事前調整という方法もあります。本書ではこの点についても触れることとしました。

　また、昇給、昇格、賞与、能力開発への落とし込み方については、「考え方」ではなく実例を中心に「昇給、昇格、賞与、能力開発への活用のしかた」として、紹介することとしました。これらの中から自社あるいはコンサルタントの顧問先の人事制度に合ったものを選び出し、活用していただければ幸いです。

平成26年11月
株式会社エム・デー・シー
現代マネジメント研究会　菅野　篤二

CONTENTS

はじめに ……1

I 本書のしくみとモデル会社の人事制度　7

本書のしくみ ……8

モデル会社の人事制度 ……9

1. 人事制度の枠組み ……9
2. グレードごとの能力基準 ……10
3. 給与のしくみ ……20
4. 毎年の給与改定の方法 ……20
5. 昇格・降格の基準 ……22
6. 人事考課制度 ……22

II 評定結果の調整方法　47

1. 事前調整の方法 ……48
 (1) 人事考課制度設計段階での調整の方法　48
   ① 自己評定を取り入れることによる調整の方法　48
   ② 1次、2次評定者の役割を明確にすることによる調整の方法　49
   ③ 評定段階を明確にすることによる調整の方法　49
   ④ 評定点をBの段階を100点にすることによる調整の方法　51
   ⑤ 絶対評定と相対評定の両方を取り入れることによる調整の方法　51
 (2) 評定者トレーニングを繰り返し行うことによる調整の方法　52
   ① 人事考課の基本的しくみと評定上の約束事を統一することによる調整の方法　52
   ② ケースによる評定実習による調整の方法　53

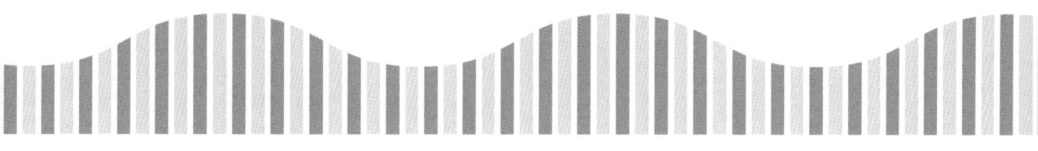

> **実例篇　54**

> **応用篇　69**

> | 69 | ■応用篇①：期初・期中・期末面接を徹底することにより事前調整を行っているＣ社の事例 |
> |---|---|
> | 77 | ■応用篇②：実際の期末面接にコンサルタントが立ち会って面接場面での話し方などを指導し、面接のレベルアップを図ることにより事前調整を行っているＴ社の事例 |

② 　事後調整の方法　……80

　① 　分布規制法　　80

　② 　平均点規制法　　81

　③ 　平均点加減法　　81

　④ 　間隔倍率法　　83

　⑤ 　調整会議などの話し合いによる方法　　84

> **実例篇　86**

> **応用篇　91**

> | 91 | ■応用篇①：管理者に対して自己評定後、社長、部門長、コンサルタントの３人で面接を通して調整を行っているＮ社の事例 |
> |---|---|
> | 93 | ■応用篇②：人事考課の総合評定に活用目的別総合評定を導入することにより、相対評定で調整するしくみを取り入れているＭ社の事例 |
> | 107 | ■応用篇③：平均点加減法調整を行った後に、部門別・グレード別に正規分布で評定を決め、最終評定を部門ごとに次長以上が集まって決めているＦ社の事例 |
> | 111 | ■応用篇④：評定結果のコメントを具体的に記入することを義務付け、コメントを調整の参考にしているＤ社の事例 |

Ⅲ 昇給への落とし込み方　115

実例篇 118

1. 毎年の給与改定の方法　……118
2. モデル昇格・昇給の設定　……119
3. 中途採用者の給与決定　……119

応用篇 123

- 123 ■応用篇①：業績評定の通期平均を「職能給」の改定に活用して、業績評定の半期分を業績給の洗い替えに活用しているH社の事例
- 153 ■応用篇②：社員区分が一般職、係長、課長、部長と職階で、給与表も設定していないので職階で金額を決めて運用しているB社の事例
- 157 ■応用篇③：基本給を能力給と業績給の二本立てとして、能力給は定昇で運用し、業績給は毎年洗い替えで運用しているY社の事例

Ⅳ 昇格への落とし込み方　171

実例篇 173

応用篇 178

- 178 ■応用篇①：中堅社員からのコース選択も含めた昇格を決めているO社の事例
- 203 ■応用篇②：職務行動特性評価による絶対評価と業績評価の積み上げで昇格を決めているG社の事例
- 213 ■応用篇③：スキルマップによる絶対評定で昇格を決めているW社の事例

Ⅴ 賞与への落とし込み方　227

1. 月数方式　……228
2. ポイント方式　……232

Ⅵ OJTへの落とし込み方　237

1. 管理者の役割と人事考課の関係　……238
2. 人事考課とOJTの関係　……239

応用篇 241

241 ■応用篇①：週1回および4半期ごとの進捗管理の面接により目標達成とOJTで効果を上げているI社の事例
249 ■応用篇②：月1回の進捗管理の面接を目標達成とOJTに連動させているA社の事例

Ⅶ 人事考課制度の定着化のためのアンケート調査の方法　257

本書で解説している事例は実在のものですが、会社名、個人名等については架空のものです。

I

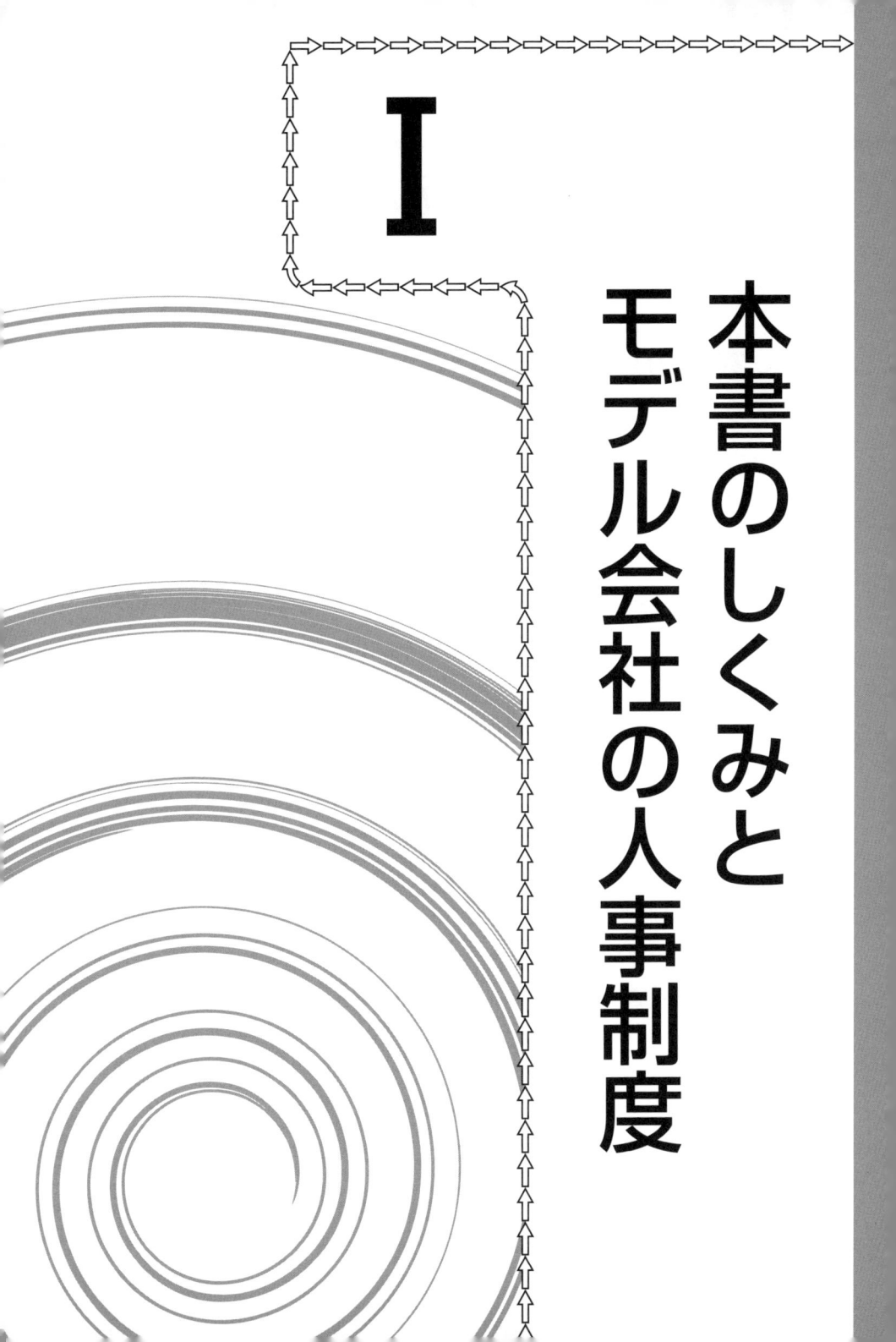

本書のしくみとモデル会社の人事制度

I　本書のしくみとモデル会社の人事制度

本書のしくみ

　本書は人事考課の結果を昇給、昇格、賞与にどういう手順でどう落とし込んでいくかという、人事考課結果の活用方法の実例を紹介したものです。人事考課の人事制度への活用は、その会社の人事制度によって変わってきます。そこで本書では、1つのモデル会社（実際の会社の一部を変更したモデル会社）を設定し、モデル会社での活用方法を「実例篇」として紹介し、その後にモデル会社以外の実例を「応用篇」として紹介するしくみにしました。

　例えば、昇給への活用でも給与テーブルを作成している会社と最近のようにテーブルは示さないで、等級ごとに上限、下限の範囲だけを示している会社など、給与のスタイルが違っていれば、当然落とし込み方も違ってきます。

　本書では、まずモデル会社での活用方法を具体的に紹介し、続いて、その他の活用方法として、モデル会社以外の実例を紹介します。モデル会社で活用の手順を学び、その方法が自社の制度と合っていなければ、応用篇で自社に合ったものを探し、活用してください。

I 本書のしくみとモデル会社の人事制度

モデル会社の人事制度

1 人事制度の枠組み

　モデル会社の人事制度の基本は、職務遂行能力の保有度合で社員を区分する「職能資格制度」です。等級の区分は5グレードから1グレードまでで、5段階に区分されており、「職能資格制度の枠組み」は**資料1**のようになっています。昇格基準の人事考課の落とし込みとの関連では、人事考課の結果とその他の条件があります。

資料1　職能資格制度の枠組み

能力段階	役職との対応	昇格の基準			
		人事考課	レポート提出	上司推薦	役員選抜
1グレード	部長	○	○	○	○
2グレード	課長	○	○	○	○
3グレード	係長　主任	○	○	○	○
4グレード		○			
5グレード					

2 グレードごとの能力基準

　グレードごとの能力基準は、全社共通の**資料2**のような「共通能力基準書」と、職務別に「スキルマップ」（**資料3**）が作成されています。このスキルマップは、人事考課の能力評定の基準書として活用されるものであるとともに、業績評定の評定基準を作成する際の基準になるものです。モデル会社でのスキルマップは職種ごとに6種類作成されています。

資料2　共通能力基準

グレード	求められる能力基準
1グレード	・経営方針に基づき適切な部門方針、目標が設定できる ・内外の変化を先取りした戦略的な判断ができる ・部門の業務革新に向けて責任ある判断ができる ・他部門、社内外関係先と必要な調整ができる ・部下を統括して部門全体の総力を結集し、担当部門の運営ができる
2グレード	・経営に関する知識、担当業務および関連分野の高度な専門知識を有する ・担当の部署を運営できる ・社内外関係先と必要な調整ができる ・部下を教育、統率して、組織の力を発揮させ、担当業務を遂行できる
3グレード	・担当業務の範囲で判断業務を遂行することができる ・グループのマネジャーができる ・社内関係先と必要な調整ができる ・部下を教育、指導して、また自ら率先してグループをまとめながら担当業務を遂行できる
4グレード	・担当業務の範囲での判定業務を遂行することができる ・グループのリーダーができる ・状況に応じて処理手順を変更する程度の工夫ができる ・スキルマップに基づいて下位者を指導できる
5グレード	・スキルマップに基づいた日常定型的な業務が遂行できる ・担当業務は上司の指示が大枠であっても、内容を理解し、業務を遂行できる ・チームメンバーとしての自覚を持ち、チームに溶け込める

I 本書のしくみとモデル会社の人事制度

資料3　スキルマップ

【営業職】

☆：指導できる。複雑・困難な作業でも対応できるレベル
◎：一人で問題なくできるレベル
○：上司の大枠の指示があればできるレベル

仕事の種類	No.	具体的な仕事	評価基準	求められる能力水準		
				5グレード	4グレード	3グレード
受注活動	1	目標作成	前期の新規件数、重版点数、1点上の売上を分析し、会社の成長を考えた具体的な達成計画を作成できる	○	◎	☆
	2	予算管理	日々、正確に売上大幅予算表を更新し、先を見通した営業活動ができる	○	◎	☆
	3	見積作成	仕様を理解して正確かつスピーディーに見積書を作成できる。適切な見積書を作成できて、利益や競合を考慮して作成できる	○	◎	☆
	4	営業訪問（個人、売上100万未満）	的確な訪問頻度を実施、キーパーソンを割り出し、受注に結び付けることができる	○	◎	☆
	5	営業訪問（上長同行、売上100万以上）	具体的な受注プロセスを計画し、上司とともに有効な営業をかけることができる	○	◎	☆
	6	営業訪問（特別/大型案件）	具体的な受注プロセスを計画し、社長・部長から顧客へ受注に向けたアピールをしてもらうことができる	○	◎	☆
	7	新規開拓（飛び込み・紹介）	訪問時に、顧客情報・ニーズをヒアリングし、受注することができる。新たな顧客を紹介してもらうことができる	○	◎	☆
	8	造本提案	企画・仕様に合った体裁（判型など）を提案し、効率（製作用紙など）を考え提案し、受注することができる	○	◎	☆
	9	企画・提案	顧客課題やニーズを整理し提案書を作成する。効率的なプレゼンを実施し、受注することができる	○	◎	☆
進行管理	10	伝票作成	制作伝票、印刷伝票、製本伝票を早く正確に作成できる（年間伝票不備0件）	○	◎	☆
	11	入稿処理・出校処理	入稿物（原稿・指定紙・素材等）までに準備および出稿ができる	○	◎	☆
	12	製造部とのコミュニケーション	製造部への報告・連絡・相談をし、お互いに気持ち良く仕事ができる関係を作ることができる	○	◎	☆
	13	報告・連絡・相談	日報やフォローアップシートを活用し報告・連絡・相談ができる。社内外からの問合せに正確に伝えることができる。朝のMTGで適切な報告ができる	○	◎	☆
	14	案件管理（進捗状況確認）	案件の進捗状況を確実に理解する。また、進捗状況を即時に判断し、適宜修正できる	○	◎	☆
	15	スケジュール表の作成	適切なスケジュール表を作成することができる	○	◎	☆
	16	営業検査（成果物の確認）	校正や見本の仕上がりが顧客要求品質に達しているか判断し、クレームや品質の不満を未然に防ぐことができる	○	◎	☆
	17	印刷立会い	顧客の求める品質に達するよう印刷オペレーターに的確な指示を出せる。立会い中に問題が起こった時、解決策を即時に判断に実行できる	○	◎	☆
	18	用紙の購買と手配、管理	本の仕様に対する良い用紙の適性を理解し、価格や品質により顧客に満足してもらえる用紙を提案できる	○	◎	☆
顧客対応	19	電話・FAX対応	3コール以内で気持ちの良い電話・FAX応対（すぐに出る、お待たせしない、ほか）ができる	○	◎	☆
	20	メール対応	適切なメール応対（確認頻度、文章レベル、ほか）ができる	○	◎	☆
	21	来客対応	様々な来客に、誰よりも早く、的確に対応できる	○	◎	☆
	22	顧客の情報収集	新聞やHPで顧客や書籍の情報を収集し、営業活動に活用できる	○	◎	☆

【営業職】

☆：指導できる。複雑・困難な作業でも対応できるレベル
◎：一人で問題なくできるレベル
○：上司の大枠の指示があればできるレベル

仕事の種類	No.	具体的仕事	評価基準	求められる能力水準		
				5グレード	4グレード	3グレード
顧客対応	23	会社見学会	日時の設定を顧客のご希望通りにできる。設備を把握し、会社案内に沿って顧客に一人で説明ができる	○		☆
	24	顧客とのコミュニケーション	顧客に出校日時を正確に伝えることができる。急な戻し時に対応し顧客の要望に応える。次の仕事を受注することができる	○	◎	
	25	与信管理	内外（例えば用紙店、仲の良い編集さん）に情報収集先を持ち、さらに日頃の営業活動で顧客の変化を敏感に察知し与信管理で報告できる	◎	☆	
	26	事故報告書	原因・対策を正確に記述した事故報告書を作成し、同様の事故を繰り返さない対策をすることができる	○		☆
	27	マナー、身だしなみ、挨拶	清潔感のある服装や髪型に気を配り、明るく元気の良い挨拶ができ、礼儀正しいマナーを身に付けて顧客に好かれることができる	○	☆	
請求処理	28	精算見積書作成	原価に基づき、精算見積書を作成し、さらには顧客に納得してもらえる説明ができる	○	◎	☆
	29	価格交渉	原価を抑えた交渉、さらには顧客に理解してもらえる交渉ができる	○	◎	☆
	30	請求書作成・提出	顧客の締切日までに作成、提出できる	○	☆	
	31	集金（入金の確認）	集金日に集金できる（手形の確認を同時に行える）/入金日に正しい金額が入金されているか確認できる	○	☆	
会議	32	課MTG（毎日）	会議で積極的に発言し、部や課の方針を決めることができる	○	☆	
6S	33	整理	業務に要るものと要らないものを区別し、要らないものを処分している	○	☆	
	34	整頓	机や機械・棚および周辺の棚などの伝票・書類・工具等の置き場所が明確で整頓されている	○	☆	
	35	清掃	机や機械・棚・椅子・棚などの拭き掃除を定期的に行ない、ホコリや汚れがない状態を保っている	○	☆	
	36	清潔（姿勢）	日常的に整理・整頓・清掃の3Sを維持している	○	☆	
	37	躾（ルール遵守）	日常清掃ルールにおける担当箇所（共有スペース）を決められた頻度・内容で行っている	○	☆	
	38	躾（挨拶）	出社・退社時の職場での挨拶、また来客者（協力会社・顧客）に明るく元気よく挨拶ができる	○	☆	
	39	節約	日常の業務の中で節約を実行している（時間、資材、消耗品、照明、エアコン、コピー、コンセント等）	○	☆	
教育	40	部下及び後輩の教育	部下および後輩の教育計画に基づき指導・アドバイスができる		○	◎
	41	OJT	日常業務の中でOJTを心掛け、実行している		○	◎
改善	42	クレーム	クレーム発生時、報・連・相を的確に行い、迅速的に処置することができる。またクレーム登録（24時間以内）ができる			☆
	43	再発防止策	クレームの原因を掘り下げ、有効な再発防止策を考え、実施できる		○	◎
	44	改善	日々の業務・ヒヤリハット報告などを通じて、無理・無駄・危険の発見および改善・予防活動ができる		○	◎

Ⅰ 本書のしくみとモデル会社の人事制度

スキルマップ

スキルマップ
☆：指導できる。複雑・困難な作業でも対応できるレベル
◎：一人で問題なくできるレベル
○：上司の大枠の指示があればできるレベル

【プレス課】

No	仕事の種類		具体的仕事	評価基準	求められる能力水準		
					5グレード	4グレード	3グレード
1	作業前確認	1	作業伝票の確認	作業伝票にある各項目を理解し、指示どおりに作業することができる	○	☆	
		2	用紙の確認	紙枚数、紙質、斤量、紙サイズ、紙の目、紙の裏表の確認ができる	○	☆	
		3	コロ、毛車の調整、ベルトの位置調整	コロ、毛車の調整、ベルトの位置調整ができる	○	☆	
		4	針の位置調整、前当ての調整、2枚差防止検知器	針の位置、前当ての調整、2枚差防止検知器の調整ができる	○	☆	
		5	フィーダー調整	フィーダー各部調整ができる	○	◎	☆
		6	調量水上がり量調整	調量水上がり量調整ができる	○	◎	☆
2	刷り出し	7	版付け	ハンコを機械に取り付けることができる	○	◎	
		8	裏表を合わせる	裏表を合わせることができる		◎	☆
		9	見当を合わせる	見当を合わせることができる		◎	☆
		10	刷り位置、折丁、ピンホール、文字欠け、針当たり、汚れ	刷り出し点検ができる		◎	☆
		11	特色	特練（濃度）調整ができる		◎	☆
		12	濃度調整	インキ（濃度）調整ができる		◎	☆
		13	赤字訂正確認	赤字訂正を理解し、正確に印刷に反映することができる		◎	☆
		14	湿し水上がり量調整	湿し水上がり量調整ができる		◎	☆
		15	本刷り決定	本刷りの判断ができる		◎	☆
3	本刷り	16	1日のスケジュールの決定	予定表を確認し、無駄のない順番を決定することができる。また、サブに正確に伝えることができる		◎	☆
		17	刷り本抜き取りチェック、インキ補充、濃度管理	刷り本抜き取りチェック、インキ補充、濃度管理ができる	○	◎	☆
		18	機械作動時デリバリ胴部調整	機械作動時デリバリ胴部調整ができる		◎	☆

13

スキルマップ

スキルマップ
☆：指導できる。複雑・困難な作業でも対応できるレベル
◎：一人で問題なくできるレベル
○：上司の大枠の指示があればできるレベル

[プレス課]

No	仕事の種類		具体的仕事	評価基準	求められる能力水準		
					5グレード	4グレード	3グレード
3	本刷り	19	機械作動時フィーダー部調整	機械作動時フィーダー部調整ができる	○	◎	☆
		20	機械音の確認	機械音の確認（異音に注意）ができる		◎	☆
		21	用紙の積み替え、ゴミ取り、版、ブランケットの洗浄	用紙の積み替え、ゴミ取り、版、ブランケットの洗浄ができる	◎	☆	
		22	機械の洗浄	インキローラ、インキツボ、ブランケット、圧胴、水棒水元ローラ洗浄ができる	◎	☆	
		23	印刷速度	印刷物から判断し、適切な印刷速度の決定ができる		◎	☆
		24	オペレーター	1台の機械を回すことができる		◎	☆
		25	機長	2台以上の機械を回すことができる		○	◎
4	補助作業	26	紙積み、紙ケセ確認	紙積みができる	☆		
		27	次に行う印刷の前準備、用紙準備	次に行う印刷の前準備、用紙準備ができる		☆	
5	始終業時	28	給油、各種資材準備、補充	給油、各種資材準備、補充ができる	○	☆	
		29	機械清掃、点検、廃棄物処理	機械の清掃、点検、廃棄物処理ができる	○	☆	
6	機械の保守、点検、調整、修理または依頼	30	ローラーニップ調整	水棒水元ローラ、インキローラのニップ調整ができる		◎	☆
		31	ローラー交換	水棒水元ローラ、インキローラの交換ができる		◎	☆
		32	日次・月次メンテナンス	○○工場日次・月次メンテナンスによるメンテナンス作業ができる		◎	☆
		33	デリバリ部の調整・メンテナンス	デリバリ部の調整・メンテナンスができる		◎	☆
		34	ユニット部の調整・メンテナンス	ユニット部の調整・メンテナンスができる		◎	☆
		35	フィーダー部の調整・メンテナンス	フィーダー部の調整・メンテナンスができる		◎	☆

I 本書のしくみとモデル会社の人事制度

スキルマップ

スキルマップ
☆：指導できる。複雑・困難な作業でも対応できるレベル
◎：一人で問題なくできるレベル
○：上司の大枠の指示があればできるレベル

【プレス課】

No	仕事の種類		具体的仕事	評価基準	求められる能力水準		
					5グレード	4グレード	3グレード
6	機械の保守、点検、調整、修理または依頼	36	消耗品の交換	ブランケット、ブランド、ブラシ洗浄布、ICPペーパー、その他、消耗品の交換ができる		◎	☆
		37	湿し水の調合	湿し水の調合ができる		◎	☆
		38	各部への給油	各部への給油ができる		○	☆
		39	故障の判断	機械の故障具合を確認し、適切な判断ができる		○	☆
		40	修理依頼	電話依頼で正確な故障状況をメーカーに伝えることができる		◎	☆
7	品質管理	41	検品	○○工場検品マニュアルによる検品ができる	-	◎	☆
		42	1部ぬきの折り・検査	1部ぬき・折りができる	◎	☆	
		43	色見本・原稿との照合	色見本、原稿との照合ができる	◎	☆	
		44	サンプリングの管理	カウンターを記入し、所定の場所に保管ができる	◎	☆	
		45	刷り直しの有無	刷り直しの判断を確実にできる			
8	発注	46	資材管理	インキ、資材、消耗品、部品など無駄のない発注が確実にでき、管理システムにも登録することができる	◎	○	◎
		47	対応	各業者への対応、コミュニケーションが取れる		○	◎
		48	用紙の受け入れ	受け入れ検査ができる	◎	☆	◎
9	工場管理・他	49	フォークリフト	フォークリフトを操作し、荷物を降ろすことができる		○	◎
		50	開錠・施錠	工場の開錠、施錠、電気の消し忘れチェック、火元の確認が確実に実施でき、また、セキュリティー会社への対応もできる（エラー時）	◎	☆	◎
		51	温湿度管理	適切な温湿度の確認を確実に実施できる。25℃±3℃、45%±5%	◎	☆	
		52	工場破損時の対応	業者への対応・修理などの手配ができる		○	◎
		53	会社見学会	○○工場の設備を把握し、顧客に一人で説明ができる		◎	◎
		54	電話対応	失礼のない電話対応ができる		◎	☆

スキルマップ

スキルマップ
☆：指導できる。複雑・困難な作業でも対応できるレベル
◎：一人で問題なくできるレベル
○：上司の大枠の指示があればできるレベル

【プレス課】

No	仕事の種類		具体的仕事	評価基準	求められる能力水準		
					5グレード	4グレード	3グレード
10	改善	55	クレーム	クレーム発生時、報・連・相を的確に行い、迅速に処理することができる。また、クレーム登録(24時間以内)ができる	○	◎	☆
		56	再発防止策	クレームの原因を掘り下げ、有効な再発防止策を考え、実施できる		◎	○
		57	改善	日常業務・ヒヤリハット報告などを通して、無理・無駄・危険を発見し、作業効率UPおよび改善・予防活動ができる		○	○
		58	整理	業務に要るものと要らないものを区別し、要らないものを処分している	☆	☆	
	6S	59	整頓	机<機械>および周辺の棚などの伝票・書類・工具等の置き場所(表示)が明確で整頓されている	◎	☆	
		60	清掃	机<機械>・棚・荷子などの拭き掃除を定期的に行い、ホコリや汚れがない状態を保っている	◎	☆	
		61	清潔(姿勢)	日常的に整理・整頓・清掃の3Sを維持している	◎	☆	
		62	躾(ルール遵守)	日常清掃ルールにおける担当箇所(共有物・共有スペース)を決められた頻度・内容で行っている	◎	☆	
		63	躾(挨拶)	出社・退社時の職場での挨拶、また、来客者(協力会社・顧客)に明るく元気よく挨拶ができる	◎	☆	
		64	節約	日常の業務の中で節約を実行している(時間、資材、消耗品、照明、エアコン、コピー、コンセントなど)	◎	☆	
	教育	65	部下および後輩の教育	部下および後輩の教育計画に基づき指導・アドバイスができる		○	◎
		66	OJT	日常業務の中でOJTを心掛け、実行している		○	◎

I 本書のしくみとモデル会社の人事制度

スキルマップ

☆：指導できる。複雑・困難な作業でも対応できるレベル
◎：一人で問題なくできるレベル
○：上司の大枠の指示があればできるレベル

【総務】

No	仕事の種類	具体的仕事	評価基準	5グレード	4グレード	3グレード
1	庶務	備品管理（文具注文、備品、常備薬）	備品、消耗品、常備薬の発注および管理ができる。	◎	☆	
		6S 大掃除 パトロール呼び掛け	7月12月大掃除およびパトロールのアナウンスおよび実施の確認をすることができる	○	◎	☆
		電話・FAX、コピー機の管理	電話・FAX、コピー機、携帯電話の選定、リース契約、管理をすることができる	○	◎	☆
		社用車の管理	社用車（リース契約）の選定、入替え、メンテナンス、鍵の管理をすることができる	○	◎	☆
		郵便物の管理	郵便物、宅急便の管理業務ができる	◎	☆	
		来客対応	来客の取次、お茶出しをすることの管理業務ができる	◎	☆	
		切手・印紙・官製はがきの管理	切手・印紙・官製はがきの管理業務ができる	◎	☆	
		印鑑、登記簿などの管理	印鑑、登記簿などの管理業務を密にし、登記簿などの管理業務を密にする	◎		
2	経理業務	資金調達	銀行との日頃の情報交換を密にし、必要時に資金調達がスムーズに行うことができる		◎	☆
		売掛入金確認 集金	毎月債権回収（銀行振込）がなされているか確認することができる。また、請収書を作成し、回収することができる		◎	☆
		帳簿管理	総勘定元帳、仕訳帳、現金出納帳、売掛・買掛・買掛元帳などの記帳ができる		◎	☆
		締処理（管理システム）	毎月買掛・売上の締処理を行うことができる		◎	☆
		支払い業務	買掛金、販売管理費の請求書のチェックを行い、支払い日に銀行振込をすることができる	◎		☆
		給与計算・振込	給与規定に従って毎月の給与計算を行い、各社員の銀行口座に給与支給日に振り込むことができる		◎	☆
		住民税・源泉税・社会保険・雇用保険支払い	住民税・源泉税・社会保険・雇用保険支払い業務を行うことができる		◎	☆
		与信	債権回収情報、営業部との情報交換（与信管理表）により、与信管理（与信限度額の設定、管理）を行い適切な処置（取引停止、公正証書作成指示）ができる			☆
		経理知識	小切手、手形の知識を持ち、扱うことができる		◎	☆
		月次会計	月次の試算表を会計事務所に作成してもらい、会計会議にて経営状態を把握し、以降の検討事項の確認をする		○	◎
		年末調整	年末調整業務を行うことができる		○	◎
		決算	決算～法人税申告までの業務を行うことができる			○
		保険	加入保険（災害、事故、傷病、年金）の内容を理解し、支払いなどの管理をすることができる。また、事故や傷病発生時の対応を行うことができる			○

スキルマップ

☆：指導できる。複雑・困難な作業でも対応できるレベル
◎：一人で問題なくできるレベル
○：上司の大枠の指示があればできるレベル

【総務】

No	仕事の種類	具体的仕事	評価基準	求められる能力水準 5グレード	4グレード	3グレード
1	経理業務	書類保管業務	契約書、経理書類、ISO関連書類などの保管期限を制定し、保管・廃棄ができる		○	☆
2		賞与準備（評価担当・スケジュール）	6/1、11/1に部課長以上に半期の評価日程をアナウンスし、賞与支給準備を行う（銀行への現金依頼、明細書作成）		◎	☆
		社員募集	新入社員および中途採用における採用活動全般を行うことができる（企業合同説明会参加、求人媒体申込、面接～内定まで）	○	◎	☆
		入社手続き	入社時の手続きを行うことができる（履歴書・誓約書・身元保証書、雇用契約書の管理）（社会保険加入手続き）		◎	☆
		派遣労働者契約	派遣労働者の契約更新等業務が円滑に進む		◎	☆
		退職者手続き	退職者が出た場合の退職手続き（社会保険喪失、退職金、離職票、交通費精算など）を行うことができる		◎	☆
3	労務管理	有給休暇取得管理	社員の有給休暇取得を年度ごとに管理することができる	○	◎	☆
		残業時間計測・管理・報告	給与締め日に合わせて、残業時間の計測を行い、過重労働が発生していないかを管理することができる		◎	☆
		健康診断実施フォロー	健康診断名簿作成（若年・成人病）受診票（検査キット）配布 レントゲン車道路使用許可申請（○○警察） 人間ドック対象者 婦人検診 検診結果実績配布 次検査フォロー 周知し漏れなく実施することができる 当日対応 対象者への周知 申込 以上のことを計画・周知し漏れなく実施することができる		◎	☆
		36協定	36協定を周知し、事業所毎に社員代表者に署名捺印の上労働基準監督署に提出することができる		◎	☆
		退職金共済加入（3年目より）	入社3年目の社員を対象に中退共に加入申請業務を行うことができる		○	☆
		就業規則改訂	法改正に留意し、就業規則の見直しを行い管理することができる		○	☆
4	ISO	外部審査	ISO外部審査（1～2月）の策定、計画、準備、実施ができる		○	☆
		ISO内部監査（7月 12月）	年2回の内部監査の策定、計画、準備、審査、実施ができる		○	☆
5	会議	経営会議・全体会議開催	月1回の実務各会議にてクレームに関して実務者レベルの水平展開を行えるよう会議を主宰し、クレーム削減につなげることができる		○	☆
		経営会議・全体会議 レジュメ 総務資料作成	月1回の経営会議、全体会議のレジュメ作成および総務のフォローアップシートの作成を行うことができる		○	☆
6	接待・年間行事・福利厚生	年始挨拶	年末年始スケジュールの告知、年賀状を配布するカレンダーおよびタオルの選定、発注、営業部への引渡しをすることができる		○	☆
		銀行まわり				
		中元・歳暮準備	営業部および社長宛に中元、歳暮のリスト作成依頼、品物選定、発注をすることができる		○	☆
		年賀状準備	挨拶状、年賀状の制作発注をすることができる	○		☆

I 本書のしくみとモデル会社の人事制度

スキルマップ

☆：指導できる。複雑・困難な作業でも対応できるレベル
◎：一人で問題なくできるレベル
○：上司の大枠の指示があればできるレベル

[総　務]

No	仕事の種類	具体的仕事	評価基準	求められる能力水準			
				5グレード	4グレード	3グレード	
6	接待・年間行事・福利厚生	取引先 慶弔対応	取引先の葬儀の対応（香典、電報、供物、移転、セット作成など）の対応（入社、祝い金）などができる	◎	○		
		慶弔見舞金	社内外の慶弔見舞金規定に従って、もれなく遅滞なく慶弔見舞金を支給することができる	◎	○		
		慰労会・忘年会・経営計画発表会	慰労会、忘年会、経営計画発表会を企画し、実施することができる	◎	○		
		永年勤続・誕生日祝い	入社5、10、15、20年の社員に対して永年勤続表彰を社内（忘年会）にて行う、社員の誕生日祝い（金一封）を朝礼にて渡す準備が滞りなくできる	◎	○		
		夏休み告知	7〜9月中旬までに夏休み（3日）を取得するようアナウンスを行い、もれなく取得できているか管理することができる	◎	○		
7	6S	整理	業務に要るものと要らないものを区別し、要らないものを処分している		☆	◎	
		整頓	机＜機械＞および周辺などの伝票・書類・工具等の置き場所（表示）が明確に整頓されている		☆	◎	
		清掃	机＜機械＞・椅子・棚などの拭き掃除を定期的に行い、ホコリや汚れがない状態を保っている		☆	◎	
		清潔 (姿勢)	日常的に整理・整頓・清掃の3Sを維持している		☆	◎	
		躾 (ルール遵守)	日常清掃ルールにおける担当箇所（共有物・共有スペース）を決められた頻度・内容で行っている		☆	◎	
		躾 (挨拶)	出社・退社時の職場での挨拶、また、来客者（協力会社・顧客）に明るく元気よく挨拶ができる		☆	◎	
		節約	日常の業務の中で節約を実行している（時間、資材、消耗品、照明、エアコン、コピー、コンセントなど）		☆	◎	
8	教育	部下および後輩の教育	部下および後輩の教育計画に基づき指導・アドバイスができる		◎	○	
		OJT	日常業務の中でのOJTを心掛け、実行している		◎	○	
9	改善	クレーム	クレーム発生時、報・連・相を的確に行い、迅速に処置することができる。また、クレーム登録（24時間以内）ができる	○			
		再発防止策	クレームの原因を掘り下げ、有効な再発防止策を考え、実施できる		◎	☆	
		改善	日常業務・ヒヤリハット報告を通して、無理・無駄・危険を発見し、作業効率UPおよび改善・予防活動ができる		◎	○	

3 給与のしくみ

　給与はグレードごとに上限、下限の範囲を設定する範囲型になっています（**資料4**）。範囲型の給与テーブルでの給与改定の運用は、グレードごとに上限、下限を設定し、給与テーブルは作成しないで、その年の会社の業績等を基本にして、毎年の昇給額を設定して、給与改定をしていくしくみです。現在のように定期昇給を毎年確実に行っていけない時代には、現状に合った給与の考え方だということで、このようなしくみを導入しています。

（1）グレード給　　　（2）接続型のグレード給表

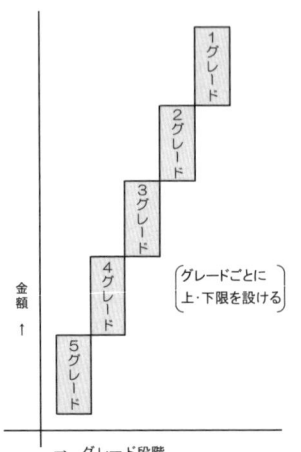

グレード	グレード給の範囲
1グレード	500,000 〜 430,000
2グレード	430,000 〜 360,000
3グレード	360,000 〜 280,000
4グレード	280,000 〜 200,000
5グレード	200,000 〜 165,000

4 毎年の給与改定の方法

　毎年の給与改定の方法は、**資料5**のステップ1のように給与改定時に前年度の会社の業績、世間相場などを考慮して、その時の昇給原資を、例えば一般・監督職で1人当たり2,000円というように、金額を決めます。そして同社の一般職（監督職も含む）は、5〜3グレード

の3段階ですので、ステップ2のように中間の4グレードの金額をその年に決めた2,000円にして、5グレード、3グレードの金額を一定の率で算出します。

そして、その金額を昇給額のB（人事考課での標準）に置いて、ステップ3のようにグレードごとに一定の率でS・A・B・C・Dの金額を設定して、毎年の人事考課の成績によって、S～Dを決定して給与を改定していくしくみです。

> **資料5　毎年の給与改定の方法**

ステップ1　・・・　毎年の給与改定の原資を、一般・監督職の1人当たりの平均金額を2,000円というように、毎年会社の業績、世間相場などを考慮して、会社が決定する。
決定した金額を基にグレードごとの1人当たりの金額を算出する。
〈例〉　一般・監督職の1人当たりの平均昇給額2,000円の場合

ステップ2　・・・　1人当たり平均昇給額を4グレードの金額として3グレード、5グレードへ係数を定めて配分し、昇給額を決める。
〈例〉

グレード	係　数	Bの金額
3グレード	1.2	2,400
4グレード	1.0	2,000
5グレード	0.8	1,600

（注）係数は一定ではなく、その年毎に決定する。

ステップ3　・・・　さらに、昇給額は人事考課の結果によって個人ごとに決定していく。
〈例〉　4グレードの場合の昇給額

S	A	B	C	D
1.6	1.2	1.0	0.6	0
3,200	2,400	2,000	1,200	0

5 昇格・降格の基準

　昇格・降格の基準は人事考課、レポート、上司推薦、役員選抜が条件になっています（**資料6**）。人事考課は同社では業績・意欲評定は賞与にも活用する関係上、年2回行っていますので、この2回分を平均して、1年間の業績・意欲評定として、能力評定は年1回行い、その結果によって人事考課上の昇格の判定をします。そして、人事考課の結果での条件をクリアした社員を昇格候補者に対して、レポート提出、上司推薦を行ってもらい、役員面接で選抜を行い、社長が承認するという手順で昇格・降格者を決めています。

　昇格の中では人事考課は第一の条件で、人事考課の条件をクリアした社員に対して、レポート提出、上司推薦、役員面接という条件が加わり、社長の最終承認で昇格者を決定していくしくみです。

6 人事考課制度

　人事考課制度については、業績評定は執務基準式（一般・監督職）、目標管理方式（管理職）を取り入れています。

　一般・監督職の執務基準方式の業績評定は、期初に評定者が**資料3**（11頁）のスキルマップの「仕事の種類」と「具体的仕事」「評価基準」を基本に、部下の「担当職務」と「仕事のポイント」を設定します。そして、「仕事の種類」ごとに「期日」「難易度」「ウエイト」を決めて、部下に示します。期末に自己評定を行い、上司に提出して、話し合いで決定していくしくみです。

　能力評定は、スキルマップを基準に上位グレードの能力を保有しているかということを評定するしくみです。具体的な評定方法については、**資料7**（24頁）の「人事考課評定の手引き」でご覧ください。

I 本書のしくみとモデル会社の人事制度

資料6　昇格・降格の方法

昇格（グレードアップ）	人事考課	レポート	上司推薦	役員選抜	最終承認
2グレード → 1グレード	〔上・下期の業績・意欲評定と能力評定で総合評定で決定〕①業績・意欲評定が2回Sで能力総合評定がH	テーマを決めてレポート	上司推薦	役員	社長
3グレード → 2グレード	②業績・意欲評定がA以上3回で能力総合評定の直近がH	テーマを決めてレポート	上司推薦	役員	社長
4グレード → 3グレード	③業績・意欲評定がB以上5回で能力総合評定の直近がM以上	テーマを決めてレポート	上司推薦	役員	社長
5グレード → 4グレード	④人事考課での降格は2年連続Dいか、3年連続C以下の場合、役員の総合判断で行う。ただし、グレードダウンした後に業績・意欲評価がB以上の場合は、グレードアップさせる	―	―	―	社長

資料7　人事考課評定の手引き

◆対象社員：一般・監督職

人事考課評定の手引き
（5～3グレード用）

＜人事考課の意味を理解して人事考課を行うこと＞

人事考課とは…　　人事考課というと「人事考課すなわち人の評定である。人が人を正しく評定することは不可能に近い。だから人事考課は難しい」という考え方を持つ評定者が多いようですが、これは間違いです。

当社で行う人事考課は「人の評定」ではなく、その人が行った仕事を評定する制度です。したがって、人事考課ではその人の気質、性格、適性、将来性といった人間そのものは評定しません。人事考課は「その人が行った仕事に限定した評定」を行うために、評定に際していろいろな約束ごとを決めています。評定者が公正な評定を行うには、まず約束ごとを知り、それを守ることが大切です。

人事考課での
評定の材料は…　**①職務遂行の場面だけを評定の材料にすること**

人事考課はその人が行った仕事を材料にする制度です。したがって、評定の材料は次のように限定されます。

- 職務遂行の場における行動とその結果を評定の対象とすること
- 勤務時間内の行動を評定の対象とすること
  すなわち、プライベートの時間やレクリエーション、休憩時間等は評定の対象にしないということです。

②定められた評定期間を守ること

人事考課においては評定期間が定められます。評定に際して定められた期間を守ることが大切です。

当社では上期○月○日から○月末日まで、下期○月○日から○月末日までになっていますので、この期間を厳守すること。

1. 人事考課スケジュール

　業績評定、意欲評定は上期○月○日〜○月末日、下期○月○日〜○月末日までの期間とし、年2回行う。能力評定は下期に1回行う。1次、2次評定者については会社が定める。

2. 人事考課の評定区分と基準書

	評定区分	評定内容	評定基準	評定者
1	業績評定	担当した仕事のやり方とその結果を評定する	スキルマップをもとに、上司が与えた仕事に対する「仕事のポイント・目標」	自己評定 1次評定 2次評定
2	意欲評定	担当した仕事に取り組む姿勢、意欲を評定する	意欲基準書で示された「求められる意欲行動基準」	自己評定 1次評定 2次評定
3	能力評定	担当した仕事を遂行する上で必要な能力の保有度合を評定する	スキルマップの上位グレードの「求められる能力水準」	1次評定 2次評定

＜人事考課を行う際に陥りやすいエラー＞

①ハロー効果…　　ハロー効果とは、部下が特に優れ、あるいは劣っている特性があるとき、他の特性も同様に優れ、あるいは劣っていると評定することをいいます。
　　ハロー効果は、人間誰しもが多かれ少なかれ持っているもので、無意識のうちに混入してくるものです。ハロー効果を防ぐための対策として、次のよう

なことが挙げられます。
- 評定に当たってハロー効果に陥ってないかと、常に意識して評定すること
- 評定基準によく照らして、行動事実を評定すること

②寛大化傾向… 　公正な評定結果よりも、常に甘い方向に偏った評定を行うことを、寛大化傾向といいます。寛大化傾向を防ぐための対策として、次のようなことが挙げられます。
- 部下を育成することが正しい愛情であることを評定者は自覚すること
- 評定基準をよく読み、基準書に照らして公正な評定を行うこと

③中心化傾向… 　中心化傾向とは、評定者が部下を評定した結果が中央の成績にかたまり、優劣の差がない評定の傾向をいいます。中心化傾向を防ぐための対策として、次のようなことが挙げられます。
- 部下の良い面、悪い面をなるべく特徴的に描き出すように心がけること
- 十分に部下の行動結果を把握し、自信を持って評定すること

④対比誤差…… 　とかく人間は自分の専門的事項については評定が厳しく、非専門的事項については評定が甘くなる傾向を持っています。この傾向があるために生じる誤差を対比誤差といいます。対比誤差を防ぐための対策として、次のようなことが挙げられます。
- 自分で基準を作らず、評定基準に照らして評定すること
- 評定基準をよく読んで評定すること

3. 人事考課の手順

① 1次評定者がスキルマップの「仕事の種類」、「具体的仕事」を基に担当させる仕事を「担当職務」の欄に記入する。担当職務は重要な仕事を5～8項目挙げる。

② 「担当職務」ごとにスキルマップの「評定基準」、「求められる能力水準」を基にして本人のグレードを考慮して「仕事のポイント・目標」を記入する。

③ 「期日」、「ウエイト」を記入する。

④ 「担当職務」ごとに本人のグレードと比較して、難易度を記入する。

⑤ 「担当職務」「仕事のポイント・目標」「期日」「難易度」「ウエイト」について記入したら、部下と面接して、部下に徹底する。

⑥ 期末に「仕事のポイント・目標」を基準に達成度合をコメント欄にメモして、業績評定の自己評定を行う。

⑦ 意欲基準書をもとに意欲評定を行う。

⑧ 業績評定・意欲評定の自己評定を終了したら、1次評定者へ提出する。

⑨ スキルマップの上位グレードを基準に、能力評定シートで能力評定を行う（能力評定は下期だけ行う）。

⑩ 1次評定者は自己評定を参考に部下と話し合って1次評定を決定する。

⑪ 1次評定が終了したら2次評定者に提出する。2次評定者は修正がある場合は1次評定者と相談して、1次評定を変更させる（変更された場合は、その内容を1次のコメント欄に赤で記入する）。

⑫ 最終結果については、1次評定者がフィードバックを行う。

（注）業績・意欲評定については2次評定者の評定の欄がないので、2次評定者が1次評定を修正する場合は、1次評定者と話し合って1次評定者に修正させる。

4. 業績評定の具体的記入と評定の方法

＜業績評定を行うに当たっての注意点＞

業績評定とは…　　人事考課での業績評定とは、定められた評定期間内で与えた仕事のやり方と、その結果を評定することをいいます。

したがって、業績評定を行うに当たっては、まず期初に与えた仕事を確認することが大切です。期初に与えた仕事が能力段階（グレード）と比較してどうだったのか、どんな仕事を与えたかを確認してから評定を行うということです。仕事の結果だけを見て評定したのでは、公正な評定になりません。当社では期初に「スキルマップ」の「仕事の種類」「具体的仕事」の欄を基準に、部下に与える仕事を確定して、業績評定で評定する仕事を決めて、人事考課シートの「担当職務」の欄に記入します。そして次に仕事の種類ごとにその仕事の「仕事のポイント・目標」を部下のグレードに合わせて設定します。ここで設定したものが業績評定の評定要素になります。

業績評定を行う
上での注意点…　　**①仕事の最終結果だけでなく、やり方も評定すること**

業績評定では仕事の結果だけを見て、結果が良ければすべて良いと評定しがちです。業績評定は結果だけでなく、その結果に到達するまでのやり方（情報収集、仕事の段取り、報告・連絡等）すなわち達成過程も含めて評定することが大切です。

例えば、営業職で売上げ数字は伸ばしているが、報告、連絡が悪く、上司としては仕事がスムーズに

流れなくて困るというのであれば、この点も評定で考慮するということです。

②１つの大きな業績に偏った評定をしないこと

業績評定では１つの優れたこと、また大きなミスなど目立った事実があった場合、そのことが頭の中に大きく残って、その事実に大きく引っ張られた評定をしがちです。業績評定は１つの目立った事実に偏った評定をするのではなく、仕事のやり方の中で、良かった点、悪かった点などすべての業績を取り上げ、全体を平均的に評定することが大切です。

また、業績評定では評定期間の直近１～２か月の行動だけが評定の材料になりがちです。業績評定は評定期間直近だけの業績を評定するのではなく、評定期間全体の業績を平均的に評定することが大切です。

（１）「担当職務」
　① スキルマップの「仕事の種類」、「具体的仕事」をもとに部下に担当させる仕事を記入する。
　② 数値目標等がある場合はその数値目標を担当職務として（例：「月間利益高」「販売目標」など）記入する。
　③ スキルマップに入っていないが、新しく発生した仕事があればそれも加える。担当職務は重要度の高い仕事を５～８項目に絞る。

（２）「仕事のポイント・目標」
　スキルマップの「評定基準」、「求められる能力水準」を基準に、本人のグレードに合わせて「仕事のポイント・目標」を記入する。

(3)「期日(いつまで)」
① いつまでに達成するのか期日を記入する。
② 特命事項等について、期日が明確になっていればその期日を記入する。

(4)「難易度」
担当職務ごとに、本人のグレードと比較して、難易度を下記の3段階で評定する。

難易度	評定記号
● グレードより難易度が高い	◎
● グレード程度の難易度	○
● グレードよりやや低い難易度	△

(注)この難易度は、評定に際して加味する。例えば、目標に対して100％達成できなかったが、グレードより難易度が高いのでB評定とする、ということも可。

(5)「ウエイト」
① 部下に与えた「担当職務」を全体で100％とした場合、どの程度のウエイトで仕事をさせるかを記入する。
② ウエイトは量だけでなく質も加味する(例:量的には少ないが重要な仕事の場合はウエイトを少し高める。またウエイトは1つの担当職務は最大で30％以内、最小で5％程度で判断する)。

> (1)～(5)までを事前に説明して本人に申告させて、話し合って決める方法でも良い

ここまで終了したら次の「業績評定のチェックリスト」でチェックして、修正があれば修正する。

業績評定のチェックリスト

チェック項目	チェックポイント	チェック
担当職務	① 担当職務はスキルマップによって選定しているか	
	② 担当職務は担当の業務の中でも重要度の高いものから選定されているか	
	③ 数値目標(例:利益高、売上目標など)がある場合、その数値目標を担当職務に加えているか	
	④ 担当職務は5項目以上選定されているか	
仕事のポイント・目標	① 仕事のポイント・目標は評定しやすい表現になっているか	
	② どこまでできたら「B=基準通り」ということが評定できる書き方になっているか	
	③ 本人のグレードから見て、仕事のポイント・目標が低すぎないか、高すぎないか	
	④ 定量化できない担当職務については「B=基準通り」の水準が「〜ができるレベル(状態)」というように、評定できるような表現の書き方になっているか	
難易度	① 本人のグレードと比較して、その職務の難しさを判断しているか	
	② スキルマップの評定基準をきちんと見て判断しているか	
ウエイト	① 担当業務の中で重要度の高いものにウエイトを高くしているか	
	② ウエイトは量だけでなく、質も加味して判断しているか	
	③ 1つの担当職務のウエイトは最大30%、最小5%内で設定しているか	

(6)「コメント」

期初に設定した「仕事のポイント・目標」に対しての評定理由を具体的に記入する。特にA以上の評定に対しては、その理由を必ず記入する。B評定でも「できました」というのではなく、達成状況を具体的に記入する。また、目標には達成しなかったが、難易度が高かったのでBと評

定したというような場合は、このコメント欄に記入する。ここでのコメントはフィードバックの時に活用できるよう、「〜をした、〜だから」というように、具体的な行動レベルで記入してください。

(7)「評定」

「仕事のポイント・目標」の基準に照らし合わせ、下記のS〜Dの何れかの評定段階を選ぶ。

 S … 14点 … 仕事のポイント・目標に対して基準を大幅に上回っていた
 A … 12点 … 仕事のポイント・目標に対して基準を上回っていた
 B … 10点 … 仕事のポイント・目標に対して基準どおりであった
 C … 8点 … 仕事のポイント・目標に対して基準をやや下回っていた
 D … 6点 … 仕事のポイント・目標に対して基準を下回っていた

 (注)評定に際しては難易度も加味する。その場合はそのことをコメント欄に記入する。

(8)「評定点」(評定点の算出は本人と1次評定者が行う)

2次評定者の評定結果が違った場合は、1次評定者と相談して、1次評定者に修正させる。

2次評定で話し合って評定を修正した場合は、コメント欄に赤でその理由を記入する。

点数の算出はウエイトに評定点を乗じて行う。

① 評定記号と評定点

  S ……… 14点
  A ……… 12点
  B ……… 10点
  C ……… 8点
  D ……… 6点

② 算出方法

ウエイト（％）× 評定点 ＝ 点数

(例)

ウエイト（％）	評定	集計方法	最終評定点
20%	B	20×10＝200	200
30%	C	30× 8＝240	240

(9)「最終評定点数」

担当職務ごとの最終評定点を合計して算出し、最終評定点を1/10にする。

5．意欲評定の具体的記入と評定の方法

＜意欲評定を行うに当たっての注意点＞

意欲評定とは… 　人事考課での意欲評定とは、定められた評定期間内で与えた仕事への取組姿勢と意欲を評定しようとするものです。意欲評定を行うのは、仕事に取り組む姿勢の良・否が業績や職場全体モラールや業績に影響を及ぼすからです。

意欲評定を行う上での注意点…

①業績やモラールに影響する行動にしぼって評定すること

意欲評定の対象となる意欲は次のように限定されます。
- 会社や社員の業績の良否に関係ある職務遂行中の行動を対象にする
- 職場のモラールに影響を与える職務遂行中の行動を対象にする

したがって、業績やモラールに関係のない昼食時の行動や、休憩時間中の行動は意欲評定の材料にならないということです。

評定に際して意欲基準書に書かれている具体的内容・着眼点・求められる意欲行動基準をよく読んで評定してください。

②定着した意欲を評定すること

意欲は環境によって変化するものです。したがって、あまり極端な場面だけをとらえて評定することなく、評定期間全体の中で定着している意欲を評定することが大切です。

日常の変化のない行動は目に付きにくいものですので、評定に際して思い出しにくいものです。どうしても極端な行動に目が行きがちですので、良かった点、悪かった点をよく思い出して評定を行ってください。

③自分を評定の基準にしないこと

意欲評定は仕事に取り組む姿勢、すなわち態度を評定するため、どうしても自分を基準にしがちです。また、好き嫌いといった感情が入りやすいものです。意欲評定での評定基準は自分ではなく、会社が定めた基準ですので、意欲基準書をよく読んで、評定を行ってください。

④性格を評定しないこと

意欲評定の意欲要素は、一般的には性格を表すよ

うな表現になっています。そのため、仕事の場面での行動を材料とせず、性格そのものを評定する傾向があります。

　人事考課での意欲評定はその人の性格を評定するのではなく、あくまでも仕事に取り組む姿勢、意欲を評定することです。意欲基準書をよく読んで評定を行ってください。

⑤仕事の場面に限定して評定すること
　意欲評定は行動を評定しますので、仕事の場面以外に広げて評定しがちです。例えば、仕事以外の場面で先頭に立って活躍しているような場面を見て「積極的だ」というイメージを評定者が持ち、それが人事考課の意欲評定の中に入ってくるというようなことです。

　意欲評定も評定の場面は「定められた評定期間内の職務遂行場面」だけですので、評定の場面を広げることなく、限定された中で評定を行ってください。

（1）「評定」

　「意欲基準書」でグレードの水準に照らし合わせて下記のS～Dのいずれかの段階で評定を行う。

　　S　…　14点　…　上位グレードの意欲行動基準まで達していた
　　A　…　12点　…　同グレードの意欲行動基準を大幅に上回っていた
　　B　…　10点　…　同グレードの意欲行動基準であった
　　C　…　 8点　…　同グレードの意欲行動基準をやや下回っていた
　　D　…　 6点　…　下位グレードの意欲行動基準程度であった
　　（注）3グレードは上位の基準書がないので「S」はない。また5グレードも下位グレードがないので「D」はない。

I 本書のしくみとモデル会社の人事制度

意欲基準書

意欲要素／具体的内容	着眼点	5グレード	4グレード	3グレード
業務達成意欲 ・与えられた業務（目標）を途中で投げ出すことなく最後までやり抜こうとする意欲 ・法令遵守、社会的意識、使命感、コンプライアンス遵守の行動	①困難があっても、自己の役割等を達成しようと努力していたか ②誤りや失敗に対して責任を回避することはなかったか ③法令遵守、倫理遵守の行動が見られるか	○担当業務の目標に対し、最後まで向き合うと取り組んでいる ○自社・自部門の目標方針をよく理解し、担当職務の目標達成に意欲的に取り組んでいる ○法令等の遵守について会社の方針をよく理解し、自ら適正に行動し、疑義がある場合も、自らの意見をもって上司と相談し適正に行動している	○目標達成に向けて、困難な問題があっても、それを乗り越え最後まで意欲的に取り組んでいる ○臨時に命じられた仕事まで責任をもって行っていく ○法令等の遵守について会社の方針をよく理解し、自ら適正に行動し、その判断もほとんど誤りが見られない	○自社・自部門の方針・目標を認識し、問題はを乗り越えて担当職務を最後まで意欲的に取り組んでいる ○メンバーを動機付け、チームを一丸として意欲的に目標達成に取り組んでいる ○会社の社会的責任を認識し、法令等の遵守するとともに、後輩に対してコンプライアンス行動が定着するよう指導している
新しい仕事への挑戦意欲 新しい方向や仕事のやり方および改善等を求めて自らも行動する積極的な意欲	①自ら進んで挑戦的な仕事に取り組んでいたか ②仕事のやり方に工夫改善に意欲的に取り組んでいたか ③平々凡々での日暮らし的な態度はなかったか	○難しい仕事に意欲的にチャレンジしている ○担当業務に対し、従来のやり方で満足せず、新たな観点から新しいやり方を試みている	○指示された仕事だけでなく、新しい仕事や難しい仕事に率先して取り組んでいる ○日常の業務についても、常に前進・改善の意欲を持って取り組んでいる	○率先して新しい仕事に取り組むとともに、チームのメンバーに対してもチャレンジさせているチームのメンバーの改善意欲を創造すべくみ取り、実行に結びつけている
効率化意欲 仕事の進めめ方にムダなく、物品・時間等を大切にするチームワーク意欲	①物品や時間を大切にしていたか ②仕事のやり方に無駄はなかったか ③それが本人の意識として定着していたか	○仕事のムダ、ムリ、ムラの排除に心掛けている ○時間のロスをなくするよう心掛けて行動している	○常に収益を意識した行動をしている ○時間のロスをなくすよう周りにも働き掛け、自らも行動している	○チームのメンバーの効率的な時間管理や、業務遂行の指導に努めており、自社・自部門の収益を常に意識し、行動に努めている
チームワーク形成意欲 業務の遂行に当たり、チーム全体の為にも自ら進んで、協力、協調するチームワーク意欲	①自己の都合や利益だけを考えず、全体的に協力していたか ②自己の立場を保ちながら相手のの立場を配慮し、働きやすい人間関係作りに努力していたか	○担当業務以外においても、協力的にしている ○チームの中における自分の立場などを意識した協調的な行動をとっている	○自分の仕事に責任を持つ上で他に協力、他のメンバーにも良い影響をを他のメンバーにも良い影響を与えている ○会議などにおいては、まとめ役となるよう努めている	○チームのメンバーとのコミュニケーションを図り、意欲的・協調的なチームづくりに努めている ○業務担当として、チームのメンバーの進捗状況に気を配り適切な指導、協力を行っている
職場ルールの維持特質意欲 指示・命令や諸規則・命令、良好な職場慣行を守り、規律維持の意識をもってチーム行動しようとする意欲	①上司の指示・命令・職場慣行はきちんと守っていたか ②職場慣行のまい規律維持の意識をもって行っていたか ③無断で職場を離れたり、私語等が多くなかったか	○職場ルールの維持に努めている ○職場ルールを守り、はじめをする行動をとっている	○職場ルールの維持のための意識づくりに努めている ○職場ルール内のルールを身に付けて率先して、後輩を指導している	○小さな規律違反でも注意するなど、チームのメンバーに対しても指導している ○良好な職場内ルールを身に付けて率先して、範にしてチームのメンバーに対し良い影響を与えている
自己啓発意欲 業務遂行上必要な知識・能力を自らの姿勢で高めようと自己啓発意欲	①業務遂行上必要な知識・能力を取得する態度が見られたか ②自己啓発の態度に意欲を進んで促えていたか ③自分で立てた自己啓発目標を途中で投げ出さなかったか	○自分なりに目標を立てて自己啓発を行っている ○業務遂行の中でも、常に勉強しようとする意欲を持って行動している	○自分の知識・能力を常に拡大しようと、自己啓発に意識的に努めている ○進んで、高度な知識習得に努めている	○より高度な知識習得にも努め、率先して自己啓発を行っている ○チームのメンバーに対しても自己啓発の指導を行っている

(2)「集計欄」
① 評定記号点にウエイトを乗じる

意欲要素	5グレード	4グレード	3グレード
業務達成意欲	1	2	3
新しい仕事への挑戦	1	2	2
効率化	1	2	2
チームワーク形成	2	1	1
職場ルールの維持	4	2	1
自己啓発	1	1	1
合計	10	10	10

(評定記号と評定点)
S ……… 14点
A ……… 12点
B ……… 10点
C ……… 8点
D ……… 6点

② 点数化の方法
〈例〉4グレードの場合

		5グレード	4グレード	3グレード	集計欄	
					自己	1次
1	業務達成意欲	1	2	3	2×A=24	2×B=20
2	新しい仕事への挑戦意欲	1	2	3	2×A=24	2×B=20

(注) 4グレードの場合は評定が「B」であれば2×10＝20点になる。

6. 業績・意欲評定集計方法（1次評定者が行う）

業績評定と意欲評定の合計を、定められたウエイトを乗じて「ウエイト後の合計点」を算出する。

(資料7 15/22)

7. 全体のコメント欄の記入方法

　このコメントは本人にフィードバックする時に活用されるものですので、この期の中で「特に評価したところ、その理由」と「来期に期待すること」を具体的に書いてください。また、人事部門に対して、ぜひ知っておいてほしいことがあれば記入してください。

8. 能力評定の具体的記入と評定の方法（能力評定は自己評定を行わない。また、評定は下期に1年間の分を年1回行う。3グレードは上位グレードか管理職になるので能力評定は行わない）

＜能力評定を行うに当たっての注意点＞

能力評定とは…　　人事考課での能力評定とは、定められた評定期間内で担当した仕事を遂行する上で必要な能力をどの程度保有しているかを評定するものです。

能力評定を行う上での注意点…

①保有能力を評定すること

　人事考課での能力は、保有能力を評定します。したがって、能力を発揮する機会は少なかったが能力は確かに保有していれば、していると評定するということです。

　能力は本人の意欲や職場の環境によって発揮される場合と発揮されない場合があります。しかし、能力評定はすべての場面で発揮されなくとも、能力を保有していると評定してもいいということです。

②スキルマップを基準に評定すること

　能力というと広い意味で捉えて、その人の全能力を評定しがちです。人事考課での能力評定は職務遂行能力を評定するもので、その人の全能力ではな

（資料7　16/22）

> く、職務遂行能力に限定された能力を評定しようとしています。
>
> 　したがって、能力評定でたとえ低く評定されても、その人を人間的に見て能力が低いと評定したのではなく、その仕事をしている中で、職務遂行能力が見られなかった評定だということです。

能力評定は「上位グレードに求められる能力水準」で評定する。

（1）「能力分析評定」

　能力評定シートの「具体的仕事」ごとに能力評定を行う。方法は、例えば、5グレードの部下であれば、4グレードで示されている「求められる能力水準」（☆、◎、○）に達しているかどうかを評定する。評定は下記の3段階で評定する。

> ＜評定段階＞求められる水準と比較して評定
> H…スキルマップで求められている上位グレードの水準に達している
> M…スキルマップで求められている上位グレードの水準にほぼ達している
> L…スキルマップで求められている上位グレードの水準にまだ達していない

（2）「能力総合評定」

　スキルマップによる能力分析評定の結果を総合的に見て、下記の基準で評定する。

1次	2次

H…能力を総合的に見て上位グレードの基準に達している
M…能力を総合的に見て上位グレードの基準にほぼ達している
L…能力を総合的に見て上位グレードの基準にまだ達していない

評定は該当する段階の1つを選んで□の欄にH・M・Lの記号を記入する。

（注）能力評定はスキルマップの上位グレードの基準で評定しますので、「L」と評定しても当該グレードでの能力が不足しているという評定ではありません。

（3）「コメント」

　評定がHの場合はその理由を記入する。

＜必ず守るべき評定上の約束ごと＞

① 職務遂行の場面に限定して評定すること
② 勤務時間内の行動のみを評定の材料とすること
③ 部下の職務遂行を注意深く観察し、その結果を記録にとどめて評定の材料とすること
④ 同じグレードの部下に対しては同一の評定基準で評定すること
⑤ 定められた評定期間を守ること
⑥ 想像や推定によって得た行動は除外して評定すること
⑦ 定められた手続きや評定基準に従って評定すること
⑧ 一つの目立った事実や評定時期に近いところに偏ることなく、評定期間全体の行動を評定の材料にすること
⑨ 評定に自信がないと評定が中心に集まりがちです。一人ひとりの行動をよく見極めて評定すること
⑩ 経験年数・学歴・年齢・性別等を考慮せず、グレードと評定基準に照らして評定すること
⑪ 温情的な見方をせず評定基準に照らして公正な評定を行うこと
⑫ 義理・人情に惑わされることなく評定すること
⑬ 人物評定に陥らず、職務遂行場面を材料に評定すること
⑭ 評定段階の「B」基準は、評定基準をクリアしたレベルとして捉えて評定すること（評定は5段階になっているが、Bのレベルは「中間、平均、真ん中」ではない。基準から見ると合格レベル）

> S（14）：上位等級の期待基準まで達していた
> A（12）：同等級の期待基準を大幅に上回っていた
> B（10）：同等級の期待基準であった
> C（8）：同等級の期待基準をやや下回っていた
> D（6）：下位等級の期待基準程度であった

意欲評定

		評価要素	ウエイトⅠ	ウエイトⅡ	ウエイトⅢ	1次	2次	集計欄
意欲考課	1	業務達成意欲	1	2	3	S		2 × 14 = 28
	2	新しい仕事への挑戦意欲	1	2	2	A		2 × 12 = 24
	3	効率化意欲	1	2	2	B		2 × 10 = 20
	4	チームワーク形成意欲	2	1	1	S		1 × 14 = 14
	5	職場ルールの維持意欲	4	2	1	A		2 × 12 = 24
	6	自己啓発意欲	1	1	1	C		1 × 8 = 8
		合計	10	10	10			118

（注）ウエイトⅠ：5グレード　　ウエイトⅡ：4グレード　　ウエイトⅢ：3グレード

業績・意欲評定集計

	5グレード	4グレード	3グレード
業 績 評 定		106 × 70% = 74.2	
意 欲 評 定		118 × 30% = 35.4	
ウエイト後の合計点		109.6　点	

		本　人	1次評定者
全体のコメント			●期初の目標設定では売上金額、入稿点数とも現在の状況の中では4グレードとしては高い目標を設定し、ギリギリではあるがクリアしている点は高い評価をさせてもらいました。○○さんの目標達成への毎日の行動は、後輩の○○君、○○君への良い見本となっています。 ●目標達成のための具体的行動については、自分だけで考えるのではなく、先輩の○○さんや私の考え方なども使って、一緒に考えるということを来期は身に付けてください。

（資料7）

業績・意欲評定シート
(5～3グレード用)

評定期間　平成　　年　　月1日　～　平成　　年　　月　　日

(被評定者)

氏　名		男・女 歳
入　社 年月日	年　　月　　日	
所　属 部署名		
グレード	4　　グレード	
役　職		

(評定者)

1　次 評定者	(氏名)　　　　　　　　　　　印
	(評定日)　　年　　月　　日
2　次 評定者	(氏名)　　　　　　　　　　　印
	(評定日)　　年　　月　　日

業績評価【営業部】見本

	担当職務	仕事のポイント・目標	期日（いつまで）	難易度	①ウエイト	コメント（自己）	コメント（1次）	評定区分	②評定	最終評定点①×②
1	売上金額	目標 65,400,000円	上期末	◎	25		自ら設定したかなり高めの目標であったが、65,000,000円で達成率99.3%であった。ほぼ100%の達成率なので、Bと評価した	自己評定	A	300
								1次評定	B	250
2	入稿点数	目標 38点	上期末	○	20		入稿点数38点。100%の達成率であった。期初目標が高かったので、100%でもA評価とした。これに満足することなく、次回はこの上に挑戦してほしい	自己評定	A	240
								1次評定	A	240
3	売上計画業務	過去の売上から各得意先の傾向を読み、年間売上・入稿項目表を作成する	上期末	○	10		売上計画については修正の必要性もなく、営業部の目標を考慮して自己目標を少し高めのものを設定していた。このような高めに設定する意欲は高く買っている	自己評定	B	100
								1次評定	A	120
4	納품までの進行管理	顧客との打合せを密にし、顧客の希望に沿って効率的な進行管理を行う	上期末	○	10		スケジュール管理をしっかり行っており、納品をめぐる苦情もなく、問題なかった	自己評定	S	140
								1次評定	A	120
5	製品作成手配	市場ニーズを把握し、他社との競合に勝てる価格交渉をして、効率的な受注に結び付ける	上期末	○	10		製品作成手配をしっかり行っており、価格交渉がされているというケースが何回か言わないからというのではなく、少しでも安く良い製品を手配する気持ちがほしい	自己評定	B	100
								1次評定	C	80
6	顧客対応	顧客のニーズ・ウォンツを的確に捉えてキーパーソンにアピールする営業訪問で企画提案から受注に結び付ける	上期末	○	10		顧客のニーズ把握は良くできていると思う。ただし、同行した時も話をしたがるが、プレゼンの場合では一方的に話をするのではなく、相手の反応を見ながら話をする方法を身に付けてほしい	自己評定	B	100
								1次評定	D	60
7	請求関係	顧客の理解を得ながら原価を抑え、請求業務をスムーズに行い、入金までを確認する	上期末	○	10		請求金関係には問題はない上期において遅れたことが1件もない。今後も継続するように	自己評定	A	120
								1次評定	S	140
8	会議・ミーティング	朝礼や課のミーティング、リーダー会議などで周囲をリードできる意見を進・相を行う	上期末	○	5		会議では黙っていることが多い。4Gなのでもう少しもっと発言してほしい	自己評定	B	50
								1次評定	B	50
					100	←ウエイトの合計が必ず100になるようにしてください		自己評定合計		1,150
								1次評定合計		1,060
								最終評定点数	/10 =	106

評価基準／目標達成状況	評定点
S 仕事のポイント・目標に対して基準を大幅に上回っていた	14
A 仕事のポイント・目標に対して基準を上回っていた	12
B 仕事のポイント・目標に対して基準どおりであった	10
C 仕事のポイント・目標に対して基準をやや下回っていた	8
D 仕事のポイント・目標に対して基準を下回っていた	6

難易度	評定記号
グレードより難易度が高い	●
グレード程度の難易度	○
グレードよりやや低い難易度	△

能力評定シート
営業職

<記入例>縮小版

所属	役職	本人氏名	現在のグレード
			5

1次評定者氏名	上位グレード
	4 ←本人の現在の上位グレードで評定

<求められる能力水準>
☆……指導できる。複雑・困難な作業でも対応できるレベル
◎……一人で問題なくできるレベル
○……上司の大枠の指導があればできるレベル

<評定段階>求められる水準と比較して評定
H……スキルマップで求められている上位グレードの水準に達している
M……スキルマップで求められている上位グレードの水準にほぼ達している
L……スキルマップで求められている上位グレードの水準にまだ達していない

1. 能力分析評定

<スキルマップ>

仕事の種類		具体的仕事	評定基準	求められる能力水準			評定
				5グレード	4グレード	3グレード	自己 / 1次
1 受注活動	1	目標作成	前期の新刊点数、重版点数、1点1点の売上を分析し、会社の成長を考えた具体的な達成計画を作成できる。	○	○	☆	H
	2	予算管理	日々、正確に売上入帳予算表を更新し、先を見こした営業活動ができる。	○	○	☆	M
	3	見積作成	仕様を理解して正確かつスピーディーに見積書を作成できる。利益や競合を考慮して適切な見積書を作成できる。	○	○	☆	M
	4	営業訪問(個人、売上100万未満)	的確な訪問計画を実施、キーパーソンを割り出し、受注に結び付けることができる。	○	○	☆	
	5	営業訪問(上長同行、売上100万以上)	具体的な営業プロセスを計画し、上司とともに有効な営業をかけることができる。	○	○	☆	
	6	営業訪問(特別/大型案件)	具体的な受注プロセスを計画し、社長・部長から顧客へ受注に向けたアピールをしてもらうことができる。	○	○	☆	
	7	新規開拓(飛び込み・紹介)	訪問時に、顧客情報・ニーズをヒアリングし、受注することができる。既存顧客から信頼を得ることで、新たな顧客を紹介してもらうことができる。	○	○	☆	H
	8	造本提案	企画・仕様に合った体裁(判型など)・効率(取都合/用紙など)を考え提案し、受注することができる。	○	○	☆	
	9	企画・提案	顧客課題や要求仕様を整理し提案書を作成する。また効率的なプレゼンを実施し、受注することができる。	○	○	☆	
2 進行管理	10	伝票作成	制作伝票、印刷伝票、製本伝票等を早く正確に作成できる。(年間伝票不備0件)	○	○	☆	
	11	入稿処理・出校処理	人物(原稿・指定紙・素材等)の確認により、各顧客の各担当者宛に期限時間までに準備および出校ができる。	○	○	☆	M
	12	製造部とのコミュニケーション	製造部へ報告・連絡・相談をし、お互いに気持ち良く仕事ができる関係を作ることができる。	○	○	☆	
	13	報告・連絡・相談	日報やフォローアップシートを活用し報告・連絡・相談ができる。朝のMTGで適切な報告ができる。	○	○	☆	M
	14	案件管理(進捗状況確認)	案件の進捗状況を確実に理解し、社内外からの問合せに正確に伝えることができる。	○	○	☆	
	15	スケジュール表の作成	適切なスケジュールを作成できる。また、適時修正できる。	○	○	☆	
	16	営業検査(成果物の確認)	校正や見本の仕上がりが顧客要求品質を達成しているか確認し、クレームや品質の不満を未然に防ぐことができる。	○	○	☆	
	17	印刷立会い	顧客の求める品質を達成するよう印刷オペレーターに的確な指示を出せる。立会い中に問題が起こった時、解決策を即時に判断し実行できる。	○	○	☆	L
	18	用紙の購買と手配、管理。	本の内容に対する用紙の適性を理解し、価格や品質に顧客が満足してもらえる用紙を提案できる。	○	○	☆	
3 顧客対応	19	電話・FAX対応	2コール以内に気持ちの良い電話・FAXの応対(すぐに出る、お待たせしない、放置しない、つなぐ)ができる。	○	○	☆	
	20	メール対応	適切なメール応対(確認頻度、文章レベル、ほか)ができる。	○	○	☆	M
	21	来客対応	さまざまな来客に、誰よりも早く・的確に対応することができる。	○	○	☆	
	22	顧客の情報収集	新聞やHPで顧客や書籍の情報を収集し、営業活動に活用できる。	○	○	☆	
	23	会社見学会	日時の設定と顧客の希望通りにできる。設備を把握し、会社案内に沿って顧客に1人で説明ができる。	○	○	☆	
	24	顧客とのコミュニケーション	顧客に出校・出校返し時を正確に伝えることができる。急な戻し等に対応し顧客の要望に応え、次の仕事を受注することができる。	○	○	☆	
	25	与信管理	内外(例えば用紙店、仲の良い編集さん)に情報収集先を持ち、さらに日頃の営業活動で顧客の変化を敏感に察知し与信管理を報告できる。	○	○	☆	L
	26	事故報告書	原因・対策を正確に記述した事故報告書を作成し、同様の事故を繰り返さない対策をすることができる。	○	○	☆	
	27	マナー、身だしなみ、挨拶	清潔感のある服装や髪型に気を配り、明るく元気の良い挨拶ができ、礼儀正しいマナーを身に付けて顧客に好かれることができる。	○	○	☆	
4 請求処理	28	精算見積書作成	原価に基づき、精算見積書の作成ができ、顧客に納得してもらえる説明ができる。	○	○	☆	
	29	価格交渉	原価を抑える交渉、さらには顧客に理解してもらう交渉ができる。	○	○	☆	M
	30	請求書作成・提出	顧客入金締切日までに作成し、提出できる。	○	○	☆	
	31	集金(入金の確認)	集金日に集金できる(手形の確認を同時に行える)/入金日に正しい金額が入金されているか確認できる。	○	○	☆	
5 会議	32	課MTG(毎日)	会議で積極的に発言し、部や課の雰囲気を作ることができる。	○	○	☆	
6 改善	33	クレーム	クレーム発生時、報・連・相を的確に行い、迅速に処置することができる。また、クレーム登録(24時間以内)ができる。	○	○	☆	H
	34	再発防止策	クレームの原因を掘り下げ、有効な再発防止策を考え、実施できる。	○	○	☆	H
	35	改善	日常業務・ヒヤリハット報告などを通して、無駄・危険を発見し、作業効率UPおよび改善・予防活動ができる。	○	○	☆	
7 6S	36	整理	業務に要るものと要らないものを区別し、要らないものを処分している。	○	○	☆	
	37	整頓	机(機械)および周辺の棚などの伝票・書類・工具等の置き場所(表示)が明確で整頓されている。	○	○	☆	M
	38	清掃	机(機械)・椅子・棚などの定期的な清掃を行い、ホコリや汚れがない状態を保っている。	○	○	☆	
	39	清潔(姿勢)	日常的に整理・整頓・清掃の3Sを維持している。	○	○	☆	
	40	躾(ルール遵守)	日常清掃ルールにおける担当箇所(共有物・共有スペース)を決められた頻度・内容で行なっている。	○	○	☆	
	41	躾(挨拶)	出社・退社時の職場での挨拶、また来客者(協力会社・顧客)に明るく元気よく挨拶ができる。	○	○	☆	
	42	節約	日常の業務の中で節約を実行している。(時間、機械、消耗品、照明、エアコン、コピー、コンセントなど)	○	○	☆	
8 教育	43	部下及び後輩の教育	部下および後輩の教育計画に基づき指導・アドバイスができる。	○	○	☆	
	44	OJT	日常業務の中でOJTを心掛け、実行している。	○	○	☆	

2. 能力総合評定

評定	●スキルマップによる分析評定の結果と「共通グレード基準書」を総合的に見て	H……能力を総合的に見て上位グレードの水準に達している M……能力を総合的に見て上位グレードの水準にほぼ達している L……能力を総合的に見て上位グレードの水準にまだ達していない	自己	1次
			L	L

コメント	

資料7

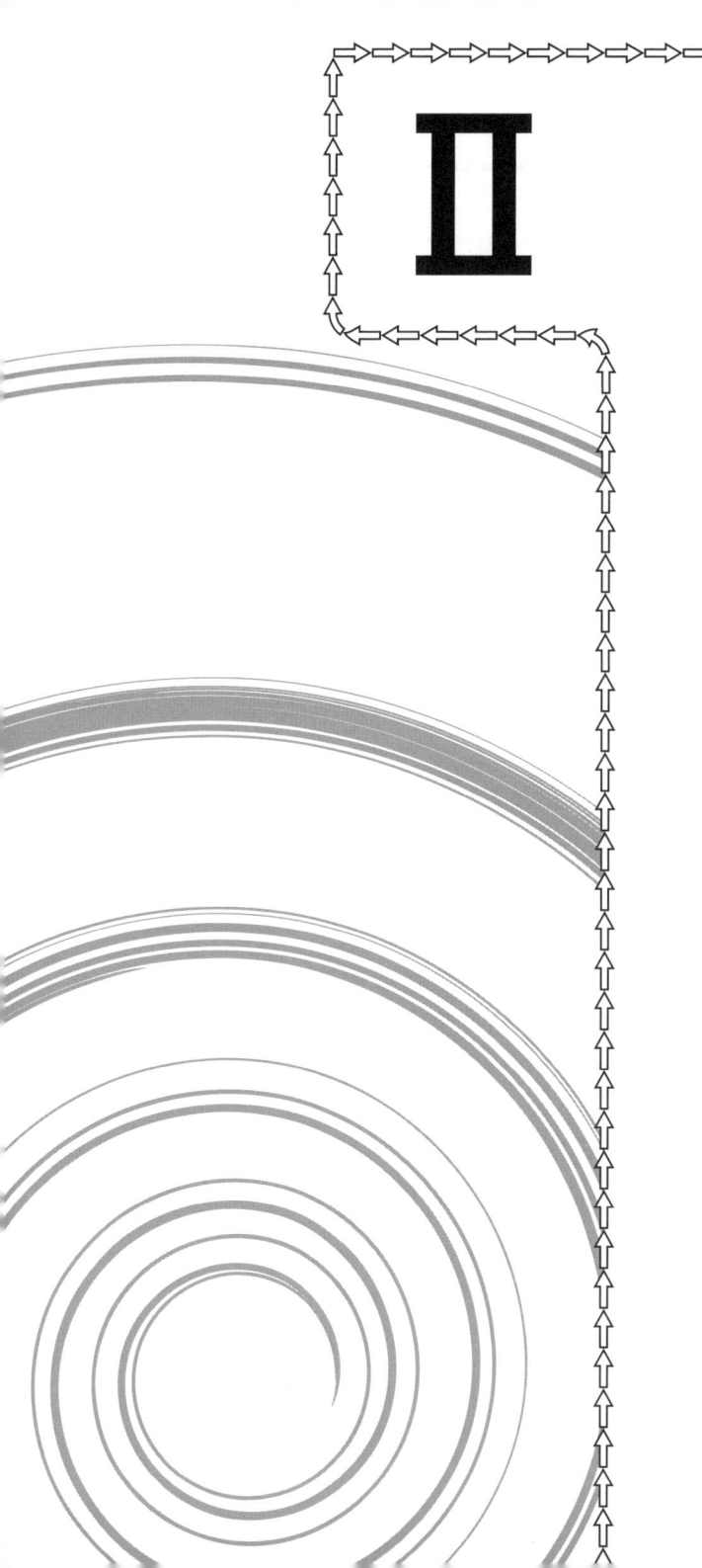

Ⅱ 評定結果の調整方法

Ⅱ 評定結果の調整方法

　人事考課を具体的に活用していくためには、まず、評定結果の納得性を高める必要があります。いかに細かな基準を設定したとしても、評定するのは人ですし、基準がデジタル化されたものではありませんので、評定結果の調整がどうしても必要になってきます。調整には①事前調整と、②事後調整の方法があります。

1　事前調整の方法

（1）人事考課制度設計段階での調整の方法

① **自己評定を取り入れることによる調整の方法**

　評定の結果を納得させるためには、被評定者と評定者の評定結果に差がないようにすることが大切です。人事考課はデジタル的なものではありませんので、まったく差がないということはあり得ないと思います。しかし、あまり差があったのでは納得が得られません。そこで、被評定者と評定者の間の評定差を少なくするために行われるのが自己評定を取り入れたしくみの導入です。

　自己評定を行い、1次評定者と話し合って、ある程度の合意を得ることによって、納得性を高めていくという方法です。

　人事考課について、パソコン上で自動的に計算できるシステム等を導入すれば、これで公正な評定が取り入れられたと考えることは、問題があります。評定結果の調整を考える場合、評定時点での被評定者と評定者の合意が一番大切なことです。

② 1次、2次評定者の役割を明確にすることによる調整の方法

　人事考課では、1次、2次評定者と、評定者を2段階以上に置いている会社が多いと思います。この場合、どちらの評定者のものを活用するかということになります。会社によっては2次評定者が上位だから2次を活用するというところ、1次、2次の平均点を算出して活用する会社もあります。この場合、1次、2次評定者のそれぞれの役割をきちんと決めて徹底する必要があります。この役割を明確にしておかないと、評定者によってやり方が違って、評定結果にバラつきが出てきます。

　1次、2次評定者を設けている場合は、1次評定者は1人ひとりの評定を規程に従って公正な評定を行い、2次評定者は1人ひとりの評定が主でなく1次評定者間の甘辛調整に重点を置いて行うのが、人事考課上のルールとしては一般的です。そこでこの役割を明確にして、「評定者の手引き」等に明示しておくことが大切です。

　このことを明確にするために、人事考課の設計の段階で、1次、2次評定者の役割を手引書で明確にして、人事考課シートの評定者欄に、2次評定の欄を設けないで、1次評定の結果、2次評定者が違う判断をしたら、1次評定者と必ず話し合って、合意した上で1次評定者に修正させるというしくみを取り入れている会社もあります。2次の評定欄があると、「話し合いをして修正するように」と言っても相談なしで修正する2次評定者がいるので、そのようにしているということです。本書で紹介しているモデル会社はこの方式を採用しています。

③ 評定段階を明確にすることによる調整の方法

　人事考課での評定段階は、5段階で評定するというのが最も多いと思います。例えば、業績評定の評定段階は次のような基準が多いでしょう。

> <評定段階>
> S…14点…期待を大きく上回る達成状況であった
> A…12点…期待を上回る達成状況であった
> B…10点…期待どおりの達成状況であった
> C… 8点…期待をやや下回る達成状況であった
> D… 6点…期待を下回る達成状況であった

　この５段階の場合、Bの段階の理解の仕方が評定者間で同じように受け止められる人事考課のしくみにしておくことが大切です。評定者によってはS～Dまでの５段階でBが平均（真ん中）で上に２段階、下が２段階と受け止めて評定する人もいます。Bを平均、真ん中と受け止めると、平均より少しでも良いとAと評定することになります。

　「B…期待どおりの達成状況であった」という評定段階ですので、平均、真ん中ではなく、合格、不合格という判定で考えると合格の段階です。このように人事考課制度の設計に際して、このことをきちんと評定者の手引き等で明確にしておくことが大切です。すなわち次のように合格、不合格の基準を明確にしておくということです。

> <合格、不合格での基準>
>
> 合　格
> ┌ S…14点…期待を大きく上回る達成状況であった
> ├ A…12点…期待を上回る達成状況であった
> └ B…10点…期待どおりの達成状況であった
>
> 不合格
> ┌ C… 8点…期待をやや下回る達成状況であった
> └ D… 6点…期待を下回る達成状況であった

　すなわちBは平均、真ん中の段階ではなく、期待したとおりの水準ですので「合格」の段階です。評定段階は５段階ですが、合格が

S・A・Bの3段階で、不合格がC・Dの2段階であるということを明確にしておくということです。このように評定段階を手引書や評定者のトレーニングにおいてきちんと説明して評定者に理解させるということが大切です。

④ 評定点をBの段階を100点にすることによる調整の方法

　S・A・Bは合格、C・Dを不合格という基準を設けても、評定点を算出する段階においてSを100点として100点満点にすると、S-100点、A-80点、B-60点、C-40点、D-20点というような評点になると思います。Bは合格という段階という基準にしても評点で60点となると評定者によっては、少し低いと感じて、少し良い評定になると、A評定をするということになり、寛大化傾向の評定になりがちです。

　そこで、人事考課制度を設計する際、上述しているように、「B＝合格＝100点」になるように、Bを10点、Aを12点、Sを14点として、オールBを取れば100点で合格というイメージにすると、寛大化傾向が評定の段階で少なくなってきます。

⑤ 絶対評定と相対評定の両方を取り入れることによる調整の方法

　人事考課の1次、2次評定を取り入れている場合、両方とも絶対評定で行うしくみになっているところが多いと思います。しかし活用段階になると、特に賞与への活用等は、どうしても相対評定が必要になります。そこで1次、2次評定の場面で絶対評定と相対評定の両方を取り入れるしくみにして、評定の段階でも相対評定も行ってもらい、人事部門であまり大きな調整はしないという考え方です。

　具体的には、分析評定は絶対評定で行い、総合評定で活用目的別に次のような相対評定で行ってもらい、これを参考にして調整を行うという方法です。この場合、分析評定は1次評定者が行い、総合評定は2次評定者が行うという方法もあります。

| | 活用目的別総合評定（相対評定） ||
	賞与について	昇給について
総合評定	S 同一等級（資格）の中で、最も高い賞与配分が望ましい	S 同一等級（資格）の中で、最も高い昇給が望ましい
	A 同一等級（資格）の中で、平均より高い賞与配分が望ましい	A 同一等級（資格）の中で、平均より高い昇給が望ましい
	B 同一等級（資格）の中で、平均の賞与配分が望ましい	B 同一等級（資格）の中で、平均の昇給が望ましい
	C 同一等級（資格）の中で、平均より低い賞与配分でもやむをえない	C 同一等級（資格）の中で、平均より低い昇給でもやむをえない
	D 同一等級（資格）の中で、最も低い賞与配分でもやむをえない	D 同一等級（資格）の中で、最も低い昇給でもやむをえない

（注）評定は同じ等級の人と比較して、相対評定で行ってください。職場に同じ等級の人がいない場合は、他の職場の同じ等級の人と比較して行ってください。

（2）評定者トレーニングを繰り返し行うことによる調整の方法

　新しい人事考課制度を導入したり、または制度を改訂した時点では、評定者のトレーニングを行いますが、1～2回で終わってしまうところが多いと思います。繰り返しトレーニングを行わないと、すぐに評定者の価値観に戻ってしまい、バラつきが発生します。そこで事前調整の方法としてトレーニングを繰り返し行うことが大切です。方法としては次のようなやり方があります。

① **人事考課の基本的しくみと評定上の約束事を統一することによる調整の方法**

　評定は社長一人で行うというのであれば、評定を行う上での評定者のトレーニングは必要ないと思います。評定者は一人ですので全員を同じ目で評定しているわけで、評定者間のバラつきはないことになります。しかし、小さな会社でも、社長1人でなく例えば5人の部門長で評定するとなると、この5人の評定者が自社の人事考課制度の方法と評定上の約束事についての受け止め方を統一しておく

必要があります。

　その方法としては、講義による評定者のトレーニングがあります。そこで、人事考課の導入時にはこのようなトレーニングを行います。ただしこのようなトレーニングは、毎年行う必要がなく、導入時と新任の管理者が誕生した際に1～2回行えばよいと思います。

② ケースによる評定実習による調整の方法

　評定者のレベル合わせとして有効なのが、ケースによる評定実習です。この方法は、自社の人事考課の方式に合わせて、実際の被評定者をモデルにして、評定期間中の仕事のやり方とその結果について、モデルの被評定者でケースを作り、作成されたケースで評定者全員で評定し、その結果についてグループに分かれて討議等を行い、評定を統一するというやり方です。

　このようなケース実習では、自分の評定と他のメンバーの評定、会社の評定の仕方、レベルが理解できて、個人の甘辛調整には大きく役立ちます。

実例篇
モデル会社での事前調整

（1）自己評定を取り入れ、期初・期末に面接を必ず行わせている

　モデル会社での業績評定は、期初に**資料7**（24頁）で示しているように、評定者が**資料3**（11頁）のスキルマップを基本にして、人事考課表の「担当職務」と「仕事のポイント」を設定して、部下と話し合っています。評定者によっては部下に申告させて決めている部署もあります。そして期末の評定時には自己評定を行い、評定理由を書いて提出し、その後上司は仮評定を行い、話し合いで評定を決めていくしくみにしています。このように、評定のスタート時点と評定後に話し合って評定を決めていますので、ここで評定者と被評定者間においては事前調整されていることになります。

（2）評定者のトレーニングでケースによる評定実習を行っている

　人事考課の評定者トレーニングとして、①人事考課の基本的しくみ、②業績・能力・意欲評定の方法、③評定を行う上で守るべき約束事などの知識研修は、人事考課を導入した時点とか、新任の管理者が任命された時点では行っている会社が多いと思われます。この研修も人事考課の事前調整としては大切なことですが、これは知識研修で終わってしまうのがほとんどです。

　モデル会社では、このような知識研修は導入時に、上述の①～③で必要な知識をまとめた「評定者ハンドブック」というものを使って、2回程度研修を行い、その後は評定時期前にケースによる評定実習を、ケースを変えて2年間続けて行ってきました。

　このケース実習は**資料8-(1)**（57頁）のような「評定用ケース」

II　評定結果の調整方法

を作成して、次のような手順で研修を進めていきます。

> **ステップ1**……実習用ケースを読んで参加者各人が**資料8-(2)**（67頁）のような「ケース分析表」の「評定の内容」のケースの中で評定した文章を記入して評定します（約1時間程度）。
> **ステップ2**……全員の評定が終了したら、4～5人のグループになって、各人の評定結果を**資料8-(3)**（68頁）のような「グループ集計表」にグループごとに集計します。
> **ステップ3**……集計して評定結果にバラつきがある項目について、グループで話し合ってグループでの評定を決めていきます（1時間程度）。
> **ステップ4**……グループでの評定が統一できたら、全体で集まって、グループ間で評定の違っている項目について、話し合って全体での評定のレベル合わせを行います。

　このような評定実習を行うことにより、自分の評定のクセが自覚でき、自分で注意するようになり、評定のレベルが合ってきます。モデル会社では、実習用ケースを毎回変えて作成して、トレーニングを行っています。このトレーニングでは、スタート時点では同じケースでも評定がS・A・B・Cと4段階に分かれたこともありましたが、回数を重ねることにより、評定のバラつきが2段階程度になってきています。

（3）2次評定者による部門内の評定者間の甘辛調整を行うしくみを取り入れている

　モデル会社の人事考課は自己評定、1次評定、2次評定を行うしく

みになっています。モデル会社では２次評定者は１次評定者間の甘辛評定の調整を行うしくみを取り入れ、事前に評定者間のバラつきを調整するしくみになっています。

　具体的にはモデル会社の人事考課表には２次評定者の氏名を書く欄はありますが、評定を記入する枠がありません（**資料７**、24頁）。２次評定者は評定者間の甘辛や、２次評定者の考えと違っていると思われた場合は、２次評定者が１次評定者間の評定を一方的に修正するのではなく、必ず話し合って、１次評定者に修正させるという方式を取り入れています。そのため、２次評定者の評定の枠を設けていません。枠がなければ一方的に修正できませんので、必ず話し合うことになりますので、この話し合いが調整の役割を果たすということです。

　モデル会社ではこのように評定者と被評定者、１次評定者と２次評定者間の話し合いをきちんと行うことによる事前調整を行っています。

資料8-(1)　評定用実習ケース

評定用ケース
営業担当：中野さん（5グレード）

　中野さんは大学卒業後、新卒として当社に入社し、今年の4月で3年目になる。入社当初から営業を担当している。入社時の希望は事務所での仕事より、外に出て、いろいろなお客様と話ができる仕事をやりたいという希望で、営業担当をしたいということであった。

　性格は明るく、物怖じしないというのか、初対面の相手でも自分から伝えたいことは明確に言えるタイプである。身だしなみについて髪形、化粧、爪、アクセサリーは当社のイメージを損なうことなくキチンとしており、問題はない。

　趣味は絵を描いたり手作りでいろいろなものを作ることで、出来映えもなかなかのものである。例えばメモ帳を入れる箱を自分で作り、会社で使っており、周りからも評判が良い。

　スポーツはスキー、スノーボードと、これも結構なレベルのようである。

担当職務 ＊1

担当職務	仕事のポイント	評価基準	期　日（いつまで）
営業スキル向上	顧客分析シートを活用し、営業活動を行う。（神田物産・大口化学・北方化学）	【記入内容】 S：Aをクリアして競合情報より他社製品受注　OR　他部署定期受注 A：競合情報（対抗案実施）＋シェア（総印刷発注量）＋毎月更新 B：競合情報（対抗案設定）＋シェア（総印刷発注量）＋毎月更新 C：競合情報 D：ネット情報レベル	3月

行動結果

「営業スキルの向上」についての目標として、中野さんが下期新宿さんから担当を引き継いだ先で特に神田物産、大口化学、北方化学の3社に対して、顧客の状況を自分なりに知り、営業スキルの向上を目的に「顧客分析シート」を作成することとした。10月中に作成し、この分析シートで営業スキルを身に付け、営業活動を行っていくという目標を設定した。

10月にはまずネットで調べられることを調べて、顧客分析シートに書き込みを行った。ただネットでの範囲では顧客分析シートに空白が多く、データが十分でなかった。ネットで調べられない項目については、訪問活動で相手先から聞き出して埋めていけばよいと考えていたが、誰からどういう形で聞き出していいのか、情報ルート先、方法がもう一つわからなかった。また、神田物産、大口化学、北方化学については、従来からの得意先で、既存の仕事が多く、中野さんはその仕事を間違いなく対応していくことに追われ、「顧客分析シート」で情報収集すべき項目の情報収集と整理と順位付けができなかった。

Ⅱ　評定結果の調整方法

　10月末の上長との中間面接で、中野さんは3社の「顧客分析シート」を示して、記入できていない項目について相談した。上長は「そういうことだったら聞いてくればサジェッションするのに…」と話をして、「神田物産については、この項目は○○部の○○さんに○○のような聞き方をすると教えてくれると思う…」というように、3社に対しての情報ルート、話し方をていねいに教えていた。

　このようなことがあってから、訪問活動で得た情報も整理して書き込めるようになり、3社の「顧客分析シート」に落とし込む情報が取れるようになってきた。また、その情報により会社の内容、取引商品、当社との関係担当相手（ターゲット）の人柄までかなり頭の中に入ってきて、営業活動がしやすくなってきた。

　しかし、12月末の上長との面接で、上長から「面接で話をしていると情報シートに書き込む情報がかなり取れるようになり、それを営業活動に活用していることは新規開拓も含めて受注状況を見るとよくわかるし、実績としても上がっている。ただし、分析シートを見るとそれをキチンと整理して落とし込まれていない。頭の中にあるだけでなく、『顧客分析シート』を完成するというのが目標なので、忙しいからというので後回しにしないで、情報を収集したらその時点で整理して記入し、目標設定時に毎月更新するようにと話し合ったはずだ」と注意された。

　3月の時点では、「顧客分析シート」は完成しているが、毎月更新については20日程度遅れがちで、上長がその都度注意しているが、キチンとできていない。中野さんは遅れがちなことは意識しているが、情報を活用した受注ができているので、かなり満足している。

　しかし、「顧客分析シート」を見ると、競合先の情報は十分収集されていない。上司は「訪問活動での担当者との会話の中で、競合先はどんな提案をしてきているのかを聞き出すようにして収集しておくよ

うに。大きな案件があった場合、競合先の得意な分野の情報などは、その対抗策を考える場合大切な情報になるので…」と話して収集するように指示しているが十分ではない。

担当職務＊2

担当職務	仕事のポイント	評価基準	期 日（いつまで）
クライアント製品知識の習得	農薬資材・○○○の見本帳を見直し各クライアント製品の知識を習得する	【農薬資材見本帳完成点数／○○○見本帳作成】 S：800点／更新できている A：600点／更新できている B：400点／更新できている C：200点／更新していない D：100点以下／更新していない	3月

行動結果

　「クライアント製品知識の習得」についての目標として、中野さんは担当クライアントの製品知識を習得することを挙げていた。具体的には神田物産、大口化学、北方化学、○○○の資材見本帳と製品資料の更新をすることであった。中野さんは引継前の担当者である上長に聞きながら、この作業を行ってきた。

　当初の目標では3月までに更新を完了する予定であったが、11月にこの作業は終わっていた。目標設定時は上長に聞きながら1つひとつ行っていかなければと考え、かなり時間がかかると思い、3月末を完成目標としていた。

　しかし、取りかかってみると管理部でかなり整理していてくれたこともあって、改めて中野さんが従来自社で取り扱った製品を1つひとつ整理しなくともよかったことから、あまり時間をかけずに管理部と

II　評定結果の調整方法

一緒になって整理した結果、11月には400点について更新ができた。

担当職務＊3

担当職務	仕事のポイント	評価基準	期　日 （いつまで）
神田物産関係性強化	訪問回数UP	【訪問回数】 S：月12回 A：月10回 B：月8回 C：月6回 D：月4回	3月

行動結果

　神田物産との関係強化の目標に対しては、訪問回数のアップを目標とした。訪問回数で見ると10月：18回、11月：17回、12月：15回、1月：11回、2月：23回、3月：20回（予想）の訪問活動を行っていた。内容についても10月はとにかく訪問することが中心になって焦点を定めた訪問活動はできなかった。11月に入ってキーマンが誰かということまでは上長のアドバイスもあってつかむことができ、そのキーマンから営業に必要な情報を少しずつ聞き出すことができるようになってきた。しかし、それを活用してセールス活動を行うまでにはいかなかった。
　12月に入ってから新しいキャンペーンやチラシの作成の売上げに結び付きそうな情報がキーマンから聞き出せるようになり、提案、見積りの提出ができるようになってきた。
　12月に入って、日常の営業活動にあまり顔を出さない商事部長、マネジャーが同席した打合せに対して、中野さんが単独で行い問題なく打合せを終了することができた。

11月下旬に担当者が替わり、従来の担当者もより決裁権の幅が広がったのか、担当者の判断で新規の仕事の決裁ができるようになった。また、担当者は商事部長、マネジャーが同席した打合せに問題なく対応している中野さんの姿を見て、中野さんに対する信頼を深めたのか、中野さんからの提案に対して前向きで対応してくれるようになってきた。

＜実績＞

① おしゃべり○○○ギフトセット（誕生日をきっかけとした営業ツールとして、おしゃべり○○○に誕生月のコインを付け、ラッピングを施し、お誕生日プレゼントとして使えるようギフトセットを作成）弊社はパッケージも得意としている事をアピールしていた。→ギフトセットの企画段階で、ギフトBOXの提案を弊社と組んで行ってくれることとなった。→提案採用→その他アセンブリ工程も含めて対応可能な旨を伝え、見積りを提出。→最終的には、封入物のコイン（○○で手配）以外はすべて弊社で作成からアセンブリまで行うことに。売上は530万円程度となる予定。

② 新アタック活動ノート
　　弊社のワンストップサービスをアピールしていた。→○○○○様で、在庫していたファイルを使用したいという動き。→アタック活動の取組み例や展開ノートの使用例について記載した台紙を印刷し、ファイルへのセッティングを含めて弊社で請け負うことに。売上は520万円程度となる予定。

③ バレンタインシール
　　バレンタインチョコレート斡旋チラシを受注。→昨年の斡旋チラシに、チョコレートを一定額購入のお客様に名入れシール（他社商品）をプレゼントという記載があり。→今年は弊社商品の名入れ

シールにしていただけないかアピール。採用。→売上は72万円程度となった。

④ ○○○○ニュース

月刊の定期物として、昨年から受注しているリーフレット。（年間売上400万円程）若手担当者が担当。来年度も契約を継続していただくため、担当者に用紙変更を提案。採用され、来期も引き続き担当させていただけることに。

担当職務＊4

担当職務	仕事のポイント	評価基準	期　日 （いつまで）
農薬系クライアント（大口化学・北方化学）関係性強化	訪問回数UP	【訪問回数】 S：月6回 A：月5回 B：月4回 C：月3回 D：月2回	3月

行動結果

大口化学、北方化学との関係強化の目標に対しては、訪問回数のアップを目標とした。訪問回数で見ると次のような結果であった。

	10月	11月	12月	1月	2月	3月
大口化学	5回	7回	3回	1回	0回	1回
北方化学	4回	6回	5回	5回	3回	4回

（3月予想）

大口化学への訪問については、担当者が「貴社の仕事の内容については十分信頼しており、営業担当者が定期的に訪問してくれなくとも必要な時に管理部に対して私のほうから発注するので困ることもない。用件がある時には私のほうから声をかけるので、私も忙しくして

おり、席を空けることも多いのでわざわざ訪問してもらって留守をしていると申し訳ないので定期訪問は必要ない…」と言われたことがあり、定期訪問についてはあまり歓迎していないようだ。中野さんはこの事を11月の面接で上長に報告して相談した。

上長は「あの担当者は自分の担当の仕事は自分の責任上すべてスタートから終了まで知っていたいという性格の人のようだ。1か月で1回も訪問しないというのもどうかと思うが、目標設定当初は月4回の訪問が目標であったが、相手がそのような要望ならば、月1回程度に目標を変更して、その分、その1回の訪問に対してはアポイントを取って、ただ訪問するだけでなく、新しい提案を持って行くなどに、目標を切り替えてはどうか」と提案した。

話し合いの結果、12月からそのような訪問に切り替えることにした。上長は「ただ、このようなことは現在の担当者の性格という面が強いので他の部門への訪問などは別に考えて、必要であれば行うように…」という話も中野さんにした。

その結果12月、3月については新しい提案ができるキッカケがあったのでアポイントを取り訪問した。しかし2月については提案の案件も思い付かず、他の部門への訪問も含めて1回も訪問しなかった。ただし12月から訪問回数を減らしたからといって、従来からの注文は予定どおり管理部に入っており、前年度と比較して注文が減少したということはない。

北方化学の担当者は大口化学の担当者とは考え方が違い、なるべく定期的に訪問してほしいという要望を持っている。中野さんは大口化学への訪問回数を減らした分、北方化学を増すように心掛けて訪問活動を続けている。12月に入ってからはサンプル出し以外の提案訪問もできるようになってきた。こんな訪問活動回数を重ねてきた結果、担当者から信頼を得られるようにならい、2月に入って他社の見積り

を見せていただけるようにまでなってきた。

＜実績＞
北方化学
　資材部部長が外国部の担当者に弊社を紹介してくださり、輸出用のラベルを受注。売上75,000円程
大口化学
　特になし。

担当職務＊5

担当職務	仕事のポイント	評価基準	期　日 (いつまで)
自己起因工程異常削減	月2件以内	【工程異常件数】 S：月0回 A：月1回 B：月2回 C：月3回 D：月4回	3月

行動結果

　「自己起因工程異常削減」についての目標として、従来からの状況から、工程異常件数0件はS評価とし、目標は2件以内とした。中野さんは工程異常0を目指して「ミーティングノート」「進行管理表」「管理部依頼書」の完全実施を目標にした。10月〜12月までは工程異常は0件であった。しかし、1月に2件発生してしまった。
　1件目は○○社の納品時に発生した。内容は○○用医薬品の新製品発表に対するパッケージの立ち上げからパンフレット作成までの一連の受注商品で発生した。

パッケージの表記で、「○○用医薬品」とすべきところ「医療品」になっていることが、刷了時点で判明した。チラシやパンフレットには「医薬品」と明記されているのにパッケージだけが違っていたが、中野さんも、また相手先の担当者にも何個か試作品を提出しているにもかかわらず気が付かなかった。
　この異常ミスは納品される前に発見されたため、納品日が遅れたとか、エンドユーザーへ迷惑をかけたということはなかった。しかし、刷り直し等による当社での実害として120,000円程度あった。
　2件目は○○○○の食券の印刷において発生した。この食券は従来から注文をいただいており、12月に担当者から中野さんに仕様を変えたいという依頼があった。中野さんは仕様の変更を含めた見積りを作成して提出した。
　発注は○○○○の担当者からFAXで行われた。しかし、FAXは手配をしている管理部へ直接渡ってしまった。中野さんは仕様が変更される可能性があるということを管理部に連絡するのを忘れていた。結果的に管理部は担当者からの注文時にその話がなかったので、従来のままの印刷依頼をして刷り直しとなった。
　中野さんはこの2件の工程異常の原因分析を上長として見た結果、期初に工程異常を発生させないための対策として実行することにした「ミーティングノート」「進行管理表」「管理部依頼書」については確実に実行しているにもかかわらず発生していることがわかった。その結果、このような書類によるチェックだけでなく、工程異常を発生させないためにも、管理部との一声かけるなどのコミュニケーションが大切であるということをこのミスから学び、2月より意識的に実行するようにしている。

資料8-(2)

ケース分析表

担当職務	評定内容	評　定
営業スキル向上		
クライアント製品知識の習得		
神田物産関係性強化		
農薬クライアント（大口化学、北方化学）関係性強化		
自己起因工程異常削減		

資料8-(3)

グループ集計表

担当職務	S	A	B	C	D	評定内容	グループ評定
営業スキル向上							
クライアント製品知識の習得							
神田物産関係性強化							
農薬クライアント（大口化学、北方化学）関係性強化							
自己起因工程異常削減							

応用篇①

期初・期中・期末面接を徹底することにより事前調整を行っているC社の事例

　C社は人事考課の結果の納得性を高めるためには、話し合いを徹底して行うことが大切という考え方から、期初（課題設定の段階での話し合い）、期中（課題達成の中間の段階での話し合い）、期末（自己評定後の話し合い）の段階でそれぞれ話し合いを必ず行わせています。

　C社の業績評定は、**資料9-(1)**（71頁）の「業績評定シート」に、本人が期初に「課題（何を）」、「方法・プロセス（どんなやり方）」、「水準（どれだけ・どのレベルまで、何を尺度として評定するか）」、「難易度」、「期日」、「ウエイト」を申告し、上司と面接して業績評定項目を決めるしくみになっています。

　本人が申告したら、上司は**資料9-(2)**（72頁）「業績評定シートのチェックリスト」で本人の申告してきた内容をチェックし、修正が必要と思われるものについて、部下と話し合って修正させるための面接を行います（**資料9-(3)**、73頁）。この話し合いが期初面接になります。

　期中では設定した課題ごとに進捗状況と問題点があれば問題解決の話し合いを行います（**資料9-(4)**、74頁）。ここで大切なことは、課題達成の方法を本人に考えさせるような面接を行うということです。評定者のほうから一方的に話をするのではなく、未達になっている原因を話し合い、達成のためにどう行動するかを本人に考えさせるということを行っています。

　期末面接は評定結果の自己評定と上司評定のレベル合わせと、育成必要点と方法を話し合うという2つの目的があります。自己評定とのレベル合わせは、一方的に上司が評定について話しをするのではな

く、まず部下の評定と理由を十分聞いて、その後に上司の評定を示すことを行っています（**資料9-(5)**、75頁）。

　上司が一方的に「君はAと評定しているが、私はCと評定した。Aと評定した理由を説明しろ」というような面接では、部下は何も話せなくなり、話し合いになりません。C社ではそのために人事考課のフィードバック面接のトレーニングを行っています。

　もう1つの「育成必要点と育成の方法」についての話し合いは、**資料9-(6)**（76頁）「人事考課フィードバック面接準備メモ」を期末面接の前に作成して、この資料をもとに面接を進めていきます。

　このようにC社では人事考課の結果の納得性を高めるための評定前の調整として、面接（話し合い）を徹底しています。評定者と被評定者の面接（話し合い）を徹底することにより、評定結果の納得性を高めることが事前調整になるという考え方で、この制度を導入しています。

Ⅱ 評定結果の調整方法

資料9-(1)：業績評定シート

課題（何を）	方法・プロセス（どんなやり方）	水準（どれだけ・どのレベルまで／何を尺度として評定するか）	難易度	期日（いつまで）	ウエイト（100%）	自己評定		1次評定	
						コメント	評定／点数	コメント	評定／点数
1 財務		上期					評定／点数		評定／点数
		通期					評定／点数		評定／点数
2 お客様		上期					評定／点数		評定／点数
		通期					評定／点数		評定／点数
3 内部業務プロセス		上期					評定／点数		評定／点数
		通期					評定／点数		評定／点数
4 学習と成長		上期					評定／点数		評定／点数
		通期					評定／点数		評定／点数

	合計点数	
上期		／10＝
通期		／10＝

	合計点数	
上期		／10＝
通期		／10＝

評定基準／目標達成状況	評定点
S 評定を大きく上回る達成状況である	14
A 水準を上回る達成状況である	12
水準どおりの達成状況である	10
B 水準をやや下回る達成状況である	8
C 水準を下回る達成状況である	6

難易度	記号
グレードより難易度が高い	◎
グレード程度の難易度	○
グレードよりやや低い難易度	△

資料9-(2)

業績評定シートのチェックリスト

◎…明確になっている
○…ほぼ明確
×…問題あり

No	チェック項目	内容	評定
1	課題は「戦略展開書」と連動しているか	課題は会社方針→部門の「戦略展開書」→個人の人事考課シートとブレイクダウンされるものです。方向性は「戦略展開書」と合っていなければなりません。	
2	課題は他部門の課題と矛盾していないか	業務は一人で独立して行うものではありません。課題設定で自部門のことだけ考えて設定して、それが他部門に悪い影響を与えるものでは問題があります。	
3	課題は業績向上に貢献するものか	業務上のための人事考課ですので、その課題を達成することによって自分の担当している業務の中で業績向上に役立つものでなければなりません。	
4	課題は日常の業務(担当の業務)の中から設定されているか	課題は自分の業務の中から設定するものです。担当の業務と関連しない自己啓発課題などは課題になりません。	
5	課題は改善、改革的なものを含んでいるか	課題は従来のやり方から少しレベルを上げるなど、変化のあるものでなければなりません。昨年とまったく同じ課題、水準というのでは課題になりません。	
6	努力すれば達成可能なものか	人事考課では、課題を達成することにより満足感を得るということが1つの目的です。したがって、課題は努力すれば達成できることが前提です。	
7	水準は本人の能力よりやや高いものになっているか	設定した水準に挑戦し、達成することが能力開発に結び付けるということも人事考課の目的の一つです。したがって、能力よりやや高い課題や水準を設定することが大切です。	
8	課題達成の方法・プロセス(何を、どのように)が具体的に書かれているか	人事考課で未達になる原因の1つに方法・プロセスが設定時に明確に書かれていないということが挙げられます。具体的に書かれていれば途中修正も可能です。	
9	達成基準が明確になっているか	目標管理を人事考課の業績評定に活用するとなると、ここが一番大切です。達成度が評定できる書き方になっているかを確認しておく必要があります。	
10	ウエイトは重要度を加味して設定されているか	1つひとつの課題に対してのウエイトは重要度を加味して設定されているか、また、ウエイトが1〜2項目に偏って設定されていないか。	

資料9-(3)

課題設定の期初段階での話し合い（面接）の手順

> この期初面接は、「部下に押し付けにならないように、なぜこの課題、水準にしたか」部下の話をよく聞いて話を進めてください。設定した課題、水準がノルマと受け止められないように話し合いを進めてください。

	話し合いの手順	留意点	会話・コメント例
①	設定した課題項目ごとに話し合っていく	課題および達成基準が高すぎないか、低すぎないかを話し合う 実現の可能性はどうか、経費や誰かの援助は必要か	この課題の中で、自分の能力から見て難しすぎるというものはないか、実現の可能性はどうか、一つひとつ聞いていきたいが…
②	ウエイトと難易度について話し合う	本人のグレードや難しさの程度、全体の業務量等から見てなぜこのウエイトにしたかを説明し、意見を聞く	ウエイトおよび難易度はこのように設定していたが、この点について意見を聞かせてほしい
③	上司に対する要望を聞く	他の人に協力してほしいこと 上司に援助してほしいこと	私に対する要望などないか…また、他のメンバーに協力してもらいたいことはないか
④	設定した課題は必達が当然ということを認識させる	ここで話し合って本人と合意して決めた課題なので必ず実現するようにさせる。また、必ずできるという自信を持たせる	ここで合意した課題なので、困ったときはいつでも相談に乗るから早めに来てくれ。あなたの意気込みなら必ず達成できる…
⑤	課題項目を確認する	課題項目ごとに具体的達成方法、達成水準を確認する。特に達成水準について念押しをしておく	1つひとつ確認するが…
⑥	変更があった場合は、後日変更して本人に知らせる	話し合いで変更になった部分については後日変更して本人に知らせる	～は変更になったので、○日までに変更して話し合う
⑦	この面談で話し合ったことで重点部分について確認する（礼を言って終了する）	特に念を押しておくべき項目について、最後に確認する	今日の話し合いの中で重要なことを確認しておくと…

資料9-(4)

課題達成の期中段階での話し合い（面接）の手順

> この期中面接は課題の達成状況、未達になりそうな部分の達成方法、上司の援助の有無など、部下に考えさせ、発言させるように進めていく。

	話し合いの手順	留意点	会話・コメント例
①	課題項目を確認する	期初に設定した課題項目を読み上げて1つひとつ確認する（本人に話をさせても良い）	今期の課題項目として、〜について挙げているが間違いないね…
②	課題項目ごとに現時点での達成状況と現時点での評定を聞いていく（課題項目ごとに聞いていく）	課題項目ごとに「現状での達成状況」を聞いていく ここではあくまでも業績評定シートに書かれたことを基準にすること	課題項目ごとに中間での達成状況とその理由を聞かせてほしい 業績評定シートのどの部分に書かれていることについて話をしているのか…
③	このままいけば未達になりそうな部分は今後達成していくために援助してほしいかを聞く	このままで達成可能か、何か手を打つ必要があるか、援助してほしいことを本人の口から聞く。上司から言うのではなく本人に言わせる	それぞれの項目で、これから残りの課題を達成していくために何かしてほしいことがあるか、自分でやれると思っているのか…
④	未達になりそうな課題で上司から見て無理と思われる部分についての達成方法を話し合う	上司から見て無理と思われる項目を挙げて、どうすればできるか、ヒントを与えながら、なるべく本人に考えさせるようにする。必ず上司が援助できることを加えていく	課題の1については、あなたのやり方では相当頑張らないと達成は難しいようだ。〜の点について、こう考えてやったらどうか、こんな援助ができるが…
⑤	話し合った達成の方法について、援助するなど決まったことを確認する	上司の援助の内容・方法を明確にする。必ず達成できるという確信を持っていることを示す	〜については、〜のような援助をするが、そうすれば必ず達成できると思うので、頑張ってほしい
⑥	その他、上司や他の人に援助してほしいことを話し合う	他のメンバーに援助してほしいことがあれば聞く。人事考課以外のことでも要望があれば聞く	人事考課を離れて何か援助してほしいことがあるか。仕事に対する要望があれば聞かせてほしい
⑦	面談で話し合ったことで重点部分について確認する（礼を言って終了する）	特に念を押しておくべき項目について、最後に確認する	今日の話し合いの中で重要なことを確認しておくと…

資料9-(5)
自己評定後の期末段階での話し合い（面接）の手順

> この期末面接（自己評定終了後）の話し合い（フィードバック面接）は、まず良いところをほめ、次に評定の修正点があれば修正し、最後に育成必要点とその方法について話し合う

	話し合いの手順	留意点	会話・コメント例
①	課題項目を確認する	設定した課題項目を1つひとつ読み上げて途中変更がなかったか確認する	今期の課題として、中間面談でも確認したが〜について挙げているが変更ないね…
②	良かった点を話す	良い点を見つけ、ズバリ示してほめる ほめる内容を具体的に示してほめる	〜についてはクライアントの〜社の○○課長が、君の〜の行動のおかげで助かったとほめていたよ…
③	課題項目ごとに達成度合いの自己評定について聞いていく	課題項目ごとに「どういう理由で」「どう評定したか」を聞いていく ここではあくまでも業績評定シートに書かれたことを基準にすること	課題項目ごとに自己評定とその理由を聞かせてほしい 業績評定シートのどの部分に書かれていることについて話しているのか…
④	上司評定と違っている部分について、上司の評定を示す	自己評定をいきなり否定するのではなく、行動例、業務の場面で話をすること	第2視点の課題について、あなたは〜と評定しているが、業績評定シートに書かれているこの部分ができていなかったと私は判断するが…
⑤	1つひとつ評定段階を決めていく	評定が合わなかったが話し合いでお互いに納得できるものであれば、押し付けにならないように納得し意欲をそぐような言葉は言わない (例)「そんな甘い考えだからダメなんだ」など 一つひとつ確認をとって決めていく	第2の課題項目については、私の言っていることを納得してもらったようなので、私の評定の〜と評定となりましたのでいいですね
⑥	育成必要点と方法について話し合う	評定の話し合いが終了したら「どんな点が良かったか」「どんな点が育成必要点か」「どのように能力開発(OJT)していくか」等について話し合う。育成必要点と方法について1つひとつ決めていく（そのため事前に「人事考課フィードバック面接準備メモ」(資料9-(6))を用意する）	今期の達成度合から見て、○○について能力開発の必要性があるが、どう考えているか… 育成必要点と方法についてだが、まず1つには…
⑦	自己評定と上司評定が違っていたものについて修正された部分を確認する（礼を言って終了する）	評定が違って修正した部分は、もう一度1つひとつ確認する	第2視点の課題項目についてはCという評定になったが、納得してもらうね…

資料9-(6)

人事考課フィードバック面接準備メモ

	具体的内容	
良かった点		
評定の修正点		
育成必要点と育成の方法	（育成必要点）	（育成の方法）

Ⅱ 評定結果の調整方法

応用篇②
実際の期末面接にコンサルタントが立ち会って面接場面での話し方などを指導し、面接のレベルアップを図ることにより事前調整を行っているＴ社の事例

　Ｔ社では、人事考課の納得性を高めるために、面接技術のレベルアップを重要視しています。Ｔ社では人事考課においては期初、期中、期末にそれぞれ面接を行うしくみになっています。そのため面接の方法についてロールプレイなどでトレーニングを行ってきましたが、ロールプレイではそれなりの面接を行っているのですが、面接を受けた部下からの意見として、「一方的な話し合いで終わっている。面接の時間が短すぎる。評定のレベル合わせだけで終わっている。私たちの意見をほとんど聞いてくれない」などの批判を聞かされていました。

　そこでＴ社では、新しい人事考課制度を設計し、トレーニングを行った時に指導を受けたコンサルタントに、実際のフィードバック面接に立ち会ってもらい、面接のやり方を見ていただき、「良かった点、改善点」を指導してもらうことにしました。

　コンサルタントは面接終了後、**資料10**（次頁）のような「人事考課面接報告書」をまとめ、報告書をもとに、面接者に対して面接の仕方を話し合うというトレーニングを行いました。

　このトレーニングは、ロールプレイと違い、実際の面接を材料にしているだけに、本人も自分のクセなどを指摘されて、そのとおりと受け止めて、面接のレベルアップに大きく役立ちました。

資料10-(1)

人事考課面接報告書

○○○○ 殿

報告項目	内　　　容
面接の導入部分	○面接に呼ばれた目的はわかっていると思われるが、面接をする時には始めに面接の目的、時間を明確に示してスタートすることが大切。相手をその気にさせる意味ではここが不足していた ○上司の評定を先に示したが、示さないほうが良い。面接した二人とも上司評定が高かったので今回は問題ないが、部下の評定の方が高い場合は、まず部下の評定について聞いた後に上司の評定を示すこと
話し方（口調）	○一応ほめる点から入っていたのは良かったが、あえて言えば、もっと明確なほめ方がほしい ○話し方はやわらかくて良いと思う。ただし話し方が一本調子になっているが、良かった点、ほめる点は声を大きくするなど、話し方に抑揚をつけると、相手にインパクトを与えるので効果的だと思う。今後考えてほしい
面接の姿勢（態度）	○面接者も認めていたが、やはり話し過ぎ。もっと部下に質問するなどして、部下に話をさせる面接の組み立てがほしい
部下の話の聞き取り方	○●●さんのように、あまり自分から発言しないようなタイプの人には、こちらから話をしやすいように質問するとか、ヒントを与えるなどして、話をさせる努力がほしい ○相手が話をしている時は、顔を見てうなずいたりしていたので、話の聞き取方としては良かったと思う
評定を修正させる場合の話し方	○今回はすべて高いほうへの修正なので問題はなかった ○△△さんのS、A基準がなぜSかAかという話を聞いていると、少し評価が甘いような気がした ○意欲評定でG5のSはG4の行動が完璧にできるということです。基準書を見るとG4は「自分だけでなく周りの人にも良い影響を与えるレベル」ですのでこの面から見て評定が甘すぎる
能力開発面の指摘の仕方 ［期待すること 役割の明確化 など］	○●●さんに対しては今年度はもっと外に出るようにという指示をされていたが、具体的に何をするか、人と会ってどんなことを学ぶかをもう少し突っ込んで指導されていればもっと良かった ○◎◎さんに対しては「企画にもっと時間を取るように」というようなことで終わっていたが、企画などという曖昧なことでなく、何をするか、ここももう少し掘り下げてほしかった
終了の仕方	○終了では評定を変更したところをキチンと確認してほしい（今回は評定が高くなったので問題はないが）
総　　評	○話し方もやわらかで、相手の話もよく聞いていたという点では良かったと思う。相手にもっとインパクトを与えるためには、ほめる点をキチンとほめ、修正する時はそのことを言ってから修正に入り、能力開発の話に入る時にはそのことを話してから入るというように、話し方にもっとメリハリがあればもっと良かった

Ⅱ　評定結果の調整方法

資料10-(2)

人事考課面接報告書

○○○○ 殿

報告項目	内　容
面接の導入部分	○スタートで面接の目的、時間をまず話し、その後に話に入ってほしい。この点が不足していた ○面接はいきなり評定の自己評定に入っていたが、この面接ではまずほめる点から入り、本人に話をさせて、その後に人事考課の話をしてほしかった
話し方（口調）	○話し方（口調）はこれで良いと思う ○●●さんが一方的に話をしている。もっと▲▲さんに話をさせてほしかった
面接の姿勢（態度）	○相手が話をしている時には顔を見て、うなずく、同意するなどの動作がほしい
部下の話の聞き取り方	○こちらから「～の点についてはどう評定したか」と質問していたが、相手に話をさせる方法としては良い ○こちらが積極的に聞いているという姿勢がほしい（相手をきちんと見てうなずくなど）
評定を修正させる場合の話し方	○今回は上司が高い方への修正なので問題なくできた ○評定について、本人も上司評定も甘すぎると思う。当社の評定基準はG5であればG5のことが完璧に出来て「B」です。お二人ともG5のことができてA、少し良いとSとなっているように思える。SはG5ならG4のことが完璧にできるレベルです。職能要件書を読み直して、上司とも相談してもう一度評定を見直してほしい
能力開発面の指摘の仕方 ［期待すること役割の明確化など］	○▲▲さんに今期何を望むか、育成必要点はどこか。どんな方法で育成していくか、もう1つ明確でなかった
終了の仕方	○評定の修正結果、育成必要点、方法について確認がなかった
総　評	○人事考課の評定の評定結果のところが話の中心になって、この面接は前期の仕事の反省、今期の目標設定のポイント、育成の方向などの話し合いも目的の1つですが、これが不足していたように思う ○評定が全体的に見て甘かったと思うので、G5の職能要件書をもう一度読み直して評価を見直してほしい。甘くないと思えるなら、上司に相談してください。私は職能要件書を基準として見たら甘いと判断したので

2 事後調整の方法

評定結果の事後調整とは、1次、2次評定終了後の人事部門での調整ということです。この事後調整では評定結果の1人ひとりの分析評定の結果を調整するのは不可能に近いし、各社でもほとんど行っていないと思います。ここでの調整は横の調整、つまり部門間、評定者間の調整です。横の調整として、次のような方法があります。

人事考課の評定結果の調整方法

調整技法	調整の方法	長所	短所
①分布規制法	S-5％ A-15％ B-60％ C-15％ D-5％というように一般職、管理職などの集団ごとに分布を定めて調整する方法	評定結果が正規分布になりますので、寛大化傾向もなくなり、そのまま賞与等へ活用できる	・人数がある程度いないと悪平等になる ・相対評定になる
②平均点規制法	平均は100点というように平均点をあらかじめ示しておいて評定させる方法	平均点が一定になるので、あまりバラつきがない	平均点が標準と受け止められ、中心化傾向になる
③平均点加減法	部門間のバラつきを調整する方法で、全社平均と評定者ごとの平均を算出して調整する方法	部門間の甘辛が調整できる	全社平均と評定者平均と一律で調整するので、結果が平均化されてしまう
④間隔倍率法	部門間のバラつきを調整する方法で、調整したい最高、最低点を定めて部門間の最高、最低の間隔を調整する方法	部門間での最高、最低の間隔を合わせることができ、中心化傾向を是正できる	平均点加減法と同じく、平均化され、個人ごとの特長が出にくい
⑤調整会議などの話し合いによる方法	全社平均、部門平均、個人評定結果などを示し、役員会、委員会などを設置して話し合いを行い、調整する方法	話し合いをすることによって、表面的には納得が得られる	社長あるいは、その年度の業績の良い部門長の発言力が強くなり、公正な評定になりにくい

① 分布規制法

　評定者から出された評定結果を、グループごと（一般職、管理職とか等級別などのグループ）を作り、グループごとに、S-5％、A-15％、B-60％、C-15％、D-5％などの率を決めて、それに人数

を合わせて最終評定を決めていく方法です。率は、一般的には正規分布と言われているものを活用します。率は必ずしも正規分布でなくとも、自社で決めても良いと思います。ただし、この調整方法は、率を先に決めてそこに人数を当てはめていく方法ですので、相対評定を行うということになります。

<例> 4グレード29人の場合

S	A	B	C	D
5%	15%	60%	15%	5%
2人	4人	17人	4人	2人

(注) 人数は率によって、0.5人という場合などは正数で高いほうに入れる。

② 平均点規制法

　部門ごとの平均点を規制して平均点を基準にして、評定結果を調整する方法です。この調整は部門ごとの質的水準は平均的に等しいという前提に立っていますので、悪平等になるという欠点があります。また、平均点で調整するということを公示されると、評定者もなるべく平均点に近い評定をしようということになり、無意識的に平均点の周辺に評定が集まりやすくなるという欠点もあります。

　この平均点規制法と同じ考え方で、人事考課の制度として「平均点は○○点」というように、評定前に平均点を示している会社もあります。また、毎年の評定結果、会社平均○○点、部門平均○○点というように公示している会社もあります。このやり方のねらいは、評定する前に評定者に平均点を意識させることによって、評定者ごとの水準のバラつきを事前に調整しておくということにあると思います。

③ 平均点加減法

　全評定者平均点と評定者平均点を算出して、その乖離幅ごとに調整点を決めておき、その幅の中で評定者が行った点数を調整点で加

減していく方法です。

乖離幅と調整点例

乖離幅	調整点
3～5	2
6～8	5
9～11	8
12～14	11
15～17	14
18～20	17
21～23	20

←この乖離幅と調整点は自社で決定します。

　この方法は、評定者間の甘辛調整には良い方法です。しかし、この方法では本当に成績が良くて高い評定を受けた被評定者が、その評定者の全体的な評定が甘くなると平均点が高くなり、減点されるということになります。また、ある部門の業績が高く、グループの評定点が高くなると、全社平均との乖離が大きくなり全員の評点が下がってしまうことになります。したがって、平均点で加減した後に、全体の見直しは必要です。平均点加減法は次のようなステップで行います。

> **ステップ1**…被評定者全員の平均点を算出する（全社の平均点）。
> **ステップ2**…評定者ごとの平均点を算出する（評定者の平均点）。
> **ステップ3**…評定者ごとの平均点と評定者全員の平均点を比較しての乖離幅の調整点を前述の「乖離幅と調整点例」から算出する。
> **ステップ4**…ステップ3の調整の幅に入った評定者の被評定者について、一律の調整点で調整する。

Ⅱ　評定結果の調整方法

④　間隔倍率法

　評定者の評定のバラつきを会社が定めたバラつきに修正しようとする場合に活用する方法です。例えば、甲評定者の評定結果が最小91点から最大103点の12点幅の中心化傾向だったとします。それを例えば賞与へ活用するためには会社が定めた調整幅の最大110点、最小85点の25点幅に修正しようというような場合に有効な方法です。

　例えば、甲評定者の91点から103点の12点幅の結果を最小85点、最大110点の25点幅に修正しようという場合は次のような手順で調整します。

　甲評定者の評定と会社が修正しようとするモノサシを平行に置い

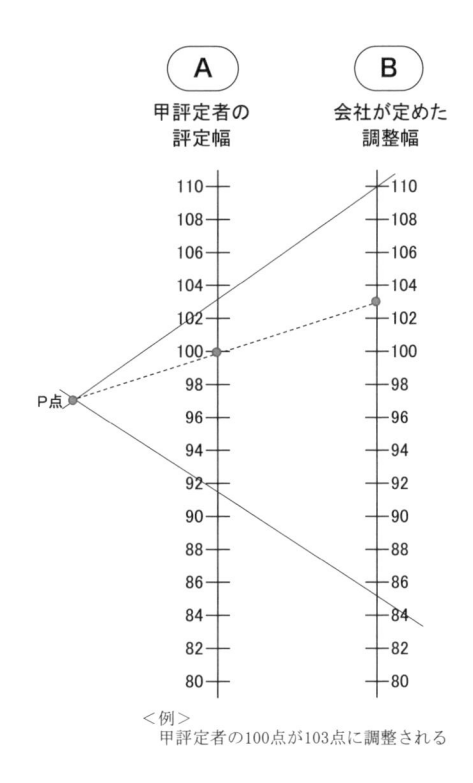

```
        A              B
   甲評定者の      会社が定めた
     評定幅          調整幅
```

＜例＞
甲評定者の100点が103点に調整される

て、同じ点数の目盛りを入れ、A線上に甲評定者の最高点103点、最小点91点を求め、次に会社が定めた調整したい最高110点、最小85点をB線上に求めます。次にA、B線上の最大と最小点のA、B線を結びます。そして左に交差した点数P点が求められます。そして、このP点を基準に会社が定めた調整幅のグラフの延長線上の点数が調整点になります。例えば、甲評定者の100点の会社が定めた調整点のモノサシに平行に線を延長すると103点上になり、甲評定者の100点は103点に調整されるということです。

⑤　調整会議などの話し合いによる方法

　一般的には一番多く採用されている調整方法だと思います。話し合いに入る前に平均点調整法や分布規制法で、人事部門で機械的な部門間の調整等が終了した後の数値を活用して、部門間調整と合わせて個人の調整を行う方法です。方法としては一覧表にして、見ながら調整するというやり方がわかりやすいと思います。例えば次頁の表のように評定者・グレード別に評定点をプロットしてみて、評定者間のバラつきなどを話し合い、修正していく方法です。

　この場合はどうしても評定者間というよりは個人の調整になりやすいと思いますし、調整者の甘辛が入りやすいので、あまりお勧めできる方法ではありません。

　以上のような「事後調整」で評定結果を調整しようとする場合、あくまで一律的な調整になりますので、あまりお勧めできません。調整で大切なことは前述の① (48頁)で紹介したような、調整が必要ないようにする「事前調整」です。人事考課制度を改善しようとした場合、この調整ということを十分意識して、人事考課制度を設計するということと、評定者のトレーニングが大切だと思います。

　そうは言っても評定者間のバラつきはどうしても出ますので、「平均点加減法」程度の調整が必要だと思います。この調整を毎回

II 評定結果の調整方法

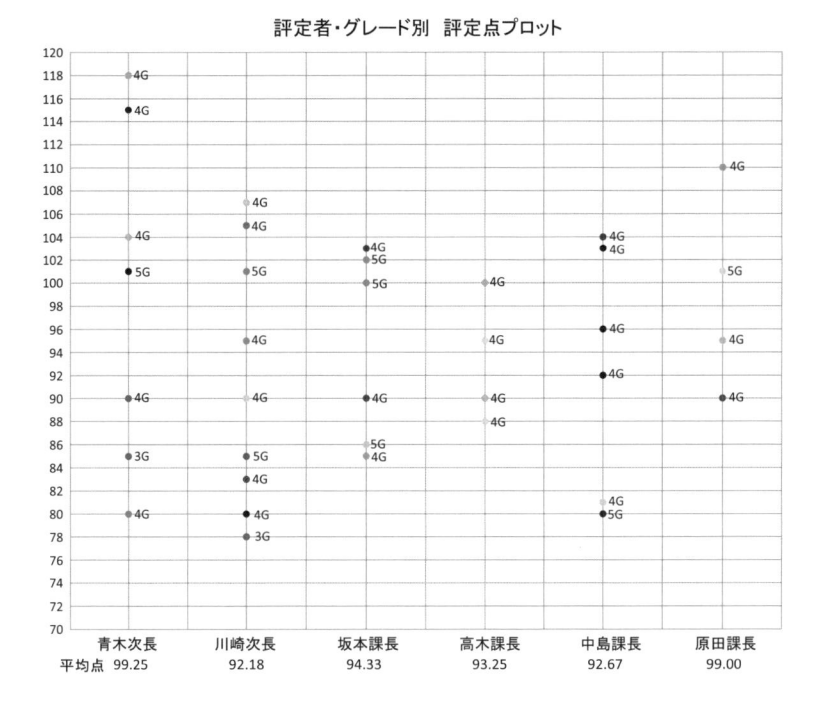

評定者・グレード別　評定点プロット

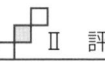

評定者	青木次長	川崎次長	坂本課長	高木課長	中島課長	原田課長
平均点	99.25	92.18	94.33	93.25	92.67	99.00

行い、全社平均、評定者平均を公開することにより、評定者は全社平均を意識して評定することになり、あまり大きなバラつきがなくなります。ただし、平均点の公開を続けていくと、平均点より下がった評定者が高く評定する傾向があり、平均点が徐々に上がっていく傾向もあります。

　調整については、1つの方法を取り入れたからそれを続けていくというのではなく、毎年の傾向を見て、検討していくことが大切です。

実例篇
モデル会社での事後調整

　モデル会社での事後調整は、平均点加減法を取り入れて、評定者間、部門間の調整を行っています。方法は次のとおりです。モデル会社の人事考課は**資料7**（24頁）の「人事考課評定者の手引」の中（33頁）で紹介しているように、最高点140点、最下位点60点になるしくみになっています。

ステップ1…1次評定者全体で平均点を算出する。3～5グレードの役席者を除いた平均が94.85点になっています。

ステップ2…1次評定者ごとの平均点を算出する。

ステップ3…1次評定者の平均点と評定者全体の平均点を、下記の乖離幅と調整点で、調整の必要な評定者を決定する。青木次長、原田課長が調整の必要な乖離幅3～5点に入りますので、全員2点減点することになります。

乖離幅と調整点

乖離幅	調整点
3～5	2
6～8	5
9～11	8
12～14	11
15～17	14
18～20	17
21～23	20
24～26	23
27～29	26
30～32	29
33～	32

（注）平均点が高いまたは低いことにつき、正当な理由が認められる場合はこの限りではない。したがって、単純かつ機械的に甘辛調整をするのではなく、例えば、極端に分析評定点の低い人がいて、かつ、その評価が正しいと判断される場合に、その1人のために平均点が下がっているようなときは調整の是非を検討する。

II 評定結果の調整方法

ステップ1　評定者全体の平均点の算出

No.	名前	年齢	役職	役職手当	グレード（G）	グレード給	業績・意欲評定点
1	青木	41	次長	70,000	2	420,000	95
2	川崎	38	次長	70,000	2	413,000	100
3	坂本	39	課長	50,000	2	404,200	86
4	高木	42	課長	50,000	2	402,000	85
5	中島	42	課長	50,000	2	387,000	100
6	原田	43	課長	50,000	2	384,000	101
7	青山	48	係長	15,000	3	351,000	85
8	川口	30	係長	15,000	3	310,000	78
9	秋山	38	主任	8,000	4	276,300	80
10	桜井	39	課員	0	4	273,200	90
11	浅野	41	課員	8,000	4	261,500	101
12	田口	37	主任	8,000	4	269,300	100
13	足立	36	課員	0	4	259,100	90
14	阿部	42	課員	0	4	248,100	104
15	佐々木	59	課員	0	4	246,400	85
16	佐藤	37	課員	0	4	243,900	103
17	田中	43	課員	0	4	233,000	95
18	津田	48	課員	0	4	231,000	90
19	神田	38	主任	8,000	4	228,700	80
20	中谷	46	課員	0	4	227,900	81
21	菅野	35	主任	8,000	4	227,600	83
22	千葉	35	主任	0	4	223,800	88
23	北村	36	課員	0	4	219,500	105
24	西川	29	主任	8,000	4	218,700	92
25	長島	30	主任	8,000	4	217,800	96
26	木村	26	課員	0	4	209,400	90
27	久保	38	課員	8,000	4	208,200	101
28	小泉	33	課員	0	4	207,200	90
29	広瀬	31	課員	0	4	202,600	90
30	福井	31	課員	0	4	202,500	95
31	小林	27	課員	0	4	202,500	95
32	根本	35	課員	0	4	202,500	104
33	野村	29	課員	0	4	202,500	103
34	星野	28	課員	0	4	202,500	110
35	天野	28	課員	0	4	201,800	118
36	小島	32	課員	0	4	201,400	107
37	荒井	40	課員	0	4	200,300	115
38	岸本	25	課員	0	5	198,600	100
39	清水	26	課員	0	5	197,500	100
40	安藤	26	課員	0	5	197,500	101
41	鈴木	27	課員	0	5	194,800	102
42	近藤	31	課員	0	5	193,200	85
43	西	27	課員	0	5	184,500	80
44	島田	24	課員	0	5	180,800	86
45	本田	24	課員	0	5	180,800	101

（注）評定は最高140点～最低60点の範囲での評価です

役職者以外平均	94.85

ステップ２　１次評定者ごとの平均点

評定者　青木次長　1　　　　　　　　　　　　　　　　　A-2点

	名前	年齢	役職	グレード給	G	業績・意欲評定点	調整後評価点
1	青山	48	係長	351,000	3G	85	83
2	秋山	38	主任	276,300	4G	80	78
3	浅野	41	課員	261,500	4G	101	99
4	足立	36	課員	259,100	4G	90	88
5	阿部	42	課員	248,100	4G	104	102
6	天野	28	課員	201,800	4G	118	116
7	荒井	40	課員	200,300	4G	115	113
8	安藤	26	課員	197,500	5G	101	99
					平均	99.25	97.25

評定者　川崎次長　2

	名前	年齢	役職	グレード給	G	業績・意欲評定点
1	川口	30	係長	310,000	3G	78
2	神田	38	主任	228,700	4G	80
3	菅野	35	主任	227,600	4G	83
4	北村	36	課員	219,500	4G	105
5	木村	26	課員	209,400	4G	90
6	久保	38	課員	208,200	4G	101
7	小泉	33	課員	207,200	4G	90
8	小林	27	課員	202,500	4G	95
9	小島	32	課員	201,400	4G	107
10	岸本	25	課員	198,600	5G	100
11	近藤	31	課員	193,200	5G	85
					平均	92.18

評定者　坂本課長　3

	名前	年齢	役職	グレード給	G	業績・意欲評定点
1	桜井	39	課員	273,200	4G	90
2	佐々木	59	課員	246,400	4G	85
3	佐藤	37	課員	243,900	4G	103
4	清水	26	課員	197,500	5G	100
5	鈴木	27	課員	194,800	5G	102
6	島田	24	課員	180,800	5G	86
					平均	94.33

II 評定結果の調整方法

評定者	高木課長	4					
			名前	年齢	役職	グレード給	G	業績・意欲評定点
		1	田口	37	主任	269,300	4G	100
		2	田中	43	課員	233,000	4G	95
		3	津田	48	課員	231,000	4G	90
		4	千葉	35	主任	223,800	4G	88
						平均		93.25

評定者	中島課長	5					
			名前	年齢	役職	グレード給	G	業績・意欲評定点
		1	中谷	46	課員	227,900	4G	81
		2	西川	29	主任	218,700	4G	92
		3	長島	30	主任	217,800	4G	96
		4	根本	35	課員	202,500	4G	104
		5	野村	29	課員	202,500	4G	103
		6	西	27	課員	184,500	5G	80
						平均		92.67

評定者	原田課長	6						A-2点
			名前	年齢	役職	グレード給	G	業績・意欲評定点	調整後評価点
		1	広瀬	31	課員	202,600	4G	90	88
		2	福井	31	課員	202,500	4G	95	93
		3	星野	28	課員	202,500	4G	110	108
		4	本田	24	課員	180,800	5G	101	99
						平均		99.00	97.00

全体の平均	94.85	
全体の平均	調整後	94.23

	評定者平均点	94.85	
評定者	被評定者平均点	乖離幅	調整点
青木次長	99.25	4.40	－2点調整
川崎次長	92.18	－2.66	±3点以内
坂本課長	94.33	－0.51	±3点以内
高木課長	93.25	－1.60	±3点以内
中島課長	92.67	－2.18	±3点以内
原田課長	99.00	4.15	－2点調整

このようにモデル会社では、年2回行っている人事考課の結果を人事部門が平均点加減法で平均点調整を行っています。同社では導入時はこの調整が必要な評定者が4～5人おり、乖離幅がかなり大きい評定者がおりましたが、何回か結果を公開して、乖離幅の大きな評定者に対しては個別に人事部門が話をするなどを行った結果、最近では平均点加減法による調整が必要な評定者も少なくなり、調整点も小さくなってきています。

　ただし、調整者は少なくなってきていますが、平均点に合わせようと、中心化傾向になってきています。そこで人事部門では評定前に「評定実習」を繰り返し実施しています。

　モデル会社では、このように人事部門で平均点加減法により調整を行った後に、例えば、賞与に活用する場合、グレードごとに相対評価でS、A、B、C、Dを決定します。そして、その結果について部門長が集まって、話し合いで最終評定を決めています。

　この部門長の話し合いの結果を最終評定として、その後は経営部門でも調整しないことにしています。

II 評定結果の調整方法

> **応用篇①**
> 管理者に対して自己評定後、社長、部門長、コンサルタントの3人で面接を通して調整を行っているN社の事例

　N社では管理職22人に対して、自己評定後一人約1時間かけて評定結果を報告させ、評定項目ごとに面接で評定の最終結果を決めるやり方を取り入れています。N社の管理職の業績評定は**資料11**（次頁）のような目標管理方式を取り入れるため、目標設定の段階、目標達成過程での進捗管理の段階、目標達成後の評価の段階でそれぞれ話し合いを十分持つということを義務付けています。そして評価の段階での面接では、実際に行ったことについてそれぞれ証明できる資料をきちんと提出することを義務付けています。例えば、5S運動で週1回職場巡回を行うという目標を設定した場合、コメントに「巡回しました」と記入して目標達成したということだけでは認めない。毎週巡回したことを証明する、日時がきちんと入った巡回日誌を提示させるなど、必ず目標達成したことを第三者に認めさせるものがなければ認めないというやり方を取り入れています。

　管理者に対してこのような面接を徹底して、管理者も自分の部下に対して同じような面接を行わせていますので、評定結果について全社での平均点調整などを行わなくとも、納得性が得られています。

　N社は目標管理方式の人事考課で期初、期中、期末の面接（話し合い）が十分行われる職場風土が出来上がって、人事考課シートも話し合いの中でオープンになっていますので、評定の個人差はあまり出ていないようです。しかし、この話し合いを徹底していかないと、新しい管理者が入ってきた時にバラつきが出る恐れがありますので、継続していくことが大切だと思います。

資料11

第○○期下期業績評定表

| 所属 | 生産支援課・機械課 | 役職名 | | 主査 | 氏名 | ○○○○ | 上司 | ○○ | 工場長 |

	年度目標	課題（何を）	水準（どれだけ・どのレベルまで・何を尺度として評定するか）	方法・プロセス（どんなやり方で）	期日	ウェイト(100)	自己評定			上司評定		
							評定/点数	コメント		評定/点数	コメント	
1	組織価値向上	5S・改善	毎月1件の改善の実施	5Sプロジェクト・トヨタ生産方式改善活動を通じて5Sの促進・安全な職場づくりを進める	5月末	20%	A 240	工場内の材料などの整理整頓を積極的に行いきれいに通路確保できたと思います。		B 200	改善プロジェクトへ積極的に参加し結果としても成果を上げていました。今後もTWIの学びに沿った形で継続してください。	
2	人材育成と社員満足	社員満足	月に1度の目標進捗面接を行い目標達成のサポートをしていく	機械課・生産支援課のチームリーダーと面接を行い目標に対する進捗を確認する	5月末	15%	C 120	チームリーダーとの月1回の面接は定期的に実施できませんでした。日々の打合せを頻繁に行い少ない人数での仕事の割り振りができたと思います。		C 120	社員満足を向上する為にもコミュニケーションを図る事により目標達成感を向上につながっていきます。来期は実施しましょう。	
3	人材育成と社員満足	独自（一流）の技術・技能	改善提案を一人月1件提出してもらう	全体朝礼の実施。	5月末	15%	A 180	機械課支援課平均1.53件提出できました。		A 180	改善提案は周知され提出状況も良くなっています。今後も日常の仕事から「課題」を見つけ改善を推進してください。	
4	製造＆サポート部門計画	精機・支援	納期達成率100%	毎日の進捗会議で状況を確認し納期確保する	5月末	20%	A 240	納期達成率、精機・ガラスともに100%でした。		A 240	毎日の進捗確認を実施し、職場、機械毎スケジュールの作成、見積り作成中の進捗確認を行った結果100%達成に貢献しています。	
5	製造＆サポート部門計画	精機・製造	4部品10%の工数または投取り削減	工程・加工方法・加工工具の見直しと改善実施計画立案	5月末	15%	A 180	25部品の28工程の工数を平均32%短縮できました。		A 180	加工、段取り改善、治具製作をバックアップして改善活動を実施し大きな成果を出しています。	
6	製造＆サポート部門計画	精機・製造	工程内不良率0.4%	不良を出さない確認、チェックのしくみの確立	5月末	15%	C 120	工程内不良率0.46%で目標達成できませんでした。確認・チェックのしくみを見直します。		C 120	工程内不良率上期0.62%よりは改善傾向です。不良を絶対出さないという強い意識で来期は望んでください。	
							合計点数	1080	108	合計点数	1040	104

応用篇②
人事考課の総合評定に活用目的別総合評定を導入することにより、相対評定で調整するしくみを取り入れているM社の事例

　M社の人事考課は、昇給、昇格、賞与に活用するしくみになっています。M社は、人事考課の結果をまず平均点加減法での調整を行い、調整した結果と活用別総合評定と比較しながら調整して、昇給、昇格、賞与へ活用記号が算出されるしくみを取り入れています。すなわち、評定結果の調整と、活用への決定を一覧表で決めていく方式です。

　具体的には、**資料12-(2)**（95頁）の人事考課で、分析評定は業績評定、意欲評定は絶対評定で行います。また、業績評定の基準書は**資料13**（96頁）のように職務基準書として職種別にスキルマップが作成されています。評定者は期初の**資料13**のスキルマップの「仕事の種類」を基本に「担当させる仕事」「ウエイト」を記入して、面接して仕事を与えます。期末の自己評定ではスキルマップの自分の等級の評価基準に照らして達成度を評価し、上司も評価し、話し合いで決定していくというやり方を行っています。

　総合評定**資料12-(1)**（次頁）は自己評定は行いませんが、1次、2次評定者が業績・意欲評定の分析評定の結果をふまえて、活用目的に合わせて相対評定を行うしくみにしています。そして、分析評定の結果は**資料14**（99頁）の「人事考課要領」で説明しているように、平均点加減法で調整を行います。その結果を**資料15**（106頁）の「人事考課評定結果集計表」に個人ごとに集計して、「絶対評定」と「相対評定」が一致していれば調整の必要なし、一致していない場合は個別に調整を行うという方法をとっています。

資料12-(1)

人 事 考 課 表

一般社員用

評定期間：平成　年　月　日～平成　年　月　日

被評定者

氏　名		男・女
		歳
生年月日	昭和／平成	年　月　日
入社年月日	昭和／平成	年　月　日
所属部署名		
等級等	等級　　　　役職	
学歴	大卒　短大卒　高卒　中卒	

評定者

1次評定者	(氏名)	印
	評定日	年　月　日
2次評定者	(氏名)	印
	評定日	年　月　日
調整者	(氏名)	印

活用目的別総合評定

※評定の欄に記号(A・B…)を記入のこと

		賞与について		昇給について		昇格について
総合評定	A	同一等級(資格)の中で、最も高い賞与配分が望ましい	A	同一等級(資格)の中で、最も高い昇給が望ましい		昇給評定については、必ず上位資格等級で評定してください。上位資格等級の「職能要件書」により評定する
	B	同一等級(資格)の中で、平均より高い賞与配分が望ましい	B	同一等級(資格)の中で、平均より高い昇給が望ましい	A	上位職能資格基準の能力があり直ちに上位資格等級に昇格させても問題ない
	C	同一等級(資格)の中で、平均の賞与配分が望ましい	C	同一等級(資格)の中で、平均の昇給が望ましい	B	上位職能資格基準の能力はほぼ保有していると思われるが、昇格には次の機会を待ちたい
	D	同一等級(資格)の中で、平均より低い賞与配分でもやむをえない	D	同一等級(資格)の中で、平均より低い昇給でもやむをえない	C	上位職能資格基準の能力から見て、まだ不十分で現資格程度の保有能力である
	E	同一等級(資格)の中で、最も低い賞与配分でもやむをえない	E	同一等級(資格)の中で、最も低い昇給でもやむをえない	D	上位職能資格基準の能力から見て、現資格等級でも少し無理なところがある
評定	1次	2次　調整	1次	2次　調整	1次	2次　調整

II 評定結果の調整方法

資料12-(2)

分 析 評 定

<評定段階記号>
A	：上位等級の期待基準まで達していた	10
B	：同等級の期待基準を大幅に上回っていた	8
C	：同等級の期待基準を上回っていた	6
D	：同等級の期待基準をやや下回っていた	4
E	：下位等級の期待基準程度であった	2

	仕事の種類	ウェイト 本人	ウェイト 1次	評定 1次	評定 2次	集計欄	1次・2次評定者の調整コメント
業績評定						×　＝	
						×　＝	
						×　＝	
						×　＝	
						×　＝	
						×　＝	
						×　＝	
	合　　計	100%	100%			／10＝	

	評定要素	ウェイトⅠ	ウェイトⅡ	1次	2次	集計欄	1次・2次評定者の調整コメント
意欲評定	1 目標達成意欲	1	3			×　＝	
	2 新しい仕事への挑戦意欲	2	2			×　＝	
	3 効率化意欲	1	2			×　＝	
	4 チームワークの形成意欲	2	1			×　＝	
	5 職場ルールの維持意欲	3	1			×　＝	
	6 自己啓発意欲	1	1			×　＝	
	合　　計						

(注1) ウェイトⅠを適用する等級 ……… 1・2等級
　　　 ウェイトⅡを適用する等級 …… 3・4・5・6等級
(注2) 集計は1次評定者が行ってください。

	1　次　評　定　者	2　次　評　定　者
コメント欄		

資料13

☆：指導できる。複雑・困難な作業でも対応できるレベル
◎：1人で問題なくできるレベル
○：上司の大枠の指示があればできるレベル

スキルマップ

【製造職】

No	仕事の種類	具体的な仕事	評価基準	1グレード	2グレード	3グレード
1	計量	各種原料の正確な計量	各種配合に添った原料を正確かつ迅速に計量することができる	○	☆	
		原料の適正な管理および取扱い	原料の良し悪しが判断でき、物に応じた管理、取扱いができる	○	◎	☆
		原料処理機操作	原料処理機の取扱いおよび操作ができる	○	☆	
		在庫管理	原料を適切に保管し管理することができる	○		
		衛生管理	衛生面でのルールに関する知識を持ちルール通り作業することができる	○	☆	
2	仕込	各種配合に沿った原料の投入	各種配合に沿った原料を正確に手順通りに投入することができる	○	☆	
		原料の適正な取扱い（異物チェック、先入先出し）	原料を古い物から使用し、異物チェックし取り扱うことができる	○	☆	
		計量機操作および点検	小麦粉計量機の操作やホッパターの点検ができる	○	◎	☆
		トラブル時の対応	突発的な機械の故障や異常などに気付き対応することができる	○	☆	
		衛生管理	衛生面でのルールに関する知識を持ちルール通り作業することができる	○	☆	
3	混合	各種配合の混合生地調整	混合生地を安定的に供給できる	○	☆	
		混合機および供給機保全、点検	混合機および供給機の保全点検ができる	○	◎	☆
		混合機および供給機操作	混合機および供給機を正確かつ丁寧に操作することができる	○	☆	
		トラブル時の対応	突発的な機械の故障や異常などに気付き対応することができる	○	◎	☆
		衛生管理	衛生面でのルールに関する知識を持ちルール通り作業することができる	○	☆	

Ⅱ 評定結果の調整方法

スキルマップ

No	仕事の種類	具体的な仕事	評価基準	1グレード	2グレード	3グレード
4	成型	各成型機の調整	各種配合に沿った成型機の調整が正確かつ迅速にできる	◎	☆	
		各成型機保全、点検	各成型機の保全、点検が正確にできる	○	◎	☆
		レシプロカッターの操作	レシプロカッターの操作が正確にできる	○	◎	☆
		ロータリーカッターの操作	ロータリーカッターの操作が正確にできる	◎	☆	
		ロータリーモルダーの操作	ロータリーモルダーの操作が正確にできる	◎	☆	
		印刷機の操作	印刷機の操作が正確にできる	◎	☆	
		塩掛け機の操作	塩掛け機の操作が正確にできる	◎	☆	
		トラブル時の対応	突発的な機械の故障や異常などに気付き対応することができる	◎	☆	
		衛生管理	衛生面でのルールに関する知識を持ちルール通り作業することができる	◎	☆	
5	入荷	納入物の受け取りチェック	納入業者～荷物を間違いなく受け取り適正な場所に運ぶことができる	◎	☆	
		フォークリフト運転作業	フォークリフトの運転ができる（免許保有）	◎	☆	
6	焼成	各種焼成、焼色、水分チェック	各製品の焼色、サイズ、水分等規格に合致しているかチェックすることができる	◎	☆	
		各焼成機操作、保全、点検	各焼成機の正確な操作、保全、点検ができる	◎	☆	
		掛け油機操作、保全、点検	掛け油機の正確な操作、保全、点検ができる	◎	☆	
		トラブル時の対応	突発的な機械の故障や異常などに気付き対応することができる	◎	☆	
		衛生管理	衛生面でのルールに関する知識を持ちルール通り作業することができる	◎	☆	
7	サンド	各種クリーム仕込	各種配合に沿ったサンド用クリームを正確に混合することができる	◎	☆	
		サンドマシン調整、操作	各製品に沿ったサンド機の調整、操作ができる	○	◎	☆
		サンド機保全、点検	サンド機の正確な操作、保全、点検ができる	○	◎	☆
		混合機保全、点検	混合機の正確な操作、保全、点検ができる	◎	☆	
		トラブル時の対応	突発的な機械の故障や製品の異常に気付き対応することができる	◎	☆	
		衛生管理	衛生面でのルールに関する知識を持ちルール通り作業することができる	◎	☆	

スキルマップ

No	仕事の種類	具体的な仕事	評価基準	1グレード	2グレード	3グレード
8	業務推進および管理	生産計画に基づく製造	日々の生産計画を把握し、目標達成のための活動ができる	○	◎	☆
		生産計画の立案、実施	無駄のない生産計画を立案し、協議することができる	○	◎	☆
		人員配置の立案、実施	適性な人員配置の立案実施ができる	○	◎	
		業務改善の立案、実施	作業性、安全性等様々な面での業務改善をすることができる	○	◎	
		安全衛生	安全衛生に関する基本的な知識、危険を予防することができる	○	◎	
		他部署との連携	担当部署だけでなく全体の流れを把握し他部署と連携することができる	○		
共通項目	電話・接客応対	電話応対	電話の基本マナーを理解し、担当業務についての電話照会について手際良く応対し、処理ができる	◎	☆	
		接客応対	接客マナーを理解し、担当業務についての接客応対が一通りできる	◎	☆	
	報告・連絡	報告・連絡・相談	上司・同僚に対し、仕事の報告、連絡、相談が一通りできる	◎	☆	☆
		関係部署との連携	業務を行うため関係部署との連絡ができる	○	◎	
	社内外折衝	社内外折衝	交渉・折衝事項について意図や目的を相手に正確に伝え、的確な調整や説得ができる	○	◎	
	教育・指導	教育・指導	担当業務について部下や後輩に教えることができる	○	◎	☆
	コミュニケーション	日常のコミュニケーション	コミュニケーション円滑化のため上司・同僚との関係に気を配り、また、後輩の良き相談相手になることができる	○	◎	☆
	5S活動	5S活動	自分の持ち場の整理・整頓・清掃の5S活動に積極的に参画できる	◎	☆	
	ISO業務	ISO業務	ISOの方針、目的、目標を理解し、ISO関連業務が一通りできる	○	◎	☆

資料14

人 事 考 課 要 領

1．新人事制度の概要

　新人事制度での人事考課の位置付けと活用の関係は次の通りです。

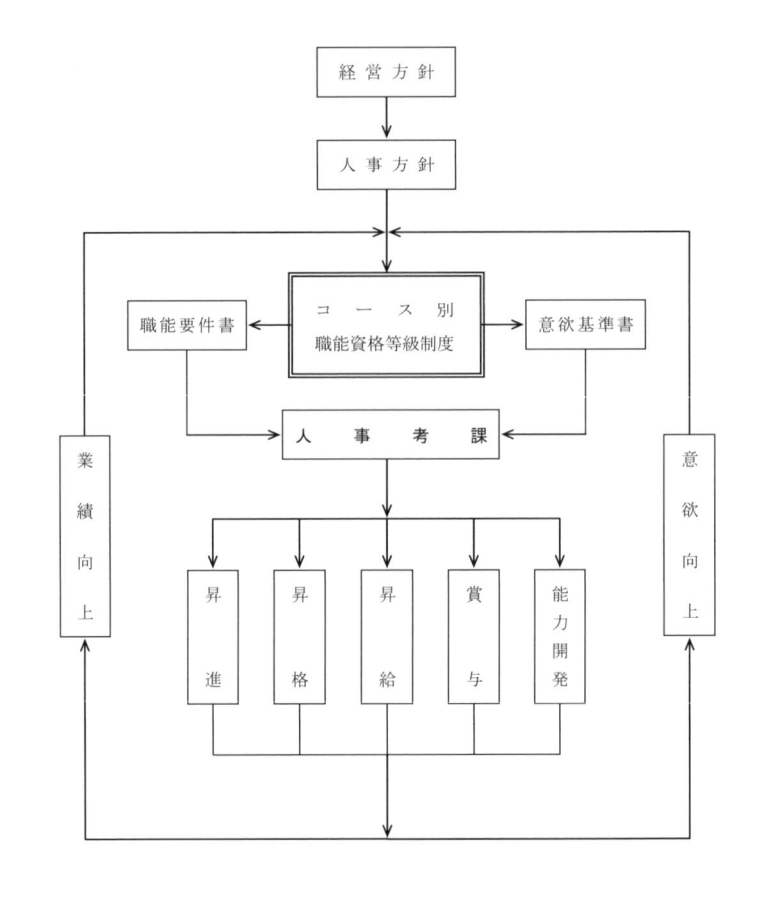

```
                    ┌─────────┐
                    │ 経営方針 │
                    └────┬────┘
                         ↓
                    ┌─────────┐
         ┌─────────→│ 人事方針 │←─────────┐
         │          └────┬────┘          │
         │               ↓               │
         │     ┌──────────────────┐      │
    ┌────┴───┐ │   コース　別     │ ┌────┴────┐
    │職能要件書│←│職能資格等級制度  │→│意欲基準書│
    └────┬───┘ └────────┬─────────┘ └────┬────┘
         │              ↓                │
         │         ┌─────────┐           │
         └────────→│ 人事考課 │←──────────┘
    ┌──┐          └────┬────┘          ┌──┐
    │業│   ┌───┬───┬──┴┬───┬───┐       │意│
    │績│   ↓   ↓   ↓   ↓   ↓         │欲│
    │向│ ┌──┐┌──┐┌──┐┌──┐┌────┐      │向│
    │上│ │昇││昇││昇││賞││能力│      │上│
    │  │ │進││格││給││与││開発│      │  │
    └──┘ └──┘└──┘└──┘└──┘└────┘      └──┘
```

（2次評定者の役割）

① 評定者間の甘辛の調整
　　一次評定者間で比較して、著しく高いか低い一次評定者の評定結果については、再度その一次評定者に評定のやり直しをさせた上で調整する。
② 一次評定者の甘辛の調整
　　一次評定者の評定に対し、個人的な好き嫌いなど特殊な要因が入っていないかをチェックし、該当する場合、評定のやり直しをさせた上で調整する。
③ 二次評定者から見て、一次評定者の評定が異なると思われる場合、評定のやり直しをさせた上で調整する。

2．評定結果決定までの手順

ステップ1　　評定結果の記入とウエイト後の評定点の記入

一次評定者ごとに集計作業を行う。

一次評定者と二次評定者の評価が違う場合は調整を行う。

（1）被評定者ごとに評定者の業績評定点・意欲評定点を「人事考課評定結果集計表」に記入する。

（2）業績・意欲評定点を等級ごとに下記のウエイト表を活用して「ウエイト後の評定点」を計算し、記入する。

〈ウエイト表〉

	Ⅰ	Ⅱ	Ⅲ	Ⅳ
業　績	40%	50%	70%	100%
意　欲	60%	50%	30%	0%
合　計	100%	100%	100%	100%

Ⅰを適用する等級…1～2等級　　Ⅲを適用する等級…5～6等級
Ⅱを適用する等級…3～4等級　　Ⅳを適用する等級…7・8・9等級

☆　ウエイト後の評定点の出し方
（例）Ⅰ表適用の場合
業績評定合計点　×　40%　………　①
意欲評定合計点　×　60%　………　②
①　+　②　=　ウエイト後の評定点

（3）人事考課表の「賞与・昇給相対評定」の欄より相対評定の記号を記入する。
（S・A・B・C・D）

ステップ2　一次評定者ごとの平均点調整を行う

（1）一次評定者全体の平均点を算出する。
　　　ただし、・上位121点以上、下位69点以下は除く
　　　　　　　・被評定者2人以下は除く

（2）各一次評定者の平均点と上記①で算出した全体の平均点を比べ、その乖離幅によって、当該一次評定者が評定した被評定者全員の点数に一律、下表の点数を加算または減算する。

乖　離　幅	調　整　点　数
3　〜　5	2
6　〜　8	5
9　〜　11	8
12　〜　14	11
15　〜　17	14
18　〜　20	17
21　〜　23	20
24　〜　26	23
27　〜　29	26
30　〜　32	29
33　〜	32

（注）平均点が高いまたは低いことにつき、正当な理由が認められる場合はこの限りではない。したがって、単純かつ、機械的に甘辛調整をするのではなく、例えば、極端に分析評定点の低い人がいて、かつ、その評価が正しいと判断される場合に、その1人のために平均点が下がっているようなときは調整の是非を検討する。

(3) 上記（2）で決定した「調整後点」を「分析評定調整後点」欄に記入する。

ステップ3　最終評定記号の決定を行う

(1) 昇給

　分析評定調整後点を下記の基準によって正規分布させた記号と、活用目的別総合評定記号を基に、最終評定記号を決定し、人事考課評定結果集計表の「最終評定記号」の欄に記入する。

＜正規分布基準＞

　ここまで絶対評定で評価してきたものを、原資との兼ね合いから、相対評定に変える。正規分布させる条件は以下の通りとする。

	高 い ← 分析評定調整後点 → 低 い				
分　布	5％	15％	60％	15％	5％
記　号	S	A	B	C	D

　以上で求めた、分析評定調整後点を正規分布させた記号を、「最終評定記号」欄に記入する。

　決定に際し、以下の条件を設定する。

(a)「S」は121点以上とする

(b)「D」は79点以下とする

　次に、ここで算出された記号と、人事考課の活用目的別総合評定の記号に相違がないことをみて相違がなければ、最終的な「決定」とする。

　ただし、最終の昇給の決定は社長が行う。

　活用目的別総合評定記号と最終評定記号が変わっているところについては一次評定者にフィードバックする。

> この作業は絶対評定で行った分析評定の結果と、昇給相対評定で行った相対評定の2つの方法の組み合わせを行う作業です。

（2）昇　格（級）

分析評定調整後点を下記の基準（絶対基準）にあてはめて、最終評定記号を決定し、人事考課評定結果集計表の「最終評定記号」の欄に記入する。

	高　い　←　分析評定調整後点　→　低　い				
点　数	～121	120～106	105～90	89～80	79～
記　号	S	A	B	C	D

3．昇格の基準

（1）昇格に際しては、4等級～5等級、6等級～7等級に昇格するときは別に定める、上司推薦、面接をクリアーにすることを条件とする。

（2）人事考課の評定結果の活用については、下記のとおりとする。

業績・意欲評定評定結果	過去2回連続S	過去2回S～A	過去3回B以上
昇格能力綜合評定評定結果	過去2回連続S	過去2回S～A	過去3回B以上
昇格基準	最　　　　短	標準よりやや速い	標　　　準

（3）最短、標準よりやや速い標準の目安

等　級	最　　短	標準よりやや速い	標　　準
9			
8	2	3	
7	2	4	5
6	2	5	6
5	2	5	7
4	1	5	6
3	1	4	5
2	1	3	4
1	1	3	4

（注）この目安表はあくまで目安になります。

（4）降格および復活の条件
・人事考課の最終評定記号が「D」の場合、降格となる。
・翌年度の人事考課における最終評定記号が「B」以上の場合、自動的に降格前の等級・号俸に復活する。

4．人事異動の場合の取扱い
（1）被評定者が評定期間中に異動になった場合
　被評定者が評定期間中に異動になった場合の評定は、在任期間の長短にかかわらず新任地の評定者が評定を行う。
　その場合、旧任地における在任期間中の評定と、新旧両任地の評定結果の調整は、新任地の評定者が旧任地の評定者に相談するなどして行う。
（2）評定者が評定期間中に異動になった場合
　新評定者が評定を行う。
　新任地での評定に先立って、前任の評定者の行った仕事の割当ての結果を確認するために、旧評定者と調整の上で被評定者との面接を行う。
（3）異動の場合の評定結果の取扱い
　被評定者が異動して一定期間に満たない場合、人事考課は行うが、人事考課の処遇への活用に当たっては「B」または前回実施の評定結果を活用する。
（4）新卒者の取扱い
　人事考課は、同様に行うが、人事考課の処遇への活用に当たっては入社後1年間は「B」とする。
（5）中途採用者の取扱い
　評定期間の中途で新たに採用された従業員については、入社後6か月経過した後の定例評定による評定結果により、格付けを決定する。

資料15

人事考課評定結果集計表

（　　）職　　（　　）　一次評定者名（　　）

		ステップ1			ステップ2				ステップ3	
等級	被評定者名	業績評定点	意欲評定点	総合得点A	調整幅点C	平均点調整後点(A±C)	絶対評定	相対評定	最終評定記号	備考
合計	人			点						
	平均点B			点						

（注）一次評定者は、被評定者ごとに業績評定点、意欲評定点および総合得点まで記入してください。

II　評定結果の調整方法

応用篇③
平均点加減法調整を行った後に、部門別・グレード別に正規分布で評定を決め、最終評定を部門ごとに次長以上が集まって決めているF社の事例

F社はメーカーで、社員400名程度の中堅企業です。毎年の昇給は昇給テーブルがあり、最終はS～Dまでの5段階評定を行い、人事部門で調整を行うしくみを取り入れていました。昇給については1次、2次評定は絶対評定で行っていますが、昇給に活用する時点で原資の関係もあり、正規分布で相対評定せざるを得ないため、最終調整を人事部門で行っていましたが、各部門長から不満を寄せられていました。

そこでF社では、部門を工場、営業、管理の3部門に大きく区分し、部門内でグレード別に相対評定を行い、部門ごとに次長以上が集まって最終評定を決定するしくみに改めることにしました。具体的には次のステップで行っています。

ステップ1…人事部門で業績評定、意欲評定の結果をグレードごとに定められたウエイトを乗じて合計点を算出する。

ステップ2…ステップ1で算出された合計点で下記の区分で絶対評価を行う。

絶対評価の点数幅

最終記号	S	A	B	C	D
評定点	121点以上	120点～110点	109点～90点	89点～80点	79点以下

ステップ3…絶対評価での高い順から順位付けを行う。

ステップ4…部門別、グレード別に作成した正規分布に合わせて相対評価の人数を算出する。SからDまで正規分布の人数に合わせて正規分布の評定を決定する。

工場3グレード 28人の例	S	A	B	C	D	合計
	5%	15%	60%	15%	5%	100%
	1	4	18	4	1	28

ステップ5…平均点加減法で評定者間の調整を行う。全社平均（例えば全社平均102.5点の場合）と各評定者平均との評定差を下記の乖離幅に合わせて調整点を算出する。

平均点調整の乖離幅

乖離幅点	調整点
〜−21	+20
−20〜−18	+17
−17〜−15	+14
−14〜−12	+11
−11〜−9	+8
−8〜−6	+5
−5〜−3	+2
−2〜2	0
3〜5	−2
6〜8	−5
9〜8	−8
12〜14	−11
15〜17	−14
18〜20	−17
20〜	−20

ステップ6…調整後の合計点を算出する。

ステップ7…調整後の合計点からステップ2と同じく絶対評価での評定を行う。

ステップ8…ステップ6で算出した合計点でグレードごとに順位付けを行う。

ステップ9…ステップ8で設定した順位で、ステップ4の正規分布による評価を行う。

ステップ10…ステップ9までの作業が終了したら、この資料をもとに部門ごとに部門長が集まり、調整会議を行い、最終決定する。

この部門ごとの調整会議は、例えば工場部門は4工場ありますので、4工場の工場長と次長が参加して、総務部門とコンサルが入って**資料16**（次頁）の「平均点加減法」で調整を行い、「最終正規分布評価」による評定を見ながら1人ひとりの調整を行います。

　この調整は工場は工場部門で行いますので、他の部門の分布は見ないで行います。この調整会議はスタート時点では全部門が集まって部門間調整から行ったのですが、他部門の状況がわからない中での調整は、単なる人数合わせになって良い結果が出ませんでした。

　そこでこのような部門内で調整を行い、ここでの調整結果は人事担当部門や社長は原則修正しないということで行っています。

　F社ではこのような調整会議による昇給、賞与への活用を3年前から導入しています。この作業を人事部門で行っていた時と比較すると、評定結果に苦情を寄せられることが少なくなっています。

資料16

工場部門3グレードの平均点と全体平均の乖離幅での調整

No.	氏名	所属	コース	年齢	勤続	役職	G	業績	意欲	業績(ウェイト)	意欲(ウェイト)	計	絶対評価	順位	正規分布評価	乖離幅調整点	調整後合計点	調整後絶対評価	順位	最終正規分布評価	調整会議	最終決定
										平均点加減法での調整前							平均点加減法での調整後					
1		○○工場	T	53	27	係長	3	109	120	87.2	24	111.2	A	1	S	0	111.2	A	1	S	A	A
2		○○工場	T	54	31	班長	3	103	106	82.4	21.2	103.6	B	12	B	5	108.6	B	2	A	A	A
3		○○工場	T	50	3	班長	3	107	106	85.6	21.2	106.8	B	2	A	0	106.8	B	3	A	A	A
4		○○工場	T	55	28	主任	3	103	120	82.4	24	106.4	B	3	A	0	106.4	B	4	A	A	A
5		○○工場	T	56	36	一般	3	106	106	84.8	21.2	106	B	4	A	0	106	B	5	A	B	B
6		○○工場	T	43	24	主任	3	106	106	84.8	21.2	106	B	4	A	0	106	B	5	A	A	A
7		○○工場	T	58	33	一般	3	100	104	80	20.8	100.8	B	14	B	5	105.8	B	7	A	A	A
8		○○工場	T	42	23	主任	3	106	104	84.8	20.8	105.6	B	6	A	0	105.6	B	8	A	B	B
9		○○工場	T	57	19	一般	3	108	94	86.4	18.8	105.2	B	7	A	0	105.2	B	9	A	B	B
10		○○工場	T	53	33	一般	3	106	100	84.8	20	104.8	B	8	A	0	104.8	B	10	B	B	B
11		○○工場	T	52	33	一般	3	106	100	84.8	20	104.8	B	8	A	0	104.8	B	10	B	B	B
12		○○工場	T	57	34	一般	3	104	106	83.2	21.2	104.4	B	10	B	0	104.4	B	12	B	B	B
13		○○工場	T	56	37	一般	3	104	106	83.2	21.2	104.4	B	10	B	0	104.4	B	12	B	B	B
14		○○工場	T	55	33	係長	3	95	106	76	21.2	97.2	B	17	B	5	102.2	B	14	B	B	B
15		○○工場	T	58	38	一般	3	100	108	80	21.6	101.6	B	13	B	0	101.6	B	15	B	B	B
16		○○工場	T	50	33	班長	3	100	102	80	20.4	100.4	B	15	B	0	100.4	B	16	B	B	B
17		○○工場	T	55	16	副班長	3	94	90	75.2	18	93.2	B	23	B	5	98.2	B	17	B	B	B
18		○○工場	T	52	33	一般	3	94	90	75.2	18	93.2	B	23	B	5	98.2	B	17	B	B	B
19		○○工場	T	54	35	副班長	3	97	100	77.6	20	97.6	B	16	B	0	97.6	B	19	B	B	B
20		○○工場	T	52	33	班長	3	97	98	77.6	19.6	97.2	B	18	B	0	97.2	B	20	B	B	B
21		○○工場	T	54	35	一般	3	96	100	76.8	20	96.8	B	19	B	0	96.8	B	21	B	B	B
22		○○工場	T	59	39	一般	3	93	104	74.4	20.8	95.2	B	20	B	0	95.2	B	22	B	B	B
23		○○工場	T	54	31	班長	3	92	106	73.6	21.2	94.8	B	21	B	0	94.8	B	23	B	C	C
24		○○工場	T	57	38	一般	3	96	84	76.8	16.8	93.6	B	22	B	0	93.6	B	24	C	C	C
25		○○工場	T	58	39	一般	3	89	96	71.2	19.2	90.4	B	25	B	0	90.4	B	25	C	C	C
26		○○工場	T	56	18	一般	3	91	86	72.8	17.2	90	B	26	C	0	90	B	26	C	C	C
27		○○工場	T	58	21	一般	3	90	84	72	16.8	88.8	C	27	C	0	88.8	C	27	C	C	C
28		○○工場	T	55	36	一般	3	91	76	72.8	15.2	88	C	28	D	0	88	C	28	D	C	C

← 乖離幅調整点がついている人は調整された人

応用篇 ④

評定結果のコメントを具体的に記入することを義務付け、コメントを調整の参考にしているＤ社の事例

　評定結果を納得性の高いものにするためには、事後調整は難しいと述べてきましたが、Ｄ社は小さな会社（社員40名程度）なので、逆に平均点調整などはしにくいということで、人事担当役員が１次評定者の１人ひとりの評定結果の個別調整を行っています。

　小さな会社といえども、人事担当役員が社員１人ひとりの日常の行動をきちんと見られるわけがありませんので、人事担当役員が持っている情報だけでは無理があります。そこで、Ｄ社では評定結果の「コメント欄」を１次評定者にしっかり書かせるようにして、このコメントを材料にして調整するしくみを取り入れています。そのため次頁で示しているような「①　コメント記入のポイント」をまとめ、評定者に配布し、コメントをしっかり書かせるようにしています。そして、コメントだけで情報が不足していれば、評定者にコメントの内容を追加して聞くというやり方も取り入れています。具体的には、「コメントに盛り込むべき内容」を次頁のように示して、コメントをきちんと書くことを義務付けています。またコメントを記入したら、「②　コメントチェックリスト」（113頁）で結果をチェックして、漏れがあったら追加して記入させています。

　小さな会社であれば担当役員が最後に同じ目線で見て調整するということは可能ですし、最終評定者が１人で調整するわけですので、評定者間のバラつきもなくなりますので、良い方法だと思います。

① コメント記入のポイント

項　目	内　容	コメント例
評価したこと	①多くの評定要素の中で特に今期評価した項目 ②本人の能力開発面からみて、特に評価した内容	①売上目標○○円という○○さんの等級としてかなりハードルの高い目標を自ら設定して達成したことは高く評価しています。 ②後輩の○○さんに対して目標設定時のアドバイスの役割をお願いしたが、役割をきちんと実行し、○○さんは1人で目標設定できるようになっています。このことも高く評価しています。
評価した理由	①特に高く評価した理由 ②本人だけでなく、係、グループに対して良い影響を与えた理由	①特に高く評価した理由は、売上目標は期初の景気の状況がやや下向きの中で、自ら高い目標に挑戦した意欲と達成したことです。 ②○○さんの目標達成のための日常の行動が、グループ全体に良い影響を与えてくれたことも高い評価の理由です。
来期に期待すること	①本人自身の能力開発からの期待理由 ②係、グループの業績向上面からの期待理由	①目標達成に向かって行動する途中ですぐにあきらめず、行動し続けるという行動面は十分身に付いています。来期は自分で考えるだけでなく、上司をうまく使うということを身に付けてほしいということも本人に言っています。 ②当グループは来年で4期目に入り、営業スタイルが身に付いてきています。目標は達成することが当然というスタンスを今年もあなた自身が実行し、グループの良い見本になってくれることを期待します。

② コメント作成のチェックリスト

チェック項目	評価
① 高く評価したところをわかりやすく表現されているか	
② リップサービス的なコメントになっていないか	
③ 今期の評価とその理由が明確に表現されているか	
④ 今期一番伝えたいことが明確に表現されているか	
⑤ 文章があまり長過ぎず、改行、箇条書きが有効に活用されているか	
⑥ 曖昧な修飾語（総合的に…企画的な）、動詞（活性化する…強化する）などが使われていないか	
⑦ できない約束（今期の昇格は定員上無理だが、来期は期待できると思う…）をしていないか	
⑧ 行動事実に基づいたコメントになっているか	
⑨ 評価が全体的にマイナスだったとしても、悪いところだけの指摘でなく、良かった行動例を見付け出してコメントしているか	
⑩ 本人の来期の成長に向けての具体的行動が示されているか	

Ⅲ

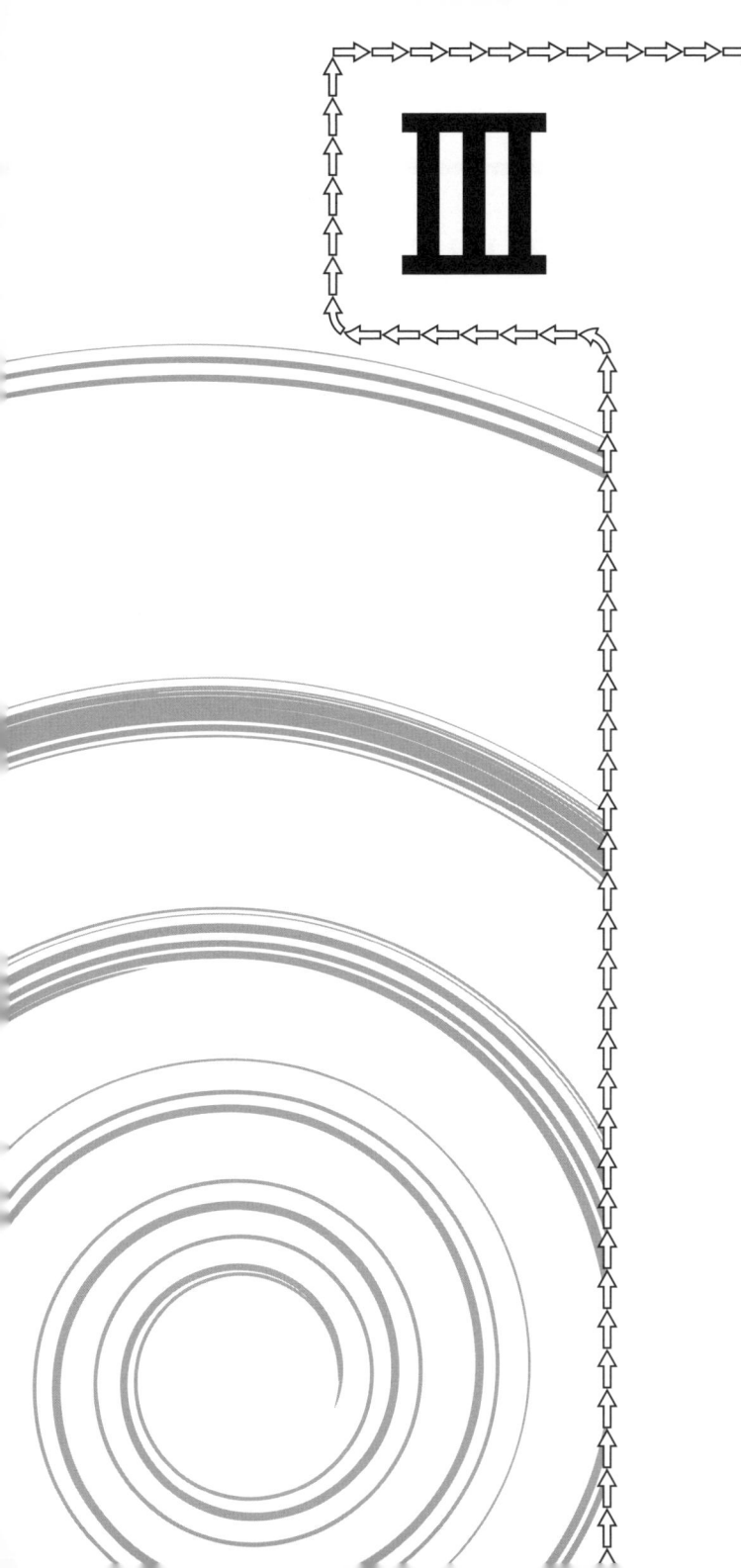

昇給への落とし込み方

Ⅲ　昇給への落とし込み方

　昇給すなわち毎年の給与改定へ、人事考課結果を落とし込んでいく方法ですが、昇給への落とし込み方はその会社の給与のしくみによって変わってきます。

　人事考課では今まで述べてきたように、一般的には次の3区分で評定を行います。
① 　業績評定…担当した仕事のやり方とその結果を評定
② 　意欲評定…担当した仕事に取り組む姿勢・意欲を評定
③ 　能力評定…担当した職務を遂行する上で必要な能力の保有(発揮)度合を評定

　そして、人事考課への落とし込みは、この3つの区分にそれぞれ活用目的に合わせてウエイトを付けて、数値化して行っているのが一般的です。しかし、この活用目的も時代とととともに変わってきています。すなわち、年功給時代と業績給(成果給)時代とでは、人事考課の活用も次のように変わってきています。

① 　年功給時代の人事考課の活用

活用目的 人事考課区分	昇給への活用	昇格への活用	賞与への活用
業績評定	◎	―	◎
意欲評定	◎	―	△
能力評定	◎	◎	―

◎…ウエイトが高い　○…ウエイトが標準　△…ウエイトが低い　―活用しない

② 業績給（成果給）時代の人事考課の活用

活用目的 人事考課区分	昇給への活用	昇格への活用	賞与への活用
業績評定	◎	◎	◎
意欲評定	△	△	△
能力評定	—	◎	—

　このように、年功給の時代は、能力を「保有度合」として捉え、一度保有した能力はマイナスになることはなく、その上で積み上がっていくもの（習熟能力）で、仕事を経験することによって毎年確実に上がるものであるという考え方を取り入れていました。

　したがって、能力主義における能力は、一度身に付いたら下がらず、毎年経験によって積み上がり、毎年伸びていくものであり、能力給は毎年積み上がっていくので、習熟昇給として定昇があるという考え方でした。

　しかし、業績給の考え方が入ってきてから、能力を保有能力というのではなく「発揮能力」として捉えているところが多くなってきています。そして、昇給は年功給時代は能力評定だけを活用しているところが多かったようですが、今は業績、意欲評定だけで毎年の給与改定を決めているところが多くなってきています。

　このように、人事考課の業績評定や意欲評定、能力評定の昇給への活用方法も、給与制度のしくみに合わせて変わるということです。したがって、自社の給与制度での昇給は、能力に重点を置くのか、業績（仕事の成果）に重点を置くのかを明確にして、昇給への落とし込み方を考えていく必要があります。

実例篇
モデル会社での昇給への落とし込み方

1 毎年の給与改定の方法

　モデル会社では、昇給の決定には業績評定と意欲評定の結果を活用しています。また、同社の給与表は給与テーブルは作成しないで、グレードごとに上・下限の金額だけを示す範囲型のテーブルです。この範囲型のテーブルでの毎年の昇給は、1人当たりの昇給原資を決め、それをグレードおよび人事考課の成績が反映される金額を比率によって決め、活用していくことになります。

＜モデル会社の範囲型テーブル＞

グレード	グレード給の範囲
1グレード	500,000 〜 430,000
2グレード	430,000 〜 360,000
3グレード	360,000 〜 280,000
4グレード	280,000 〜 200,000
5グレード	200,000 〜 165,000

　このテーブルでは毎年の昇給額は決められていませんので、毎年グレードごとに基準金額を決め、その金額を基本に成績が反映される金額を決めていくことになります。

　モデル会社では、**資料5**（21頁）で紹介しているように、毎年の

平均昇給額を定めて、その後に人事考課の結果を昇給に反映するしくみを取り入れています。

2 モデル昇格・昇給の設定

モデル会社のように、毎年の昇給の金額をその年で決めていく方式ですと、社員が将来の自分の給与がどのようになっていくか、予想が立てられないことになり、給与がヤル気の向上に結び付かなくなるおそれがあります。そこで、モデル昇格・昇給表を作成して、次のような昇格・昇給の目安として示しています。

モデルでは、新卒大卒で入社したという設定で作成されています。

> モデルA…51歳で1グレードの部長クラスまで昇格した場合
> モデルB…47歳で2グレードの課長クラスまで昇格した場合
> モデルC…3グレードまでしか昇格しなかった場合

上記の「モデル昇格・昇給」は、それぞれのグレードに昇格した時点におけるそのグレードでの下位の金額を入れてあります。そして、モデル昇格・昇給表で示したグレード給モデルA～Cをグラフ化したのが、**資料17**（122頁）の「モデル昇格・昇給グラフ」です。同社では、これを新しい人事制度を導入した時点で社員にこのモデル昇格・昇給グラフを公開し、毎年の給与改定がヤル気、能力の向上に結び付くようにしています。

3 中途採用者の給与決定

モデル会社では中途採用者がほとんどでしたので、今までは、例えば34歳の社員を採用する場合、給与テーブルがなかったので採用時の給与の決め方が難しいという悩みがありました。そこで同社では、新しい人事制度を導入して、前述のようなモデル昇格・昇給を決めて

モデル昇格・昇給

	モデルA		
1	51歳		9年
		60歳 500,000	10年
2	41歳	50歳 430,000	8年
3	33歳	40歳 360,000	8年
4	25歳	32歳 280,000	3年
5	22歳 190,000	24歳 200,000	38年

	モデルB		
1			13年
2	47歳	60歳 430,000	10年
3	37歳	46歳 360,000	10年
4	27歳	36歳 280,000	5年
5	22歳 190,000	26歳 200,000	38年

	モデルC		
1			13年
2			15年
3	47歳	60歳 360,000	10年
4	32歳	46歳 280,000	
5	22歳 190,000	31歳 200,000	38年

(注) 5グレードスタートの130,000円の大学初任給です。モデルAでの24歳200,000円は4グレードのスタートの金額で、25歳200,000円は3グレードのスタート、2グレードの360,000円は2グレードのスタートです。

グラフ化を行い、このモデルを基本にして中途採用者の給与を決める際に活用しています。

　例えば、32歳の人を採用したいと考えた場合、**資料17**（次頁）での32歳のモデル昇格・昇給グラフでの給与を見ると、最低210,000円、最大280,000円、標準で250,000円になりますので、この範囲で採用可能ということになります。こうした目安があれば、会社側は標準者の250,000円を提示し、本人は前の会社が270,000円だったので270,000円ほしいと言った場合、250,000円を基本給とし、20,000円は調整給とします。そしてスキルマップ等で1〜2年間能力評定を行い、標準者より上のスキルがあると評定された場合、20,000円を基本給に入れて270,000円とします。スキルマップ評定で標準程度であれば、この調整給を取るということも可能になります。

　このようにモデル会社における毎年の給与改定方法は、今の時代に合わせて定昇額は会社の業績に連動して行えるしくみにしています。また、昇給金額も昇給予算に合わせて行えるように、人事考課は絶対評定で行うが、昇給に落とし込むときは相対評定で行うというしくみにしています。

資料17　モデル昇格・昇給グラフ

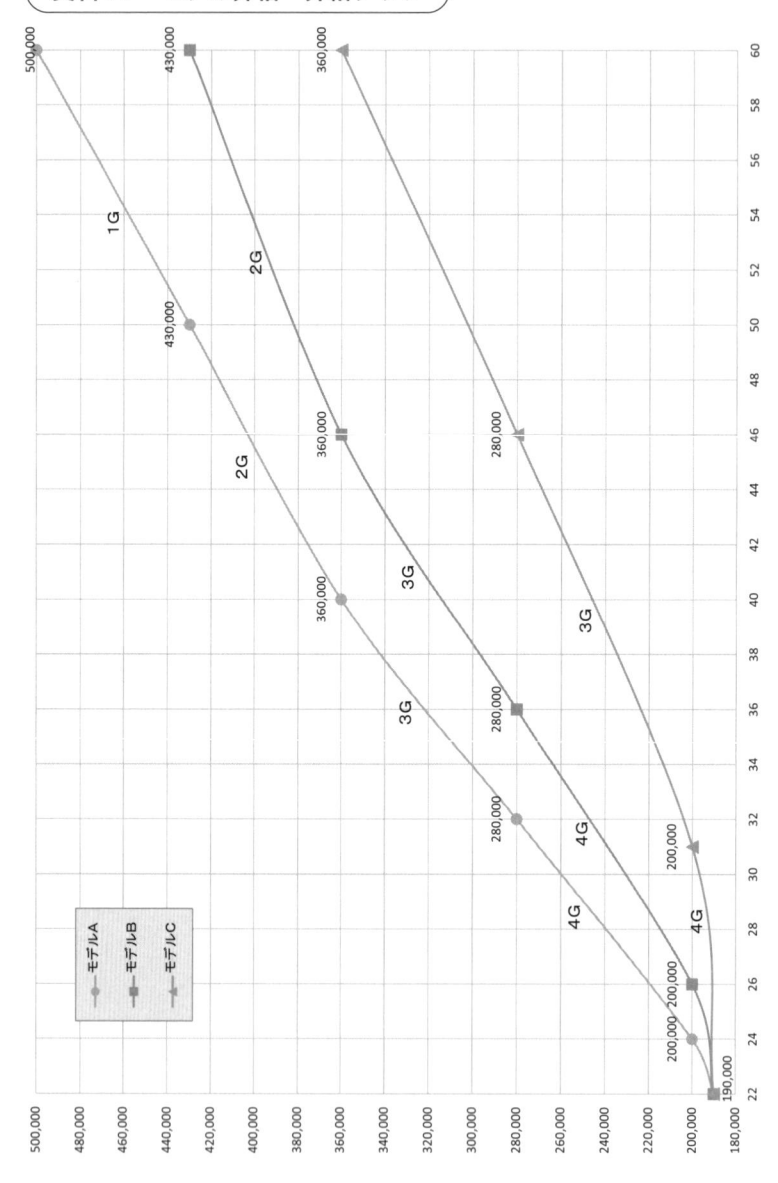

応用篇 ①
業績評定の通期平均を「職能給」の改定に活用して、業績評定の半期分を業績給の洗い替えに活用しているＨ社の事例

　Ｈ社の給与は基本給が職能給と業績給の二本立てになっています（**資料18**、125頁）。そして能力給は年１回、業績給は年２回、人事考課の結果によって改定されるしくみになっています。Ｈ社の人事制度は、**資料19**（127頁）の「人事制度運用内規」によって運用されています。

　Ｈ社では職能給は範囲型のテーブルになっており、業績評定の通期（上・下期を平均したもの）の総合評定でプラス５ランクからマイナス３ランクまでの間で上下するしくみです。ただし、能力給は業績評定で126点以上のＳの評定であれば必ず５ランクアップするというものではなく、企業の業績によって４〜３ランクアップということもあるという、昇給にやや幅を持たせています。Ｈ社ではこの能力給が定期昇給に当たると思います。

＜職能給への活用基準＞
（マーク）　　（通期平均点）　　（職能給の昇給ランク）
　　Ｓ…　126点以上　　　……＋５ランク
　　Ａ…　125点〜116点　　……＋４ランク
　　Ｂ…　115点〜106点　　……＋３ランク
　　Ｃ…　105点〜96点　　 ……－１ランク
　　Ｄ…　95点〜86点　　　……－２ランク
　　Ｅ…　85点以下　　　　……－３ランク

ただし、昇給ランクは会社の業績によって変更することがある。

＜業績給への活用基準＞
（マーク）（上・下期の点）
　　　S… 126点以上
　　　A… 125点〜116点
　　　B… 115点〜106点
　　　C… 105点〜96点
　　　D… 95点〜86点
　　　E… 85点以下

　業績給は単一型で年２回洗い替えになります。上・下期それぞれの業績評定の結果が反映されるしくみです。業績給は洗い替えですので、一度悪い成績でも半期で取り返しがつきますので、ヤル気の向上に役立つと思われます。H社ではこの内規を公開しており、人事考課の結果が能力給、業績給の両方へ反映されますので、人事考課の納得性やヤル気に大きく関連してきます。

III 昇給への落とし込み方

資料18 能力給・業績給テーブル

等級	ランク	能力給	業績給					
			S	A	B	C	D	E
9								
	20	690,000	202,500	197,500	192,500	187,500	182,500	177,500
	19	685,000	201,200	196,200	191,200	186,200	181,200	176,200
	18	680,000	200,000	195,000	190,000	185,000	180,000	175,000
	17	675,000	198,700	193,700	188,700	183,700	178,700	173,700
	16	670,000	197,500	192,500	187,500	182,500	177,500	172,500
	15	665,000	196,200	191,200	186,200	181,200	176,200	171,200
	14	660,000	195,000	190,000	185,000	180,000	175,000	170,000
	13	655,000	193,700	188,700	183,700	178,700	173,700	168,700
	12	650,000	192,500	187,500	182,500	177,500	172,500	167,500
	11	645,000	191,200	186,200	181,200	176,200	171,200	166,200
	10	640,000	190,000	185,000	180,000	175,000	170,000	165,000
	9	635,000	188,700	183,700	178,700	173,700	168,700	163,700
	8	630,000	187,500	182,500	177,500	172,500	167,500	162,500
	7	625,000	186,200	181,200	176,200	171,200	166,200	161,200
	6	620,000	185,000	180,000	175,000	170,000	165,000	160,000
	5	615,000	183,700	178,700	173,700	168,700	163,700	158,700
	4	610,000	182,500	177,500	172,500	167,500	162,500	157,500
	3	605,000	181,200	176,200	171,200	166,200	161,200	156,200
	2	600,000	180,000	175,000	170,000	165,000	160,000	155,000
	1	595,000	178,700	173,700	168,700	163,700	158,700	153,700
8								
	20	561,000	167,200	163,200	159,200	155,200	151,200	147,200
	19	556,500	166,100	162,100	158,100	154,100	150,100	146,100
	18	552,000	165,000	161,000	157,000	153,000	149,000	145,000
	17	547,500	163,800	159,800	155,800	151,800	147,800	143,800
	16	543,000	162,700	158,700	154,700	150,700	146,700	142,700
	15	538,500	161,600	157,600	153,600	149,600	145,600	141,600
	14	534,000	160,500	156,500	152,500	148,500	144,500	140,500
	13	529,500	159,300	155,300	151,300	147,300	143,300	139,300
	12	525,000	158,200	154,200	150,200	146,200	142,200	138,200
	11	520,500	157,100	153,100	149,100	145,100	141,100	137,100
	10	516,000	156,000	152,000	148,000	144,000	140,000	136,000
	9	511,500	154,800	150,800	146,800	142,800	138,800	134,800
	8	507,000	153,700	149,700	145,700	141,700	137,700	133,700
	7	502,500	152,600	148,600	144,600	140,600	136,600	132,600
	6	498,000	151,500	147,500	143,500	139,500	135,500	131,500
	5	493,500	150,300	146,300	142,300	138,300	134,300	130,300
	4	489,000	149,200	145,200	141,200	137,200	133,200	129,200
	3	484,500	148,100	144,100	140,100	136,100	132,100	128,100
	2	480,000	147,000	143,000	139,000	135,000	131,000	127,000
	1	475,500	145,800	141,800	137,800	133,800	129,800	125,800
7								
	20	447,000	135,700	132,700	129,700	126,700	123,700	120,700
	19	443,000	134,700	131,700	128,700	125,700	122,700	119,700
	18	439,000	133,700	130,700	127,700	124,700	121,700	118,700
	17	435,000	132,700	129,700	126,700	123,700	120,700	117,700
	16	431,000	131,700	128,700	125,700	122,700	119,700	116,700
	15	427,000	130,700	127,700	124,700	121,700	118,700	115,700
	14	423,000	129,700	126,700	123,700	120,700	117,700	114,700
	13	419,000	128,700	125,700	122,700	119,700	116,700	113,700
	12	415,000	127,700	124,700	121,700	118,700	115,700	112,700
	11	411,000	126,700	123,700	120,700	117,700	114,700	111,700
	10	407,000	125,700	122,700	119,700	116,700	113,700	110,700
	9	403,000	124,700	121,700	118,700	115,700	112,700	109,700
	8	399,000	123,700	120,700	117,700	114,700	111,700	108,700
	7	395,000	122,700	119,700	116,700	113,700	110,700	107,700
	6	391,000	121,700	118,700	115,700	112,700	109,700	106,700
	5	387,000	120,700	117,700	114,700	111,700	108,700	105,700
	4	383,000	119,700	116,700	113,700	110,700	107,700	104,700
	3	379,000	118,700	115,700	112,700	109,700	106,700	103,700

	2	375,000	117,700	114,700	111,700	108,700	105,700	102,700
	1	371,000	116,700	113,700	110,700	107,700	104,700	101,700
6								
	20	348,000	109,500	107,000	104,500	102,000	99,500	97,000
	19	344,500	108,600	106,100	103,600	101,100	98,600	96,100
	18	341,000	107,700	105,200	102,700	100,200	97,700	95,200
	17	337,500	106,800	104,300	101,800	99,300	96,800	94,300
	16	334,000	106,000	103,500	101,000	98,500	96,000	93,500
	15	330,500	105,100	102,600	100,100	97,600	95,100	92,600
	14	327,000	104,200	101,700	99,200	96,700	94,200	91,700
	13	323,500	103,300	100,800	98,300	95,800	93,300	90,800
	12	320,000	102,500	100,000	97,500	95,000	92,500	90,000
	11	316,500	101,600	99,100	96,600	94,100	91,600	89,100
	10	313,000	100,700	98,200	95,700	93,200	90,700	88,200
	9	309,500	99,800	97,300	94,800	92,300	89,800	87,300
	8	306,000	99,000	96,500	94,000	91,500	89,000	86,500
	7	302,500	98,100	95,600	93,100	90,600	88,100	85,600
	6	299,000	97,200	94,700	92,200	89,700	87,200	84,700
	5	295,500	96,300	93,800	91,300	88,800	86,300	83,800
	4	292,000	95,500	93,000	90,500	88,000	85,500	83,000
	3	288,500	94,600	92,100	89,600	87,100	84,600	82,100
	2	285,000	93,700	91,200	88,700	86,200	83,700	81,200
	1	281,500	92,800	90,300	87,800	85,300	82,800	80,300
5								
	20	270,000	88,500	86,500	84,500	82,500	80,500	78,500
	19	267,500	87,800	85,800	83,800	81,800	79,800	77,800
	18	265,000	87,200	85,200	83,200	81,200	79,200	77,200
	17	262,500	86,600	84,600	82,600	80,600	78,600	76,600
	16	260,000	86,000	84,000	82,000	80,000	78,000	76,000
	15	257,500	85,300	83,300	81,300	79,300	77,300	75,300
	14	255,000	84,700	82,700	80,700	78,700	76,700	74,700
	13	252,500	84,100	82,100	80,100	78,100	76,100	74,100
	12	250,000	83,500	81,500	79,500	77,500	75,500	73,500
	11	247,500	82,800	80,800	78,800	76,800	74,800	72,800
	10	245,000	82,200	80,200	78,200	76,200	74,200	72,200
	9	242,500	81,600	79,600	77,600	75,600	73,600	71,600
	8	240,000	81,000	79,000	77,000	75,000	73,000	71,000
	7	237,500	80,300	78,300	76,300	74,300	72,300	70,300
	6	235,000	79,700	77,700	75,700	73,700	71,700	69,700
	5	232,500	79,100	77,100	75,100	73,100	71,100	69,100
	4	230,000	78,500	76,500	74,500	72,500	70,500	68,500
	3	227,500	77,800	75,800	73,800	71,800	69,800	67,800
	2	225,000	77,200	75,200	73,200	71,200	69,200	67,200
	1	222,500	76,600	74,600	72,600	70,600	68,600	66,600
4								
	20	216,000	72,000	71,000	70,000	69,000	68,000	67,000
	19	214,000	71,500	70,500	69,500	68,500	67,500	66,500
	18	212,000	71,000	70,000	69,000	68,000	67,000	66,000
	17	210,000	70,500	69,500	68,500	67,500	66,500	65,500
	16	208,000	70,000	69,000	68,000	67,000	66,000	65,000
	15	206,000	69,500	68,500	67,500	66,500	65,500	64,500
	14	204,000	69,000	68,000	67,000	66,000	65,000	64,000
	13	202,000	68,500	67,500	66,500	65,500	64,500	63,500
	12	200,000	68,000	67,000	66,000	65,000	64,000	63,000
	11	198,000	67,500	66,500	65,500	64,500	63,500	62,500
	10	196,000	67,000	66,000	65,000	64,000	63,000	62,000
	9	194,000	66,500	65,500	64,500	63,500	62,500	61,500
	8	192,000	66,000	65,000	64,000	63,000	62,000	61,000
	7	190,000	65,500	64,500	63,500	62,500	61,500	60,500
	6	188,000	65,000	64,000	63,000	62,000	61,000	60,000
	5	186,000	64,500	63,500	62,500	61,500	60,500	59,500
	4	184,000	64,000	63,000	62,000	61,000	60,000	59,000
	3	182,000	63,500	62,500	61,500	60,500	59,500	58,500
	2	180,000	63,000	62,000	61,000	60,000	59,000	58,000
	1	178,000	62,500	61,500	60,500	59,500	58,500	57,500

資料19

H社
人事制度運用内規

人事制度運用内規

第1章　総　　則

(目　的)
第1条　この規程は、人事制度を運用し、社員の職務遂行能力を開発・活用し、公正な処遇、適正な配置および教育訓練の適正化等を図り、人事管理の公平、かつ民主的運営を促進して、経営能率の向上を図ることを目的とする。

(適用範囲)
第2条　この規程は就業規則第○章第○条でいう社員に適用する。

第2章　人　事　制　度

(社員の区分)
第3条　社員を職務遂行能力の保有度合によって、9段階に区分する(別表1：等級と役職との関連)。

(等級基準)
第4条　各等級に求められる能力水準を職務行動特性評価の「等級別・役職別合格基準点」のとおりとする(別表2：等級別・役職別合格基準点)。

(昇　格)
第5条　上位等級に上がることを昇格とする。昇格に際しては、第6条に定める昇格基準をすべて充足することを条件とする。

(総合評価)
第6条　総合評価の結果、一定以上の成績を得た社員を昇格候補者とする(別表3：総合評価表)。

(昇格決定)
第7条　第6条の総合評価の結果、昇格候補者となった社員に対して、役員が協議し、昇格の最終決定を行う。

(降　格)
第8条　下位等級に下がることを降格とする。降格は総合評価で降格候補者となった社員に対して、役員が協議し、降格の最終決定を行う。
　　2　降格は、一度に1等級を限度とする。

(昇格・降格の時期)
第9条　昇格および降格は、給与改定時期に実施する。

第3章　人事考課

(人事考課の目的)
第10条　人事考課は、社員の業績・意欲・能力を公正に評価し、給与改定・昇格・降格等の処遇に反映し意欲向上に活用するとともに、社員の教育訓練等に積極的に活用することにより、その能力・資質の向上を図ることを目的とする。

(人事考課の適用範囲)
第11条　人事考課は、人事考課実施日に在籍する社員全員に対して実施する。ただし、次の各号の1に該当する者については、別に定める方法によることができる
　　（1）評価期間中の勤務日数が3か月に満たない者
　　（2）出向者、休職者で評価することが適当でないと認められた者

(評価者)
第12条　人事考課の評価者は、別に定める。

(評価期間および評価時期)
第13条　人事考課は年1回実施し、その評価期間・評価時期は次のとおり

定める。

	評価期間	評価時期
上期	1月1日～6月30日	6月
下期	7月1日～12月31日	1月

（人事考課の区分）

第14条　人事考課の評価は、次の2区分で行うものとし、評価の基準を基に、絶対評価で行う。

　　（1）分析評価

　　　　①業績評価……仕事のやり方とその結果を評価する（別表4-(1)～(2)）

　　　　②能力行動特性、マネジメント行動特性評価……仕事を遂行する上で必要な発揮能力を評価する（別表5-(1)～(9)）

　　（2）総合評価……昇格、昇号、降格、降号候補者の評価をする（別表3）

（評価の基準）

第15条　前条の評価区分における、評価の基準書は次のとおりとする。

　　（1）業績評価……上司が与えた「目標項目」ごとの「仕事のポイント・目標」（一般職）

　　　　　目標管理の達成水準（管理・監督職）

　　（2）能力行動特性、マネジメント行動特性評価……能力行動特性、マネジメント行動特性（別表5-(1)～(9)）

　　（3）総合評価……業績評価の上、下期の結果、職務行動特性、マネジメント行動特性評価結果（別表3）

（人事考課の最終の決定）

第16条　人事考課の最終の決定は、2次評価者が行う。ただし、昇格、降格、給与改定の最終決定は役員の合議で行う。

Ⅲ 昇給への落とし込み方

（人事考課の職能給への活用）

第17条　職能給の昇号、降号への活用は、業績総合評価の通期平均点で次のように決定する。

　　　　（マーク）　（通期平均点）　（職能給の昇給ランク）
　　　　　S……126点以上　　……＋5ランク
　　　　　A……125点〜116点　……＋4ランク
　　　　　B……115点〜106点　……＋3ランク
　　　　　C……105点〜96点　　……－1ランク
　　　　　D……95点〜86点　　……－2ランク
　　　　　E……85点以下　　　……－3ランク

　　　ただし、昇給ランクは会社の業績によって変更することがある。

（人事考課の業績給への活用）

第18条　業績給への活用は、業績評価の上期、下期の結果で次のように決定する。

　　　　（マーク）　（上・下期の点）
　　　　　S……126点以上
　　　　　A……125点〜116点
　　　　　B……115点〜106点
　　　　　C……105点〜96点
　　　　　D……95点〜86点
　　　　　E……85点以下

（人事考課の昇格・降格への活用）

第19条　昇格・降格への人事考課の活用は、第17条で決定した通期平均点での業績総合評価マーク、職務行動特性、マネジメント行動特性評価、および昇格判定の結果によって、役員会が最終決定を行う。

　　（1）通期平均点での業績総合評価マークがSで、職務行動特

　　　　性、マネジメント行動特性評価が上位等級の合格基準点
　　　　以上で、昇格判定された場合
　（２）通期平均点での業績総合評価マークがＣ以上５回で、職
　　　　務行動特性、マネジメント行動特性評価が直近で上位等
　　　　級の合格基準点以上で、昇格判定された場合
　（３）降格は業績総合評価マークがＥ１回またはＤ以下連続２
　　　　回の場合、役員会の総合判断で行う。ただし、降格した
　　　　後にＣ以上の評価の場合は自動的に前の等級ランクに昇
　　　　格させる。
（評価の特例）
第20条　次の各号にあてはまる場合は、特例とし、人事考課は行う
　　　が、処遇への活用に当たっての最終評価は「標準」とする。
　（１）新卒採用の社員で入社後１回目の人事考課の場合
　（２）評価期間の中途で入社した社員で入社後１回目の人事考
　　　　課の場合
　（３）評価期間の中途で職種が変わった社員で新職種に変わっ
　　　　て一定の期間に満たない場合（この場合は前職種での評
　　　　価結果を活用する場合もある）

　　　付　　則
　　この規程は、平成〇年〇月〇日から施行する

Ⅲ　昇給への落とし込み方

別表1　等級と役職との関連

等級	職群	役職との対応
9等級	管理職	GM
8等級	管理職	GSM
7等級	管理職	TL
6等級	監督職	TSL
5等級	監督職	
4等級	一般職	
3等級	一般職	
2等級	一般職	
1等級	一般職	

GM…ジェネラルマネジャー　　GSM…ジェネラルシニアマネジャー
TL…チームリーダー　　　　　TSL…チームサブリーダー

別表2　等級別・役職別合格基準点

(1) 等級別合格基準点

等　級	合格基準点
9等級	11.5
8等級	11.0
7等級	10.5
6等級	10.0
5等級	9.8
4等級	9.6
3等級	9.4
2等級	―
1等級	―

(2) 役職別合格基準点

役　職	合格基準点
本部長	11.0
GM	10.5
GSM	10.3
TL	10.0
TSL	9.5

```
12点 … このような行動が十分身に付き他の指導もしている
11点 … このような行動が身に付いている…………（100％）
10点 … このような行動がほぼ身に付いている………（80％程度）
 9点 … このような行動がやや不足している…………（70％程度）
 8点 … このような行動が不足している………………（50％程度）
```

別表3

総合評価表 (昇・降格、昇・降号に活用)

氏　名	等　級	職　位	1次評価者	2次評価者

1．業績総合評価

	上期総合評価点	下期総合評価点	通期平均点
1次評価者	〔　　　〕点	〔　　　〕点	〔　　　〕点 ＋ 〔　　　〕点 ÷ 2 ＝ 〔　　　〕点
2次評価者	〔　　　〕点	〔　　　〕点	〔　　　〕点 ＋ 〔　　　〕点 ÷ 2 ＝ 〔　　　〕点

2．職務行動特性、マネジメント行動特性評価（TSL職以上）

	職務行動特性		マネジメント行動特性	
1次評価者	〔　　　〕点	等級の合格基準点 9…11.5　　5…9.8 8…11.0　　4…9.6 7…10.5　　3…9.4 6…10.0	〔　　　〕点	職位の合格基準点 本部長…11.0　TL……10.0 GM……10.5　TSL…9.5 GSM…10.3
2次評価者	〔　　　〕点		〔　　　〕点	

3．昇格、昇号、降格、降号判定（上記1、2の評価結果を見て判定のこと）

昇格（等級が上がること）		昇号（同等級内で号が上がること）	
①1次評価者	②2次評価者	①1次評価者	②2次評価者
(事由・意見)	(事由・意見)	(事由・意見)	(事由・意見)

降格（等級が下がること）		降号（同等級内で号が下がること）	
①1次評価者	②2次評価者	①1次評価者	②2次評価者
(事由・意見)	(事由・意見)	(事由・意見)	(事由・意見)

別表4-(1)

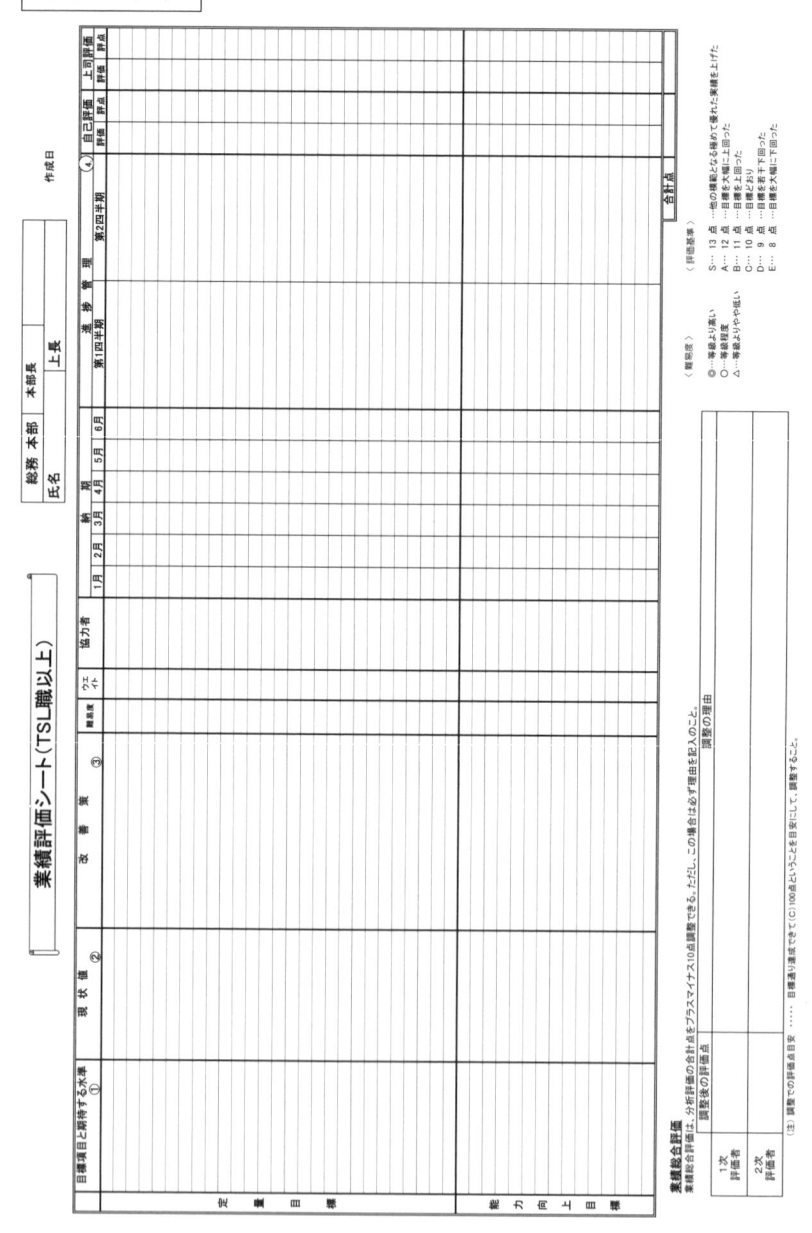

業績評価シート（TSL職以上）

作成日

総務 本部　本部長
氏名　　　　上長

	目標項目と期待する水準 ①	現 状 値 ②	改 善 実 施 ③	協力者	ウェイト	難易度	納期 (1月 2月 3月 4月 5月 6月)	進 捗 管 理 (第1四半期 / 第2四半期)	(4) 自己評価 (評価 評点)	上司評価 (評価 評点)
定量目標										
能力向上目標										

合計点

〈難易度〉
◎…等級より高い
○…等級相当
△…等級よりやや低い

〈評価基準〉
S…13点　他の模範となる極めて優れた実績を上げた
A…12点　目標を大幅に上回った
B…11点　目標を上回った
C…10点　目標どおり
D… 9点　目標を若干下回った
E… 8点　目標を大幅に下回った

業績総合評価

業績総合評価は、分析評価の合計点をプラスマイナス10点調整できる。ただし、この場合は必ず理由を記入のこと。

	調整後の評価点	調整の理由
1次評価者		
2次評価者		

（注）調整の評価点目安…目標通りに達成できて（C）100点ということを目安にして、調整すること。

III 昇給への落とし込み方

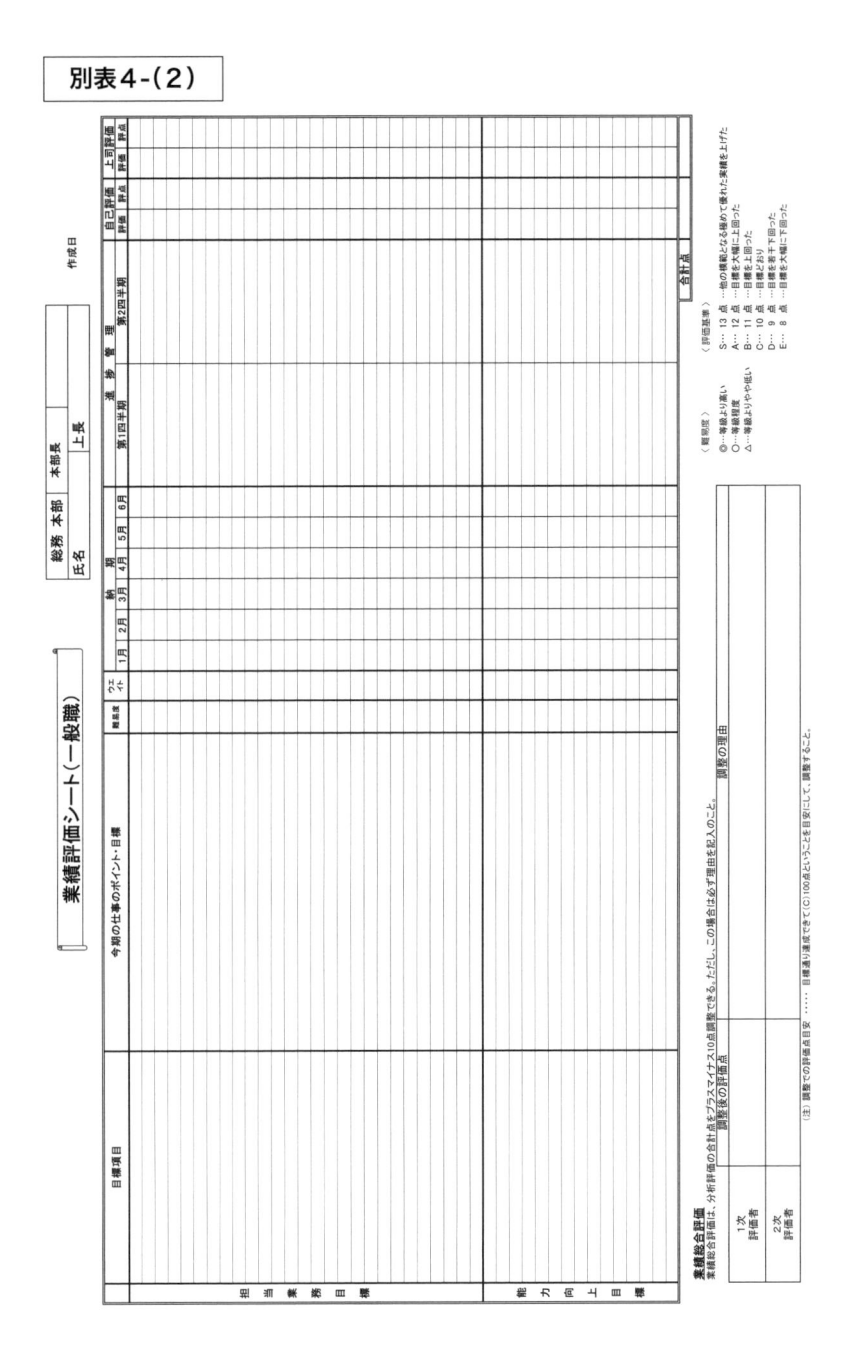

別表4-(2)

業績評価シート(一般職)

総務	本部	氏名	難易度
本部長			
上長			

作成日

【今期の仕事のポイント・目標】

目標項目	今期の仕事のポイント・目標	ウェイト	納期 (1月/2月/3月/4月/5月/6月)	進捗管理 (第1四半期/第2四半期)	自己評価 (評価/評点)	上部評価 (評価/評点)
担当業務目標						
能力向上目標						

合計点

〈難易度〉
◎……一等級より高い
○……一等級
△……一等級よりやや低い

〈評価基準〉
S…13点 ……他の模範となる程めて優れた業績を上げた
A…12点 ……目標を大幅に上回った
B…11点 ……目標を上回った
C…10点 ……目標どおり
D… 9点 ……目標を下回った
E… 8点 ……目標を大幅に下回った

業績総合評価
業績総合評価は、分析評価の合計点をプラスマイナス10点調整できる。ただし、この場合は必ず理由を記入のこと。

	調整の理由	調整後の評価点
1次評価者		
2次評価者		

(注)調整後の評価点目安……目標通り達成できた(C)100点ということを目安にして、調整すること。

137

別表5-(1)

職務行動特性評価（組み立てT用）

評定:
- 12…このような行動が十分身に付き他の指導もしている
- 11…このような行動が身に付いている ……………………(100%)
- 10…このような行動には工夫を付けている ………………(80%程度)
- 9…このような行動は身に付いている ……………………(50%程度)
- 8…このような行動がやや不足している ……………………(50%以下)

被評価者氏名	評価者氏名

	職務行動特性	できる社員の具体的行動着眼点	自己	一次	二次
社員としての基本行動	1 行動志向	○やると決めたことは先延ばしない、60%できまい、ともかくすぐに実行している ○やると決めたことは納期を決めて実行している ○やると決めたことは目標達成のため、やんどか方法を工夫し、最後までやり通す			
	2 自己革新	○自己自身の長所・短所を良く理解し、自己分析的ができている ○会社が用意する学ぶことに、中心な意識を持ちとり組んでいる ○常に当事者意識、積極性に富み、中心な意識を持ちとり組んでいる ○他チームへも積極的に入り込んでいる			
	3 目標達成への執着	○自分の業務に関する各業界紙・専門誌を読み、新しい知識を吸収している ○今日は最低、ここまでということを理解し、日々努力している ○できない説明をするよりの次の一手を考えて発言している ○金を使うような知恵を出さず、知恵がなければ汗を出す行動をしている ○苦労しながら、半歩しずつ、次の一手、知恵を出している			
	4 リスクテイク	○言い訳をしないように発言をする ○常にメモ詰めをする ○結果管理より経過管理をしている			
	5 ストレス耐性	○前に出よ、逃げてはいけないと常に心掛け行動している ○原因は自分にあるのではと、と発想している ○部下任せにしない、責任は自分にあることを取っている ○相手の立場になり考え相手を明るくける行動を取っている			
	6 思いやり	○褒めて部下を育てている ○まず要求するのではなく、まず自分でやってみせ、やらせて見るというように行動している ○会社の人たちとの物心両面の充実をすることを意識している			
部門別専門行動	1 話し方・接し方	○みんなと同じようにえこひなきしない ○相手にわかるように、確認をしながら話している ○聴くことを大切にし、放していない、すぐに何かの行動を示している			
	2 プレゼン力	○絵やイラスト、写真等入れ、プレゼンを受ける立場の見える資料を作っている ○会社の改善の考え方を理解し、工程改善会議の前でみんなの前で発表できている ○事前準備・練習を充分し、自信を持って人の前で発表できている			
	3 傾聴力	○相手の話・通・相が理解でき、自分の言っていることを理解させている ○朝礼・ミーティングの内容を理解し、その日の言動、行動に移している ○自分勝手に解釈しないで人の話を聴き、相手の反応を確認している			
	4 ばらつきのない仕事	○作業管理ポイント表を守るとういう限度見本・標準見本を常に考えながら、作業を早く作業をする ○生産管理数を合わせる努力を考え、部品の置き場等、不具品を出さないで時間内にで早く作業をする			
	5 コスト意識	○自分で作業効率をよくし、ムダ・ムラを見分けられる ○もったいない精神を持ち、不良品を出さない ○会社のムダ・ムラ・無駄を排除しようとする ○品質をきちんと見分けられる			

III 昇給への落とし込み方

	職務行動特性	できる社員の具体的行動着眼点	評定 自己	一次	二次
6	工程での品質つくり込み	○正しい作業手順で作業し、過剰品質(検査治具)を必ず使用して、良品100%を目指している ○ポカよけ治具(検査治具)を必ず使用している ○作業ポイント表を理解し、不良を出さない努力をしている ○組づくチームの計画ボードを見て、やるべき事を理解できるをこなせる(人員配置)			
7	やりじまい	○一時間毎の生産管理板をチェックし、計画通りに作業をこなせる ○改善活動を行動するときは、必ず事前に、できる人の意見をしたりアドバイスを素直に受けたりし、諦めないで努力している ○一日の計画数を行動するために、計画通の責任を立てて準備をしている ○計画数から、部品や箱を揃えたり、しっかりした準備をしている ○計画数に対する責任を持ち、必ず実行している			
8	トラブル対応	○ライン長は、問題が発生してから解決までの手順が分かる ○問題が発生したらすぐライン止めて、ライン長に報告できている ○何かあったら自分だけで判断をしないで上司に相談している ○すぐに異常や問題に気付き、すぐに行動に移している			
9	作業実績	○良・不良の判断が早く、手が速く、仕事が速い ○常に時間を意識しながら作業をする			
10	専門知識・技術	○方法改革に、自分なりのアイデアを出し協力できる ○久しぶりの作業でも、配合・段取り・製品作業手順を覚えている ○設備の機能を把握して、正確な業務をしている ○持っている技術を他の人にわかりやすく教えられる ○担当業務の技術を追求し、マイスターバッジのレベルアップへの努力をしている			
11	チームワーク	○上司の指示を素直に聞き、自分勝手な行動を取らない ○チームの決め事を守る ○チームメンバーに手助けをしている			
12	アイデアを活かす力	○柔軟な発想し、深くて広い知識を覚えている、思いやりを持った行動ができる ○工程の流れを理解して、工程全体を構想できている ○自分で考えて、より良い方法を見付けられる ○人の意見・アイデアを素直に聞き、参考にしながら方法改善などできている ○設備発生時は、現場・現物・現象に素直に向き合い、なぜ5回を実践している ○人・設備の能力を把握でき、問題点や質困点・弱点を見抜ける ○改善を進める際、人・設備の作業分析ができる			
13	表取り方	○人・設備の問題点や作業改善案の抜取りができる ○問題を感じた・勘でではなく、表現で、論理的に考え、行動している ○会社の考え方を本質的に理解し、部下に説明・指導できている			
14	会社の考え方	○行動する考え方を、計画を立てて、必ず最後まで行い遂げている ○自己計画について、きちんと進捗管理をしている ○ステップアップするための自己の課題をきちんと認識して、努力している ○チーム内の掲示物の内容をしっかり読み、作成している			
15	情報の収集〜活用	○チーム内の掲示物の内容はきちんと見てから仕事をするのではなく、自分からも読み、行動している ○悪い報告こそすぐにする、ただし、自分なりの解決策は持っている ○必要な情報を必要な人に、的確に伝えられている			
		合計 平均			

部門別専門行動

別表5-(2)

職務行動特性評価（外装G用）

被評価者氏名	評価者氏名

評定
- 12…このような行動が十分身に付き他の指導もしている
- 11…このような行動が身に付いている (100%)
- 10…このような行動はほぼ身に付いている (80%程度)
- 9…このような行動は身に付きつつある (70%程度)
- 8…このような行動が不足している (50%以下で)
- ／…この行動は本人に該当しないので評定できない（無評定）

		職務行動特性		できる社員の具体的行動着眼点　65項目	自己	一次	二次
社員としての基本行動	1	行動志向	○	やると決めたことは先延ばししない。60%でよい、ともかく直ぐに実行している			
			○	やると決めたことは納期を決め実行している			
			○	やると決めたことは目標達成のためなんとか方法を工夫し、最後までやり通す			
	2	自己革新	○	自分自身の長所・短所をよく理解し、自己分析ができている			
			○	会社が自分に望むこと・中心者意識を持って行動している			
			○	常に当事者意識・中心者意識を持ち込んでいる			
			○	他チームへも積極的に入りこんでいる			
	3	目標達成への執着	○	自分の業務に関する業界誌・専門誌を読み、新しい知識を吸収している			
			○	今日は最低、目標を高く持ってこれを理解し、日々努力している			
			○	できない説明をせず、自分たちの次の一手を考えて発言している			
			○	金を使うな、知恵を出せ、知恵がなければ汗を出す行動をしている			
			○	苦労しろ、苦労しながら、次の一手、知恵を出している			
	4	リスクテイク	○	言い訳をしないよう発言をする			
			○	常にダメ詰めをする			
			○	結果管理より経過管理をしている			
	5	ストレス耐性	○	前に出よ、逃げてはいけないと常に心掛けて行動している			
			○	原因は目分にあるのでは、責任は自分でもっている			
			○	部下任せにしない、考え方で決付けている			
	6	思いやり	○	相手の立場になって考え取り支え勇気付ける行動をとっている			
			○	褒めて部下を育てている			
			○	まず要求するのではなく、まず自分でやって見せ、やらせてみるというようにして部下を育てている			
部門別専門行動	1	表現力	○	会社の人たちの物心両面がわかるように話している			
			○	仕事の状況・進捗状況がわかる行動を示している			
			○	数値やグラフ、写真を入れプレゼンを受ける立場に立ち理解しやすい資料を作成している			
	2	傾聴力	○	得意先が求めている内容（色調、質感）が理解できる			
			○	ミーティングの内容をよく理解し、日居を明確にして行動に移している			
	3	仕事に対する姿勢	○	目標に向かって、P, D, C, A (Plan, Do, Check, Action) を繰り返している			
			○	常に問題意識を持ち、解決に向かう姿勢がある			
			○	自分やチームの作業効率を考え、作業方法を常に考えながら行動している			
			○	作業時のデータを残し、量産での再現性を考えたポイント・条件を明確にしている			
	4	コスト意識	○	会社のむだ・ムラ・ムダ・無駄を排除している			
			○	原価企画を考えた設計ができる			

Ⅲ　昇給への落とし込み方

	職務行動特性	できる社員の具体的行動着眼点　65項目	評定 自己	一次	二次							
4	設計力	○量産での不良率、生産性を考慮した表面処理仕様・工程を立てられる										
5		○会社の考え方をよく理解し、設計している										
		○寸法公差・良品限度を理解し、寸法設計に当たっている										
		○自社生産を考慮した表面処理設計に当たっている										
6	進捗管理	○会社の大日程を理解し、仕事の計画を立ててやるべき事を理解している										
		○行動するときは必ず計画を立て最後までやりとげている										
		○常に日程を意識し計画どおりに作業をこなしている										
7	トラブル対応	○問題が発生した場合、すぐに情報収集やアドバイスを受け対策をとっている										
		○問題が発生時には現場・現物で真因追究を行っている										
		○問題が発生した場合、数値的・定量的に調査し対策をたてている										
8	専門知識・技術	○アルマイト関係（研磨含む）の幅広い知識があり、表面処理設計に活用している										
		○アルマイトの染色など見本が作成できる										
		○化学関係（排水処理他の分析・薬品の取扱い）がある業務に活用している										
		○安全についての知識（化学薬剤等）があり表面処理設計に活用している										
		○塗装関係の幅広い知識があり、表面処理設計に活用できる										
		○塗装調色など塗装試作の見本が作成できる										
		○印刷関係（ホットスタンプ、タンポ印刷等含む）の幅広い知識があり　表面処理設計に活用している										
		○研磨の幅広い知識があり、手研磨および自動研磨ラインの立会い、実際の研磨作業に活用している										
		○スクリーン印刷、タンポ印刷が可能で印刷の試作ができる										
		○パソコンを活用した作業（グラフ作成、表計算、版下データの修正等）が可能で通常の業務に役立てている										
		○業務に関係のある資格を取得している										
		○めっき等に社内で処理していない表面処理の知識があり、表面処理設計にことが可能である										
		○物性試験、分析等各種評価を定量的に行うことが可能である										
		○常に高品質・難易度の高い製品にチャレンジしている										
9	協調性	○上司の指示を素直に聞けている										
		○同じ仕事に携わっている自チームもしくは他チームのメンバーと助け合い、教えあったりして、思いやりを持った行動ができる										
10	発想力	○3Sを常に心掛け、職場内を片づけ・整頓・備品は使用しやすく考えをしながら方法改善をしている										
		○人の意見・アイデアおよびその他の情報収集を参考にしながら方法改善をしている										
		○未熟発想ができ、より良い案を出せる										
11	会社の考え方	○会社の考え方を本質的に理解し、部下に説明・指導できている										
12	情報の収集と活用	○文献、インターネットおよび市場調査（展示会）等で新しい表面処理技術の情報収集を心掛けている										
		○社内の関係部署から、仕事の進捗等の情報収集を心掛けている										
		○必要な情報を必要な人に的確に伝えている										
		合計											
		平均											

部門別専門行動

別表5-(3)

職務行動特性評価（品質管理用）

できる社員の具体的行動着眼点 78項目

評定:
- 12…このような行動が十分身に付き他の指導もしている……………（100%）
- 11…このような行動が現場についている………………………………（80%程度）
- 10…このような行動はほぼ実行についている……………………………（70%程度）
- 9…このような行動がやや不足している……………………………………（50%程度）
- 8…このような行動が不足している……………………………………（50%以下）
- ※…この行動は本人に該当しないので評価できない…………………（無評定）

被評価者氏名	評価者氏名			職務行動特性		自己	一次	二次
			1	行動志向	○やると決めたことは先延ばしにしない、60%でもよい、ともかくまずに実行している ○やると決めたことは納期を決めて実行している ○やると決めたことは目標達成のためならなんとか方法を工夫し、最後までやり通す			
		社員としての基本行動	2	自己革新	○自分自身の長所・短所を知ること。自己分析ができている ○会社が自分に望むこと・期待することを理解して行動している ○他チームへも積極的に入り込んでいる			
			3	目標達成への執着	○自分の業務に関する業界の最新知識を読み、新しい知識を吸収している ○今日は最低、目標は高く持ち、日々努力している ○できない説明をせず、自分なりの次の一手を考えて発言している ○苦労を使って、知恵を出せ、知恵がなければ汗を出す行動をしている ○苦労しろ、苦労しながら、次の一手、知恵を出している			
			4	リスクテイク	○言い訳をしないように発言する ○常にダメ出しの経過管理をする			
			5	ストレス耐性	○結果管理より経過管理をしている ○前に出よ、逃げてはいけないと常に心掛けて行動している ○原因は自分にあるのでは、と発想している			
			6	思いやり	○部下任せにしない、責任は自分を取っている ○相手の立場になり考え相手を勇気付ける行動を取っている ○褒めて部下を育てている ○まず要求するのではなく、まず自分からやって見せて、やらせてみるというようにして部下を育てている ○「会社の人たちの物心両面を充たす」考え方を理解した行動を示している			
		部門別専門行動	1	話し方・接し方	○みんなと同じようにして接しているかを確認している ○相手にわかるように、えこひいきしないで話をしている ○聴ったことを聴きっ放にせず、すぐに何らかの行動を示している			
			2	プレゼン力	○絵やイラスト、写真を入れ、プレゼンを受ける立場見本・ポイント表を作成するなど各チームに対し支援することができる ○会社の改善方式を理解し、工程改善会議の資料を作っている ○事前評価、繰返行為し、目的を持ってみんなの前で定量的に発表できている			
			3	傾聴力	○相手の報・連・相が理解できる ○朝、ミーティングの内容を理解し、その日のうちに行動に移している ○自分勝手に解釈しないで、相手の反応を確認している			
			4	ばらつきのない仕事	○作業管理ポイント表を守られる人、限度見本、標準見本・作業の判断を早くでき、作業方法を常に考えながら行動を報告している ○生産管理版の数を合わせるため、良品・不良の判別ができ、各チームのラインリーダーに報告ができる ○自分で作業効率を考え、部品の置場等、作業方法を常に考えながら各チームの品質メンバーを統一するよう支援ができる			
			5	コスト意識	○もったいない精神を持ち、不良にならないように、各チームの品質メンバーを統一するよう支援ができる ○品質の向上、ムダ・無駄を排除する ○品質をきちんと見分けられる			

Ⅲ　昇給への落とし込み方

職務行動特性		できる社員の具体的行動着眼点　78項目	自己	評定 一次	二次
工程での品質つくり込み	6	正しい作業手順で作業し、過剰品質にならないで、良品100%ができる　各チームと協力しながら支援ができる			
やりじまい	7	ポカよけ対策を各チームと一緒に考え、対策ができるようにアドバイス・支援ができる			
		各作業ポイント長・図面・作業工程を理解して、不良が発生しないように各チームとの支援ができる			
		作業ポイント長・図面・作業工程を見て、やるべきこと、やらなくてもよいことを理解し、仕組みづくりの支援ができる（人員配置）			
		改善活動で行動するときは、必ず事前に計画を立てている			
		一日の計画活動をやるときは、できるために計画の真似受けたりしあきらめないで努力している			
		計画数、製品名から、事前準備しなければいけないことがわかる			
		計画数に対する責任を持ち、必ず実行している			
トラブル対応	8	不良が発生したら、すぐにラインを止めることができる			
		問題をまず定長に報告してから、各チームおよび担当者と話し合いができ、応急対策から恒久対策ができるように支援ができる			
		何かあったら自分にできないで思い込みの判断をしないで、すぐに上司に相談している			
作業実績	9	すぐに異常を自分にできるために気付き、すぐに行動に移している			
		良・不良の判断が早く、手が速く、仕事が速い			
		常に時間を意識しながら作業ができている			
専門知識・技術	10	方法改善に、自分なりのアイデアを出し協力できる			
		久しぶりの作業でも、単品、製品性を把握して正確な業務をしている			
		設備の機能を把握して他の人にわかりやすく教えられる			
		持っている技術を他人に教え、アドバイスされるまで協力ができる			
		担当業務の技術を追求し、各チームに対し、アドバイスあるまで協力ができる			
		チームの決めを素直に守り、自分勝手な行動をとらない			
チームワーク	11	上司の指示を素直に聞けている			
		チームメンバー同士助け合い、教え合ったりして、思いやりを持った行動ができる			
		貢献を発想し、幅広い知識を持っている			
アイデアを活かす力	12	美点を発想して工程全体の構想ができている			
		工程の流れを理解して工程全体の構想ができている			
		自分で考えて、より良い方法を見付けられる			
		人の意見、アイデアを素直に聴き、参考にしながら方法改善できている			
段取り力	13	問題発生時は、現場、現物、現実に基づき、問題箇所、問題原因、なぜ5回を実践している			
		改善を進める際、人・設備の能力を把握でき、問題解決、弱点が見抜ける			
		人・設備の問題点や作業改善案の提案ができる			
会社の考え方	14	問題を痛感し、助言ではなく、人・論理的に考え、実行している			
		会社の考え方を理解し、部下に説明・指導ができている			
		行動するときは、計画を立て、必ず最後まで見やり遂げている			
		自己の考え方、業務は、何のためにやっているのかを理解して、実践している			
		ステップアップするための自己の課題をきちんと認識して努力している			
情報の収集〜活用	15	社内の掲示物をわかりやすく作成している			
		チーム内の掲示物の内容はしっかり読み、不明なときはきちんと質問している			
		報告・連絡・相談を先にするではなく、自分から進んでやっている			
		悪い報告を先にする、ただし、自分なりの解決策は持っている			
		必要な情報を必要な人に、的確に伝えられている			
			合計			
			平均			

部門別専門行動

143

別表5-(4)

職務行動特性評価（形状開発G用）

評定
- 12…このような行動が十分身に付き他の指導もしている（100%）
- 11…このような行動が身に付いている（80%程度）
- 10…このような行動がほぼ身に付いている（70%程度）
- 9…このような行動がやや不足している（50%程度）
- 8…このような行動が不足している（50%以下）
- ~…このような行動が本人に該当しないので評定できない（無評定）

被評価者氏名	評価者氏名

		職務行動特性	できる社員の具体的行動着眼点 59項目	自己	一次	二次
社員としての基本行動	1	行動志向	○やると決めたことは先延ばしにしない、60%でよい、ともかくすぐに実行している ○やると決めたことは納期を決めめ実行している			
	2	自己革新	○やると決めたことは目標達成のためなんとか方法を工夫し、最後までやり通す ○自分自身の長所・短所をよく理解し、自己分析ができている ○会社が自分に望むこと・期待することをよく理解して行動している ○常に当事者意識・中心者意識を持って行動していく ○他チームへも積極的に入り込んでいく			
	3	目標達成への執着	○自分の業務に関する業界誌・専門誌を読み、新しい知識を吸収している ○今日は最低、目標は高く持てということを理解し、日々努力している ○できない説明をせず、自分なりの次の一手を考えて発言している ○金を使うな、知恵を出せ、知恵がなければ汗を出す行動をしている ○苦労しろ、苦労しながら、次の一手、知恵を出している			
	4	リスクテイク	○言い訳をしないように詰めをする ○常にダメ詰めをする			
	5	ストレス耐性	○結果管理より経過管理をしている ○前に出ま、逃げてはいけないと常に心掛けて行動している ○原因は自分にあるのでは、と発想している ○部下任せにしない、責任は自分で取っている			
	6	思いやり	○相手の立場になり考え相手を勇気付ける行動をとっている ○褒めて部下を育てている ○まず要求するのではなく、まず自分でやって見せ、やらせてみるというようにして部下を育てている ○会社の人たちの物心両面を充たすという考え方を理解した行動を示している			
部門別専門行動	1	表現力	○仕事の状況・進捗状況がわかるように話している ○相手が、別部門の人にでも理解できるように話している ○絵やイラスト、写真を入れプレゼンを受ける立場に立って資料を作成している			
	2	傾聴力	○相手の言っていることがよく理解でき、自分の言っていることを理解させている ○ミーティングの内容をよく理解・実行、計画を繰り返している			
	3	仕事に対する姿勢	○目標に向かって、計画・確認を繰り返す姿勢がある ○常に問題意識を持ち、解決に向かう姿勢がある			

Ⅲ 昇給への落とし込み方

	職務行動特性	できる社員の具体的行動着眼点 59項目	評定 自己	一次	二次
3		○自分やチームの作業効率等を考え、作業方法を常に考えながら行動している			
4	コスト意識	○作業データを残し再現性を考えたポイント・条件を明確にしている ○会社のむだ・ムダ・無駄を排除できる ○原価企画を考えた設計ができる			
5	設計力	○会社の考え方をよく理解し、設計に当たっている ○公差・良品限度を理解し、設計に当たっている ○生産の問題を予測し、対策をたてて不良を出さない努力をしている ○生産設備を考慮した設計をしている			
6	進捗管理	○会社の大日程を理解し仕事の計画をたててやるべき事を理解している ○行動するときは必ず計画を立てて最後までやりとげている ○常に日程を意識し計画どおりに作業をこなしている			
7	トラブル対応	○問題が発生した場合、すぐに情報収集やアドバイスを受け付対策をとっている ○問題発生時には現場・現物・現時点で真因追究を行っている ○問題が発生した場合、数値的・定量的に調査し対策をたてている			
8	専門知識・技術	○幅広い知識（材料、加工工程、加飾、組立）がある、設計に活用できる ○製品（加工工程）を理解している ○深い専門知識・設備・技術（材料特性、加工工法）がある、作成ができる ○問題解決に向けて、データの解析ができる ○持っている技術をわかりやすく、理論的に説明している ○常に高品質・難易度の高い製品にチャレンジしている			
9	協調性	○上司の指示を素直に聞き分けている ○同じ仕事に携わったチームもしくは他チームのメンバーと助け合い教えあったりして、思いやりを持った行動ができる ○常に場所を決め、材料・設備・備品を使用しやすく片付けている ○常に職場内にゴミ等がなく清潔に保つように掃除を行っている			
10	発想力	○人の意見・アイデアおよびその他の情報収集を参考にしながら方法改善をしている ○柔軟発想ができて、より良い案を出せる			
11	会社の考え方	○会社の考え方を本質的に理解し、部下に説明・指導できている			
12	情報の収集と活用	○文献、インターネットおよび市場調査（展示会）等で新しい表面処理技術の情報収集を心掛けている ○関係部署から、仕事の進捗等の情報収集を心掛けている ○必要な情報を必要な人に的確に伝えている			

部門別専門行動

合計
平均

別表5-(5)

職務行動特性評価（国内営業用）

できる社員の具体的行動着眼点 68項目

評定基準：
- 12…このような行動が十分身に付き他の指導もしている
- 11…このような行動が身についている ……………………（100%）
- 10…このような行動はほぼ身についている ………………（80%程度）
- 9 …このような行動について …………………………………（70%程度）
- 8 …このような行動がやや不足している ……………………（50%以下）
- 7 …この行動は本人に該当しないので評定できない（無評定）

	職務行動特性	できる社員の具体的行動着眼点	自己	一次	二次
社員としての基本行動					
1	行動志向	○やると決めたことは先延ばしにしない、60%でもよい、ともかくすぐに実行している			
		○やると決めたことは納期を決め実行している			
		○やると決めたことは目標達成のためなんとか方法を工夫し、最後までやり通す			
2	自己革新	○自分自身の長所・短所をよく理解し、自己分析ができている			
		○会社が自分に望むこと・期待することを理解して行動している			
		○常に当事者意識・中心者意識を持ち積極的に入り込んでいく			
		○他チームへも積極的に関わる業界・専門誌を読み、新しい知識を吸収している			
3	目標達成への執着	○自分の業務に関する業界・専門誌を読み、新しい知識を吸収している			
		○今日は最低、目標は高く持てということを理解し、日々努力している			
		○できない説明をせず、自分なりの次の一手を考えて発言している			
		○金を使う、知恵を出せ、知恵がなければ汗を出す行動をしている			
		○苦労しながら、次の一手、知恵を出している			
4	リスクテイク	○言い訳をしないように発言している			
		○常にダメ詰めをする			
		○結果管理より経過管理をしている			
5	ストレス耐性	○前に出る、逃げてはいけないと常に心掛け行動している			
		○原因は自分にあるのでは、と自発している			
		○部下任せにしない、責任は自分で取っている			
6	思いやり	○相手の立場になり考え相手を勇気付ける行動をとっている			
		○褒めて部下を育てている			
		○まず要求するのではなく、まず目分からやって見せ、やらせてみるというようにして部下を育てている			
		○会社の人たちの心の両面を充たす、という考え方を理解した行動を示している			
7	ビジネスマナー	○明るく大きな声で、自分から先に、清潔感のある相手の目を見て挨拶をしている			
		○相手に不快感を与えない、接遇マニュアル通りに実行している			
部門別専門行動					
1	情報力	○キーパーソンが誰か把握し、定期的に面談し関係を深めている			
		○複数の情報源から情報を入手して、情報の精度を高めている			
		○良い質問をして的確な情報を入手できる			
		○得意先の社内の現状をとらえ、必要なときに必要な情報を、工場（○○・○○）・商品開発・営業管理へ伝達している			
		○入手した情報をチーム内でできるだけ共有している			
		○伝達すべき情報とすべきでない情報を正しく区分けできる			

Ⅲ　昇給への落とし込み方

	職務行動特性	できる社員の具体的行動着眼点 68項目	自己	課定 一次	二次
部門別専門行動	2 プレゼン力	○絵やイラスト、写真を入れ、プレゼンを受ける立場に立ち資料を作っている ○相手にわかるように、確認をしながら話をしている ○朝会・ミーティングで具体的な製品、話がわかりやすい			
	3 傾聴力	○相手の顔・目・運・相が理解でき、自分の言っていることを理解させている ○朝礼、ミーティングの内容を理解し、その日のうちに行動に移している ○自分勝手に解釈しないで人の話を聴き、相手の反応を確認している ○相手に話しをさせるように、適度な質問をしている			
	4 交渉力	○目指す成果に向けて、自社と得意先の状況をきちんと捉え、成功ストーリーを持ちながら交渉している ○相手が納得できるように、話の組み立てを考えている			
	5 専門知識	○自社工場や会社ストック品の知識を持ち、お客様が求める情報をすぐに提供できる ○化粧品業界・コンペチター情報に精通している ○国際営業との情報共有により、海外大手メーカーの動向を捉えている			
	6 コスト意識	○会社のムダ・ムラ・無駄を排除できる ○お客様が望む価値を高めて、高収益を上げている ○費用対効果を考え行動している			
	7 チームワーク	○チームの決め事をすり、自分勝手な行動をとらない ○上司の指示を素直に聞けている ○チームメンバー同士助け合い、教え合うたりして、思いやりを作った行動ができる			
	8 売上計画の予実管理	○既存品販売数予算＋新製品売上げ開拓で売上計画を作成している ○自分の売上計画に対して、個別の行動計画を作成して責任を持って日々確認している ○軌道修正可能な進捗管理を行い、問題点を早期に捉えて対策を講じている			
	9 業務改善	○できるだけ得意先へ行け、自分の業務を工夫して行っている ○日々の業務に疑問を持ち、日々改善を心掛け、自分から進んで実施している			
	10 新規開拓力	○いろいろな媒体を活用して、常に新規開拓先をリサーチしている ○面談して、相手に「また会いたい」と思わせることができる ○適切なターゲット先を選定しながら、常に豊富な新規顧客リストを持っている			
	11 既存客深耕力	○既存得意先を定期的に訪問し、関係を深めている ○得意先のマーケティングをよく理解し、タイミングよく得意先の期待を上回る提案をしている ○新製品・新技術の情報提供をして、製品企画を促している			
	12 会社の考え方	○会社の考え方を本質的に理解して、部下最後までやり遂げている ○行動するときは、計画を立てて、必ず最後まで進捗管理している ○立てた計画については、きちんと進捗管理をして ○自己の作業・業務は、何のためにやっているのかを理解して、実施している ○ステップアップするために発生しての自己の課題をきちんと認識して、状況を正しく把握する			
	13 クレーム対応	○まず得意先の言いたいことをきちんと聞き、状況を正しく把握する ○不良数、ロットといって、どんな状況で発生しているかを認識する ○得意先が納得できる報告まで責任をもってフォローし、さらに関係を深くする行動をしている			
		合計 平均			

別表5-(6)

職務行動特性評価（総務本部用）

評定:
- 12……このような行動が十分に身に付き他の指導もしている（100%）
- 11……このような行動が身に付いている（80%程度）
- 10……このような行動はほぼ身に付いている
- 9……このような行動がやや身に付いている（70%程度）
- 8……このような行動が不足している（50%以下）
- ……この行動は本人に該当しないので評定できない（無評定）

被評価者氏名	評価者氏名		職務行動特性	できる社員の具体的行動着眼点 73項目	自己	評定一次	二次

社員としての基本行動

	職務行動特性	できる社員の具体的行動着眼点	
1	行動志向	○やると決めたことは先延ばしをしない、60%でよい、ともかくすぐに実行している ○やると決めたことは納期を決め実行している ○やると決めたことは目標達成のためなんとか方法を工夫し、最後までやり通す	
2	自己革新	○自分自身の長所・短所をよく理解し、自己分析ができている ○会社が自分に望むこと・期待することを持って行動している ○常に当事者意識・中心者意識を持ち込んで行く ○他チームへも積極的に入り込んでいく	
3	目標達成への執着	○自分の業務に関する業界誌・専門誌を読み、新しい知識を吸収している ○今日は最低、目標は高く持つことを理解し、日々努力している できない言訳をせず、自分でできることの次の一手を考えて発言している ○金を使うな、知恵を出せ、知恵がなければ汗を出す行動を出している ○苦労しろ、苦労しながら、次の一手、知恵を出している	
4	リスクテイク	○言い訳を言わず常にダメ詰めをする ○常に結果管理より経過管理をしている	
5	ストレス耐性	○前に出よ、逃げてはいけないと常に心掛けて行動している ○原因は自分にあると常に発想している	
6	思いやり	○部下に任せにしない、責任は目分が取っている ○相手の立場になり考え勇気付ける行動をとっている ○愛をもって部下に接している ○まず要求するのではなく、まず自分でやってみる、やらせて見てという考え方を理解して部下を育てている ○「できない人たちの物心両面を充たす」ということを考え行動を示している	

部門別専門行動

1	話し方・接し方	○みんな同じように、確認をしながら話している ○相手にわかるように、確認をしながら話している ○聴いたことを聴きっ放しにせず、すぐに何らかの行動で示している ○社内外に対して誠意の良い会社を考えるよう対応している	
2	コーポレートスタッフ力	○会社のこと（規定、行事、数字など）を理解し、問合せに対して説明できる ○会社が日常業務をスムーズ・効率的、働きやすく快適な環境づくりを考えて行動している ○社内外の問合せや要望に対し、正面から対応している ○社員育成を考え、社員が日常業務をスムーズに行えることを考え提案している	
3	傾聴力	○相手の言葉・運・相が理解している ○朝礼、ミーティングの内容を理解し、相手の反応を確認している ○自分勝手に解釈しないでいつでも話を聴き、相手の反応を確認している ○社員の声を取り入れることを実施している	

148

Ⅲ　昇給への落とし込み方

	職務行動特性	できる社員の具体的行動着眼点　73項目	評定 自己	一次	二次
4	コスト意識	○もったいない精神を持ち、時間内に少しでも早く作業しようとする ○会社のむだ・ムダ・無駄を排除できる ○コストを比較して、無駄の言いなりにならない			
5	計画力	○各月の月間予定表を見て、やるべき事を理解できる ○朝、打合せをした計画を都度チェックし、計画通りに作業をこなせる ○改善活動内で行動するときは、必ず事前に計画を立てている ○予定表を作る際、優先順位を決めて計画を立てている			
6	段取実行力	○その日活動も、計画をたてるために段取りをよく考え、できる人の真似を素直に受けたもし、諦めない努力をしている ○納期に対する責任を持ち、必ず実行している ○急な仕事や作業に対しても、すぐに計画を見直し、柔軟に対応している			
7	専門知識・技術	○自己の作業・業務をわかりやすく実践している ○持っている知識をわかりやすく教えられる ○会社のこと（規定、行事、数字など）を把握している ○自己の作業・業務に関連する知識・技術を追求している			
8	情報の活用、共有化	○情報、データのセキュリティーを考え、行動している ○情報、データをすぐに取り出せるようにしている ○情報を有効利用できるよう、付加価値をつけて提案している			
9	多能工化	○自己の担当業務のマニュアル、手順書をつくり誰でも対応ができる ○誰かが休んでも、日々の業務に支障がないよう対応できるようにしている ○チームとして仕事ができる			
10	チームワーク	○チームの決め事を守り、自分勝手な行動をとらない ○上司の指示を素直に聞けている ○チームメンバー同士助け合い、教え合いをして、思いやりを持った行動ができる			
11	アイデアを活かす力	○柔軟な発想をし、浅いが幅広い知識を見付けられる ○自分で考えて、より良い方法を見付けられる ○人の意見、アイデアを素直に聴き、参考にしながら方法改善ができている			
12	問題把握/状況分析力	○問題発生時は、現場・現物、なぜ5回を実践している ○問題に対し常に真剣な目、異常や変化にすぐ気が付く ○あるべき姿に対して、論理的に考え、行動している			
13	整理整頓	○問題の周りや他への影響などを、論理的に考え、行動している ○会社の備品、設備をいつでも快適に使えるように整備されている ○社内の汚れや破損に気が付くと、すぐ対応している ○机のまわりや身の回りが整理整頓されている ○必要なものがすぐに取り出せる状況になっている ○書類は処理が終わったらすぐに所定に保存し、元に戻している			
		合計			
		平均			

部門別専門行動

別表5-(7)

職務行動特性評価（生産管理用）

被評価者氏名	評価者氏名

評価基準:
- 12…このような行動が十分身につき他の指導もしている（100%）
- 11…このような行動が身についている
- 10…このような行動はほぼ身についている（80%程度）
- 9…このような行動はやや不足している（70%程度）
- 8…このような行動が不足している（50%以下）
- 7…このような行動は本人に該当しないので評価できない（無評価）

できる社員の具体的行動着眼点 70項目

区分		職務行動特性		評定 自己	一次	二次
社員としての基本行動	1	行動志向	○やると決めたことは先延ばしにしない、60%でよい、ともかくすぐに実行している			
			○やると決めたことは納期を決めて実行している			
	2	自己革新	○やると決めたことは目標達成のためなんとか方法を工夫し、最後までやり通す			
			○自分自身の長所・短所をよく理解し、自己分析ができている			
			○会社が自分に望むこと・期待することを理解して行動している			
			○常に当事者意識・中心者意識を持って行動している			
			○他チームへも積極的に入り込んでいる			
	3	目標達成への執着	○自分の業務に関する業界誌・専門誌を読み、新しい知識を吸収している			
			○今日は最低、目標は高く持つことを理解し、日々努力している			
			○できない説明をせず、自分なりの次の一手を考えて発言している			
			○金を使うような知恵を出す、知恵がなければ汗を出す行動をしている			
			○苦労しろ、苦労しながら、次の一手、知恵を出している			
	4	リスクテイク	○言い訳をしないように発言している			
			○常にダメ詰めをする			
			○結果管理より経過管理をしている			
	5	ストレス耐性	○前に出よ、逃げてはいけないと常に心掛けて行動している			
			○原因は自分にあるのでは、と自分で発想している			
			○部下任せにしない、責任は自分で取っている			
	6	思いやり	○褒めて部下を育てている			
			○頭ごなしにならず相手を勇気付ける行動をとっている			
			○まず要求するのではなく、まず自分でやって見せ、やらせてみるという部下を育てている			
			○会社の人たちの物心両面を充たすようにして部下を育てている			
部門別専門行動	1	話し方・接し方	○みんなと同じようにえこひいきをしない			
			○相手に分かるように、確認をしながら話している			
			○相手からの問い合わせ、相談に対し勝手な判断をせず上司や関連する所に確認などして行動している			
	2	プレゼン力	○上司や生産各チームの必要とする資料項目に沿って作成しながら提供している			
			○会社の改善の考え方を理解し、工程改善会議の資料を作っている			
			○笑顔でお客様に対応、米客の対応をしている			
			○生産に対して作業補助の支援ができる			
	3	傾聴力	○相手の報・連・相が理解できる、その日のうちに納得させている			
			○朝礼、ミーティングの内容を理解し、相手の反応を確認している			
			○自分勝手に解釈しないで人の話を聴き、相手の反応を確認している			

150

Ⅲ 昇給への落とし込み方

	職務行動特性	できる社員の具体的行動着眼点 70項目	自己	評定 一次	二次
4	業務改善・品質の向上	○自分で業務の効率を常に考えながら行動している			
		○正しい業務手順で作業し、問題となるポイントを理解し間違わずできている			
		○やった事に対し常に見直し確認をしている			
5	コスト意識	○もったいない精神を持ち、必要以上の購入を抑え、価格に対する意識を持っている			
		○会社のムダ・ムラ・無駄を排除できている			
		○重複作業をきちんと見分けられ改善策が出せる			
6	やりじまい	○改善活動で行動するときは、必ず事前に計画を立てている			
		○業務を進めるために出来る人の貴重なアドバイスを素直に受けたりあきらめない努力している			
		○やるべき業務に対し、タイミング良く処理することができる			
7	トラブル対応	○各チームと生産調整を行い、上司に報告することができる			
		○何かあったら自分だけで思い込みの判断をしないでタイムリーに上司に相談している			
		○ずぐに異常や問題に気付き、すぐに行動に移している			
8	作業実績	○ムダな時間をしない、集中して作業できている			
		○常に時間を意識しながら作業できている			
		○方法改善に、自分なりのアイデアを出し協力できている			
9	専門知識・技術	○設備の機能を把握して正確な業務を行っている			
		○自分の業務をマニュアル化し、他の人にわかりやすく教えられる			
		○チームの決め事を守り、自分勝手な行動をとらない			
10	チームワーク	○上司の指示を素直に聞け、より良い方法を見つけられる			
		○チームメンバー同士助け合い、教え合うなりして、思いやりを持った行動ができている			
11	アイデアを活かす力	○柔軟な発想と、浅い広幅広い知識を持っている			
		○業務の流れを理解して全体の構想がつけられる			
		○自分で考えて、より良い方法を見つけられる			
12	表取り力	○人の意見・アイデアを素直に聴き、参考にしながら方法改善できている			
		○問題発生時は、現場・現物・現時点での表取りができている			
		○問題の感性も、助ではなく、表取りを本質的に理解し、部下に指導・指摘・指導できている			
13	会社の考え方	○会社の考え方を木質的に理解し、計画を立て、必ず最後までやり遂げている			
		○行動するときは、計画について、きちんと進捗管理をしている			
		○自己の作業は、業務は、何のためにやっているのかを理解して、実践している			
		○ステップアップするための自己の課題をきちんと認識して努力している			
14	情報の収集～活用	○チーム内の掲示物をわかりやすく作成している			
		○報告は要請されてからではなく、不明なときはきちんと読み、自分からきちんと進んでやっている			
		○悪い報告はすぐにする、ただし、自分なりに解決策は持っている			
		○必要な情報を必要な人に、的確に伝えられている			
			合計 平均		

部門別専門行動

別表5-(8)

マネジメント行動特性評価

被評価者氏名	評価者氏名

評定
12…このような行動が十分に身に付き他の指導もしている
11…このような行動が身に付いている (100%)
10…このような行動がほぼ身に付いている (80%程度)
9…このような行動がやや身に付いている (70%程度)
8…このような行動が不足している (50%以下)

	マネジメント行動	できるリーダーの具体的行動	自己	一次	二次
1	改善への取組み	○従来のやり方や方針を積極的に認識している ○部下に変革の必要性を認識させ、仕事の見直しやよく改善を実行させている ○様々な壁にぶつかっても屈せず、粘り強さと柔軟性を持って変革や改善を推進している ○変化の時代において機を逸することのないよう、積極的に改善活動に取り組んでいる			
2	考え方と方針の浸透	○会社の考え方や方針をよく理解し、メンバーにもよく説明している ○所属本部の考え方や方針を理解し、チーム内に浸透させている ○絶えず会社内・外の環境変化に強い関心を持って目配りし、グループ（チーム）や施策上の課題を明らかにしている			
3	問題の発見と問題分析	○組織の使命、戦略、強み、弱みをよく理解してメンバーにもよく説明している ○常にリーダーとしての意識を持ち、ことが起こる前に問題・課題を予測している ○枝葉末節にとらわれず、重要な情報に焦点を当て、様々な観点から問題・課題を分析している ○常に新聞・雑誌・書籍・ネット等から新しい情報を取り入れ、問題分析や改善活動に活かせている			
4	目標達成への執着	○目標達成に対して強い責任意識を持ち、自分なりの次の一手を考えて着手している ○グループ（チーム）のメンバーに対して、目標達成への適切な支援をしている ○部下それぞれの目標達成に気を配り適切な支援をしている			
5	的確な判断	○適切な情報に基づいて的確な意思決定をしている ○不確実な状況下においても、機を逸せず的確な判断や行動をとっている ○意思決定や判断の基準が首尾一貫してリーダーとしての信頼性・統一性がある			
6	業務遂行と管理	○適切な業務管理のために仕事を分担し、必要に応じて部下に仕事を任せている ○関連する他部門と密に連絡を取り合い、協調しながら業務を遂行している ○グループ（チーム）内の業務に通じ、専門家としても一目置かれている			
7	リーダーシップ	○部下に対して、明確な方針と仕事の優先順位を示している ○部下や周囲にグループ（チーム）の方向性を明示し、目標を浸透させている			
8	動機付け	○部下に対して善し悪を、注意する方法を日頃からハッキリしている ○部下にやる気を起こさせる方法を理解して実行している ○向かうべき目標をみんなのしやすい雰囲気を作り、グループ（チーム）のコミュニケーションを円滑にしている			
9	コミュニケーション	○形式張らずに仕事の機会を与え、自分と異なる意見にも素直に耳を傾けている ○周囲に積極的に発言の機会を与え、自分と異なる意見にも素直に耳を傾けている ○部下の業績と能力を公正に評価し、適切な指導・助言を与えている			
10	部下の育成と評定	○いつも黙って、自分が為す部下に手本を示すようにしている ○多能工マップを活用して部下の能力開発を行っている			
		合計			
		平均			

応用篇②
社員区分が一般職、係長、課長、部長と職階で、給与表も設定していないので職階で金額を決めて運用しているB社の事例

1 毎年の人事考課を活用した昇給額の決定

B社は基本給は一本で、社員区分も一般職、係長、課長、部長と役職で区分している職階制度を取り入れていました。毎年の給与改定についても、ルールも人事考課制度もなく、社長が一人で世間相場や自社の毎年の業績を基本に給与改定していました。最近になって、社員も40人程度に増えてきて、社長一人で全員の成績を把握するのは無理ということを感じ、人事考課制度を導入しました。

そこで人事考課の結果を毎年の給与改定に活用するために、まず下記のような標準のモデル昇給、昇格を、現状の社員の給与水準を基に作成しました。そして、人事考課による毎年の給与改定は次のようなステップで昇給金額を決め、運用することにしました。

＜標準昇格・昇給モデル＞

年齢	モデルA 部長クラスまで 昇格・昇給したモデル	モデルB 課長クラスまで 昇格・昇給したモデル	モデルC 一人前クラスまで 昇格・昇給したモデル
18	175,000	175,000	175,000
20	190,000	180,000	177,000
25	215,000	202,000	192,000
30	235,000	220,000	210,000
35	250,000	240,000	230,000
40	320,000	290,000	250,000
45	340,000	320,000	251,000
50	380,000	360,000	252,000
55	450,000	410,000	253,000
60	400,000	360,000	240,000

ステップ1…会社の業績、世間相場などを参考に1人当たりの今年の昇給金額を設定する。

　　　　＜例＞　1人当たり4,000円

ステップ2…職階ごとの1人当たりの昇給額を決める。方法は職階の5段階の中間クラス（係長クラス）を1.0として職階ごとの率を決定しておき、決定した率で職階ごとの金額を決定する（この率は一定にして、毎年変更しない）。

＜例＞

職階	部長クラス	課長クラス	ベテランクラス	一人前クラス	一般職クラス
率	1.3	1.2	1.0	0.9	0.8
金額	5,200	4,800	4,000	3,600	3,200

ステップ3…職階ごとに一定率で昇給金額を決め、昇給表を作成する。

＜例＞ベテランクラスの昇給表

評価	S	A	B	C	D
率	1.4	1.2	1.0	0.8	0.6
金額	5,600	4,800	4,000	3,200	2,400

　B社はこの昇給表を活用して1人ひとりの昇給額を決定した後、役員会にこの金額を示し、最終調整を行い決定しています。役員会での調整は次のポイントで行っています。

＜役員会での調整のポイント＞

① 職階ごとの標準基本給に対して、現在の水準はどうか

② 本人のこれまでの業績から見て、同じ職階の人と相対比較した場合、高すぎないか、低すぎないか

③ 中途採用の社員は勤続年数の長い人と比較して基本給が高すぎな

いか、低すぎないか
④ 年齢の高い人が同じ職場の中で、成績で比較して高くなっていないか（年功になっていないか）
⑤ 人事考課の結果が昇給に正当に反映されているか

　このようなチェックポイントで役員会で話し合い、調整が必要という合意ができた場合、上記の昇給表にかかわらず、昇給額を変更する調整も行っています。

2 標準昇格・昇給モデルから職階ごとの基本給幅の決定

　モデルAからモデルCまでの昇格・昇給モデルを基本に、社員を5クラスに区分し、基本給をクラスごとに上限と下限を設定し、**資料20**の「昇格・昇給モデル」での基本給の範囲を設定しました。そして毎年の昇給はこの範囲の中で行い、同じクラスでの業績の積み重ねを評価し、クラスのアップに結び付けようと考えています。

資料20　昇格・昇給モデルでの基本給幅

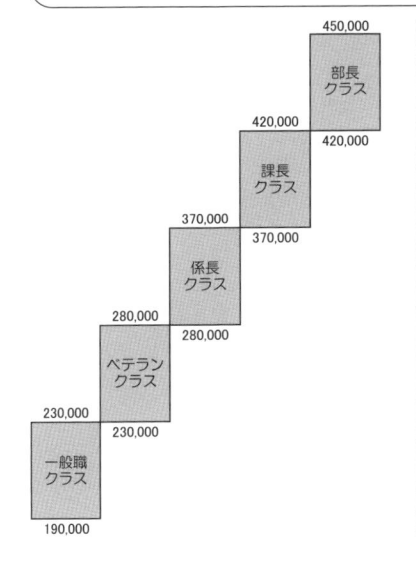

職階	標準年齢	基準基本給
部長クラス	50歳	420,000 ～ 450,000
課長クラス	40歳	370,000 ～ 420,000
係長クラス	33歳	280,000 ～ 370,000
ベテランクラス	27歳	230,000 ～ 280,000
一般職クラス	22歳	190,000 ～ 230,000
大卒	22歳	

部長クラス 450,000 / 420,000
課長クラス 420,000 / 370,000
係長クラス 370,000 / 280,000
ベテランクラス 280,000 / 230,000
一般職クラス 230,000 / 190,000

③ モデル昇格・昇給グラフ

前述の標準昇格・昇給モデルを基本に、昇格・昇給モデルをグラフ化しました。(**資料21**)。この表は前述したように、自社の給与体系のモデルとして作成したもので、中途採用時の給与決定にも活用しています。

資料21　モデル昇格・昇給グラフ

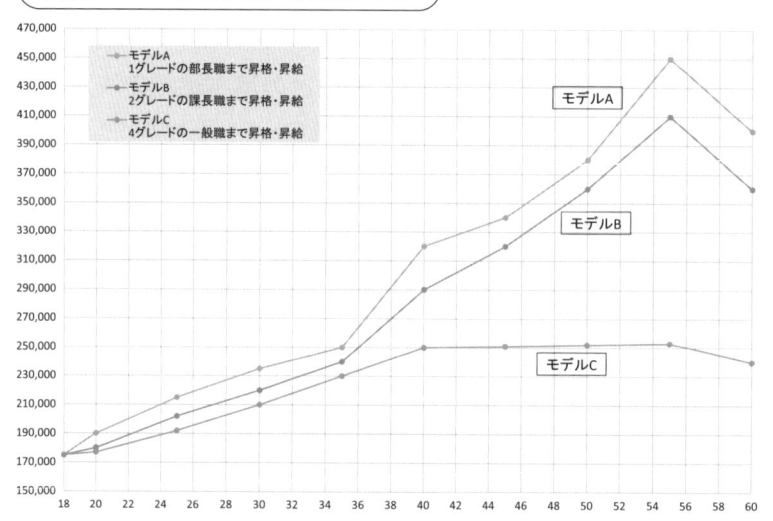

- モデルA　1グレードの部長職まで昇格・昇給
- モデルB　2グレードの課長職まで昇格・昇給
- モデルC　4グレードの一般職まで昇格・昇給

応用篇③
基本給を能力給と業績給の二本立てとして、能力給は定昇で運用し、業績給は毎年洗い替えで運用しているY社の事例

　Y社は基本給を能力給と業績給に区分し、能力給は能力を保有度合として捉える考え方を取り入れ、能力段階を5ランクに区分しています。(**資料22**、158頁)。そして能力給はランクごとに上限・下限を設定した重複型のテーブルにしています。業績給はグレードごとに単一給で、毎年人事考課の結果によって5段階で洗い替えを行うしくみです (**資料23**、159頁)。

　業績給の毎年の洗い替えは、人事考課 (**資料24**：人事考課ガイドブック、160頁) により、絶対評定で評定を行い、合計点で下記のようにS・A・B・C・Dの5段階で評定記号を決め、ランクごとの業績給表の範囲の中で洗い替えを行う方式で運用しています。

```
＜評定段階＞
S…95点以上
A…94点～85点
B…84点～60点
C…59点～40点
D…39点以下
```

　能力給は人事考課の結果と能力(ランク)基準書をもとに、能力の伸びを評定し、人事担当部門長が最終評定を決めています。同社は社員が30名程度で1つの工場、営業ということで、人事考課もシンプルにして、あまり細かい基準を決めないで、話し合いを重視しています。そのため、小さな会社でありながら、人事考課の半期ごとの評定結果についてもバラつきも少なく、業績給の年2回の洗い替えも問題なく運用されています。

資料22　能力（ランク）基準書

クラス	役付との関係	求められる能力
5クラス	部長・所長クラス	◆役員を補佐し、経営方針、戦略の決定に参画するとともに、部、事業所の業務を統括できる ◆部・事業所の業務計画の指揮・監督、調整、部下への方針の周知徹底ができる ◆部下の安全、健康、指導、人材育成および部、事業所の部、他の部、事業所、グループ企業との連携ができる ◆全社的な職務領域にわたる高度な専門知識を持ち、経営レベルに立った高度な判断ができる
4クラス	課長クラス	◆部長を補佐し、所属組織の運営ができる ◆課内調整、他部署との連携・調整ができる ◆分野領域にかかわる高度な専門知識、判断力を有し、専門分野の高度な業務を遂行できる ◆部下の安全、健康、指導・育成および部、事業所内の課題解決ができる
3クラス	係長、主任クラス	◆上席を補佐し、所属組織の方針徹底、業務管理、部下の安全・健康、業務管理、指導ができる ◆所属する組織の全般にわたる実務知識、専門知識を持ち、担当分野での業務改善ができる ◆積極的な業務改善姿勢を持ち、係、チームのリーダーができる
2クラス	ベテランクラス	◆担当分野に関する実務知識を持ち、自ら、定型・日常業務を支障なく処理できる ◆担当業務の範囲内で非定型、複雑な業務についても上席の指示により業務処理ができる ◆所属組織全体への目配り、配慮ができる
1クラス	一般職クラス	◆担当分野に関する基礎的な知識を持ち、上席、上級者の指示、指導や決められた手順に従って定型、反復的な日常業務を支障なく処理できる ◆自己研鑽の積極的姿勢を持っている

Ⅲ　昇給への落とし込み方

資料23　能力・業績給表

ランク	能力給の範囲（差額）	業績給（人事考課で毎年洗い替えを行う)					基本給の範囲（差額）
		S	A	B	C	D	
5ランク	268,000～338,000 (70,000)	74,000	72,000	70,000	68,000	66,000	338,000～408,000 (70,000)
4ランク	228,000～298,000 (70,000)	64,000	62,000	60,000	58,000	56,000	288,000～358,000 (70,000)
3ランク	198,000～258,000 (60,000)	54,000	52,000	50,000	48,000	46,000	248,000～308,000 (60,000)
2ランク	168,000～228,000 (60,000)	44,000	42,000	40,000	38,000	36,000	208,000～268,000 (60,000)
1ランク	110,000～178,000 (68,000)	32,000	31,000	30,000	29,000	28,000	140,000～208,000 (68,000)

(注) 基本給の範囲はBで設定している。C、Dの評価になると範囲以下の金額になる。

ランク	役職手当	
5	部長	60,000 ～ 50,000
	所長	
4	部長	45,000 ～ 30,000
	課長	
	次長	
	副所長	
3	主任	15,000 ～ 9,000
	副主任	

資料24　人事考課のガイドブック

人事考課のガイドブック
＜人事考課を行うに当たって必ず読む＞

＜人事考課の手順＞

人事考課は次の手順で行ってください。

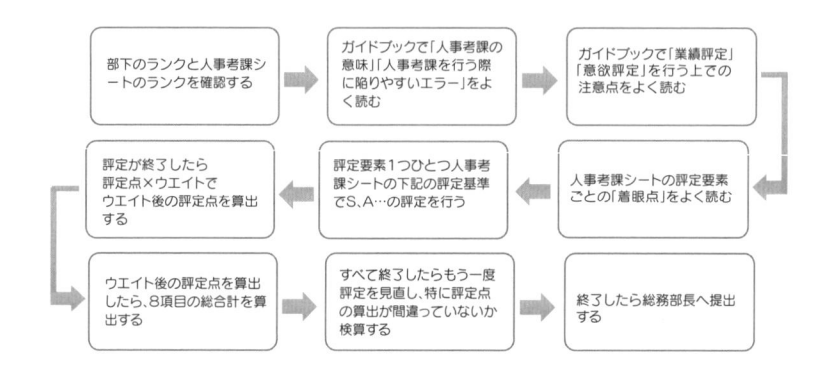

```
[部下のランクと人事考課シ   → [ガイドブックで「人事考課の  → [ガイドブックで「業績評定」
 ートのランクを確認する]      意味」「人事考課を行う際      「意欲評定」を行う上での
                            に陥りやすいエラー」をよ      注意点をよく読む]
                            く読む]
                                                          ↓
[評定が終了したら          ← [評定要素1つひとつ人事考   ← [人事考課シートの評定要素
 評定点×ウエイトで            課シートの下記の評定基準      ごとの「着眼点」をよく読む]
 ウエイト後の評定点を算出      でS、A…の評定を行う]
 する]
  ↓
[ウエイト後の評定点を算出   → [すべて終了したらもう一度  → [終了したら総務部長へ提出
 したら、8項目の総合計を算    評定を見直し、特に評定点      する]
 出する]                     の算出が間違っていないか
                            検算する]
```

1．人事考課の意味を理解して評定を行うこと

人事考課とは…　　人事考課というと「人事考課すなわち人の評価である。人が人を正しく評価することは不可能に近い。だから人事考課は難しい」という考え方を持つ管理者が多いようですが、これは間違いです。

　当社で行う人事考課は「人の評価」ではなく、その人が行った仕事を評定する制度です。したがって、人事考課ではその人の気質、性格、適性、将来性といった人間そのものは評定しません。人事考課は「その人が行った仕事に限定した評定」を行うために、評定に際していろいろな約束ごとを決めています。評定者が公正な評定を行うには、まず約束ごとを知り、それを

守ることが重要になってきます。

人事考課での
評定の材料は…　①職務遂行の場面だけを評定の材料にすること

　人事考課はその人が行った仕事を材料にする制度です。したがって、評定の材料は次のように限定されます。

・職務遂行の場における行動とその結果を評定の対象とすること
・勤務時間内の行動を評定の対象とすること

　すなわち、プライベートの時間やレクリエーション、休憩時間等は評定の対象にしないということです。

②定められた評定期間を守ること

　人事考課においては評定期間が定められます。評定に際して定められた期間を守ることが大切です。

　今回の人事考課は上期は○月○日から○月○日、下期は○月○日から○月○日までですので、この期間を厳守すること。

2．人事考課を行う際に陥りやすいエラーを理解して評定を行うこと

①ハロー効果…　ハロー効果とは、部下が特に優れ、あるいは劣っている特性があるとき、他の特性も同様に優れ、あるいは劣っていると評定することをいいます。

　ハロー効果は、人間誰しもが多かれ少なかれ持っているもので、無意識のうちに混入してくるものです。ハロー効果を防ぐための対策として、次のようなことが挙げられます。

・評定に当たってハロー効果に陥っていないかと、常に

　　　　　　　　　反省すること
　　　　　　　　・評定基準によく照らして、行動事実を評定すること
②寛大化傾向…　　公正な評定結果よりも、常に甘い方向に偏った評定（S～A評定）を行うことを、寛大化傾向といいます。寛大化傾向を防ぐための対策として、次のようなことが挙げられます。
　　　　　　　　・部下を育成することが正しい愛情であることを評定者は自覚すること
　　　　　　　　・温情的評定をやめて公正な評定を行うこと
③中心化傾向…　　中心化傾向とは、評定者が部下を評定した結果が「B評定」（中央の成績）にかたまり、優劣の差がない評定の傾向をいいます。中心化傾向を防ぐための対策として、次のようなことが挙げられます。
　　　　　　　　・部下の良い面、悪い面をなるべく特徴的に描き出すように心掛けること
　　　　　　　　・十分に部下の行動結果を把握し、自信を持って評定すること
④対比誤差……　　とかく人間は自分の専門的事項については評定が厳しく、非専門的事項については評定が甘くなる傾向を持っています。この傾向があるために生じる誤差を対比誤差といいます。対比誤差を防ぐための対策として、次のようなことが挙げられます。
　　　　　　　　・自分で基準を作らず、評定基準に照らして評定すること
　　　　　　　　・評定基準をよく読んで評定すること

3．業績評定は次の点に留意して評定を行うこと
　業績評定とは…　　人事考課での業績評定とは、定められた評定期間内

で与えた仕事のやり方と、その結果を評定することを言います。

　したがって、業績評定を行うにあたっては、まず期初に与えた仕事を確認することが大切です。期初に与えた仕事が能力段階（ランク）と比較してどうだったのか、どんな仕事を与えたかを確認してから評定を行うということです。仕事の結果だけを見て評定したのでは、公正な評定になりません。

業績評定を行う
上での注意点…

①仕事の最終結果だけでなく、やり方も評定すること

　業績評定では仕事の結果だけを見て、結果が良ければすべて良いと評定しがちです。業績評定は結果だけでなく、その結果に到達するまでのやり方（情報収集、仕事の段取り、報告・連絡等）すなわち達成過程も含めて評定することが大切です。

　営業職で売上げ数字は伸ばしているが、報告、連絡などが悪く、上司としては仕事がスムーズに流れなくて困るというのであれば、この点も評価で考慮するということです。

②1つの大きな業績に偏った評定をしないこと

　業績評定では1つの優れたこと、また大きなミスなどがあった場合、そのことが頭の中に大きく残って、その事実に大きく引っ張られた評定をしがちです。業績評定は1つの目立った行動に偏った評定をするのではなく、仕事のやり方の中で、良かった点、悪かった点などすべての業績を取り上げ、全体を平均的に評定することが大切です。

また、業績評定では評定期間の直近1〜2か月の行動だけが評定の材料になりがちです。業績評定は評定期間直近だけの業績を評定するのではなく、評定期間全体の業績を平均的に評定することが大切です。

4．意欲評定は次の点に留意して評定を行うこと

意欲評定とは…　人事考課での意欲評定とは、定められた評定期間内で与えた仕事への取組姿勢と意欲を評定しようとするものです。意欲評定を行うのは、仕事に取り組む姿勢の良・否が業績や職場全体モラールや業績に影響を及ぼすからです。

意欲評定を行う上での注意点…

①業績やモラールに影響する行動にしぼって評定すること

意欲評定の対象となる意欲は次のように限定されます。

- 会社や社員の業績の良否に関係ある職務遂行中の意欲を対象にする
- 職場のモラールに影響を与える職務遂行中の意欲を対象にする

したがって、業績やモラールに関係のない昼食時の行動や、休憩時間中の行動は意欲評定の材料にならないということです。

評定に際して意欲基準書に書かれている定義・着眼点をよく読んで評定してください。

②定着した意欲を評定すること

意欲は環境によって変化するものです。したがって、あまり極端な場面だけを捉えて評定することなく、評

定期間全体の中で定着している意欲を評定することが大切です。

　日常の変化のない行動は目に付きにくいものですので、評定に際して思い出しにくいものです。どうしても極端な行動に目が行きがちですので、良かった点、悪かった点をよく思い出して評定を行ってください。

③自分を評定の基準にしないこと

　意欲評定は仕事に取り組む姿勢、すなわち態度を評定するため、どうしても自分を基準にしがちです。また、好き嫌いといった感情が入りやすいものです。人事考課での評定基準は自分ではなく、会社が定めた基準ですので、意欲基準書をよく読んで、評定を行ってください。

④性格を評定しないこと

　意欲評定の評定要素は、一般的には性格を表すような表現になっています。そのため、仕事の場面での行動を材料とせず、性格そのものを評定する傾向があります。

　人事考課での意欲評定はその人の性格を評定するのではなく、あくまでも仕事に取り組む姿勢、意欲を評定することです。意欲基準書をよく読んで評定を行うこと

⑤仕事の場面に限定して評定すること

　意欲評定は行動を評定しますので、仕事の場面以外に広げて評定しがちです。例えば、レクリエーションの場面で先頭に立って活躍しているような場面を見て「積極的だ」というイメージを評定者が持ち、それが

人事考課の意欲評定の中に入ってくるというようなことです。

意欲評定も評定の材料は「定められた評定期間内の職務遂行場面」だけですので、評定の場面を広げることなく、限定された中で評定を行ってください。

5．必ず守るべき評定上の約束ごとを理解して評定を行うこと

① 職務遂行の場面に限定して評定すること
② 勤務時間内の行動のみを評定の材料とすること
③ 部下の職務遂行を注意深く観察し、その結果を記録にとどめて評定の材料とすること
④ 定められた評定期間を守ること
⑤ 想像や推定によって得た行動は除外して評定すること
⑥ １つの目立った事実や評定時期に近いところに偏ることなく、評定期間全体の行動を評定の材料にすること
⑦ 評定に自信がないと評定が中心に集まりがちです。１人ひとりの行動をよく見極めて評定すること
⑧ 経験年数・学歴・年齢・性別等を考慮せず、ランクと評定基準に照らして評定すること
⑨ 義理・人情に惑わされることなく評定すること
⑩ 人物評定に陥らず、職務遂行場面を材料に評定すること
⑪ 評定段階の「B」基準は、期待どおりのレベルとして捉えて評定すること（評定は５段階になっているが、Bのレベルは「中間、平均、真ん中」ではない。基準から見ると合格レベル）

Ⅲ　昇給への落とし込み方

人事考課シート
1～2ランク用

評定期間　　年　　月　　日　～　　年　　月　　日

クラス	被評定者	評定者	社長
			㊞

区分		評定要素	着眼点	ウエイト	評定			
					上司		社長	
					評定記号	ウエイト後評定点	評定記号	ウエイト後評定点
業績	1	仕事の速さ	・その日の仕事はその日に処理していたか ・全体の処理量と仕事の守備範囲の広さはどうか	1.5				
	2	仕事の正確さ	・担当業務の間違い（ミス）の程度はどうか ・仕事の出来栄えの立派さはどうか	1.5				
	3	仕事の段取り	・上司の指示や意図に沿って段取りを立てて処理していたか ・仕事を効率よく進めていたか	1.2				
意欲	4	責任感	・任された仕事は最後までやり抜く姿勢が見られたか ・誤りや失敗に対して責任回避することはなかったか	1.2				
	5	協調性	・自分の都合や利益だけを考えることなく全体のために協力していたか ・明るく働きやすい人間関係づくりに努力していたか	1.2				
	6	積極性	・自ら進んで難しい仕事や工夫・改善に取り組んでいたか ・平々凡々でその日暮らし的な態度はなかったか	1.2				
	7	自己啓発	・業務遂行上必要な知識・能力を自ら進んで取得する態度は見られたか ・自己啓発の意欲を持ち、チャンスに進んで挑戦していたか	1.2				
	8	職務規律	・上司の指示・命令、職場慣行はきちんと守っていたか。また無断で職場を離れたり、私語、私的な用件で携帯を使用するようなことはなかったか ・コンプライアンス（法令遵守、社会的意識・使命感、倫理遵守）意識を持って行動していたか	1.0				
			ウエイトの合計は10→	10	合計			

評定基準	評定記号	評定点
抜群のレベルであった	S	10
優秀なレベルであった	A	8
期待どおりのレベルであった	B	6
やや問題のあるレベルであった	C	4
問題のあるレベルであった	D	2

ウエイト×評定点＝ウエイト後の評定点
1.5×8(A)＝12点

人事考課シート
3ランク用

評定期間　　年　　月　　日　〜　　年　　月　　日

クラス	被評定者

評定者	社長
	㊞

区分		評定要素	着眼点	ウエイト	評定			
					上司		社長	
					評定記号	ウエイト後評定点	評定記号	ウエイト後評定点
業績	1	仕事の成果	・担当の業務は質・量とも計画に沿って問題なく処理していたか ・突発的に発生する業務に対してもきちんと処理していたか	2.0				
	2	創意・工夫	・業務の遂行に当り、常に改善、工夫、コスト削減に取り組み、成果を上げていたか ・常に問題意識を持って業務を遂行していたか	1.2				
	3	判断力	・問題のポイントを素早く正確に把握し、対応策を立てていたか ・物事の本質を理解し、突発的な事態でも的確な判断を素早く行っていたか	1.2				
	4	実行力	・目標達成のために自ら進んで速やかに行動していたか ・自ら信念を持って困難な業務を完遂していたか	1.2				
	5	後輩の指導	・部下（後輩）の特徴をある程度つかみ、その上に立って指導していたか ・部下（後輩）から業務上の質問があった場合、相手のレベルに合わせて答えていたか	1.2				
	6	リーダーシップ	・部下（後輩）の一人ひとりの特徴を把握し、部下（後輩）の能力に応じたリーダーシップを発揮していたか ・部下（後輩）一人ひとりの行動に気を配り、目標達成に向けて、部下（後輩）をリードしていたか	1.2				
意欲	7	職場規律	・上司の指示・命令、職場慣行はきちんと守っていたか。また後輩に対しても守るよう働きかけていたか ・コンプライアンス（法令遵守、社会的意識・使命感、倫理遵守）意識を持って行動していたか	1.0				
	8	責任感	・任された仕事は最後までやり抜く姿勢が見られたか ・誤りや失敗に対して責任回避することはなかったか	1.0				
			ウエイトの合計は10→	10	合計			

評定基準	評定記号	評定点
抜群のレベルであった	S	10
優秀なレベルであった	A	8
期待どおりのレベルであった	B	6
やや問題のあるレベルであった	C	4
問題のあるレベルであった	D	2

ウエイト×評定点＝ウエイト後の評定点
1.5×8(A)＝12点

Ⅲ 昇給への落とし込み方

人事考課シート
4〜5ランク用

評定期間　　年　　月　　日　〜　　年　　月　　日

クラス	被評定者	評定者	社長
			㊞

区分		評定要素	着眼点	ウエイト	評定			
					上司		社長	
					評定記号	ウエイト後評定点	評定記号	ウエイト後評定点
業績	1	目標達成	・担当部門の状況をよく把握し、期初の目標を達成していたか ・期初目標に沿って進捗管理を細目に行い、状況変化に対して臨機応変に対策を立て、目標達成していたか	2.0				
	2	仕事の管理	・仕事の計画と進行にズレが発生した場合、有効な対策を講じ目標達成していたか ・担当部門の目標達成のために部下一人ひとりの能力に合った仕事の割当、進捗管理を行っていたか	1.2				
	3	業務改善	・担当部門の業務遂行に当たり、部門全体の立場で常に改良、改善、工夫、コスト低減に取り組み、成果を上げていたか ・会社全体で取り組む改善、工夫、コスト低減、安全運転等を展開する場合、指導的な役割を果たし、成果を上げていたか	1.2				
	4	部下育成	・部下一人ひとりの特性（業績、能力、意欲）の現状および育成必要点をつかんで指導して、成果を上げていたか ・担当部門全体が能力開発、意欲向上に前向きで取り組むような職場づくりを行っていたか	1.2				
	5	関連部門との業務調整	・社内、グループ企業間の問題について、事前の根回し、調整を適切に行い、相互の良好な関係をつくり、成果を上げていたか ・関連部署、グループ企業の業務内容をよく理解し、調整が必要な場合、効率よく行えるよう常日頃から良好な人間関係づくりに努力していたか	1.2				
	6	管理者意識	・業界の高度な知識および識見を持ち、管理者としての役割を自覚して行動しているか ・管理者としての立場を理解し、法令遵守、社会的意識、使命感、倫理遵守を部下に徹底し、違反行為があった場合は適切な対応を行っていたか	1.2				
	7	職場の問題解決	・業務上の問題を事前に発見し、原因の本質をつかみ、解決策を見い出すことができるか ・他部門にまたがる問題についても、関係する部門と協議し、解決策を見い出すことができるか	1.0				
	8	決断力	・複雑、困難な問題や突発的事態に対して自己の責任において、臨機応変な決断をしていたか ・担当部門の目標達成に向けて、他部門も含めて全社的な視野から、その相互関係を見通し、適正な結論を導き出していたか	1.0				
			ウエイトの合計は10→	10	合計			

評定基準	評定記号	評定点
抜群のレベルであった	S	10
優秀なレベルであった	A	8
期待どおりのレベルであった	B	6
やや問題のあるレベルであった	C	4
問題のあるレベルであった	D	2

ウエイト×評定点＝ウエイト後の評定点
1.5×8（A）＝12点

IV

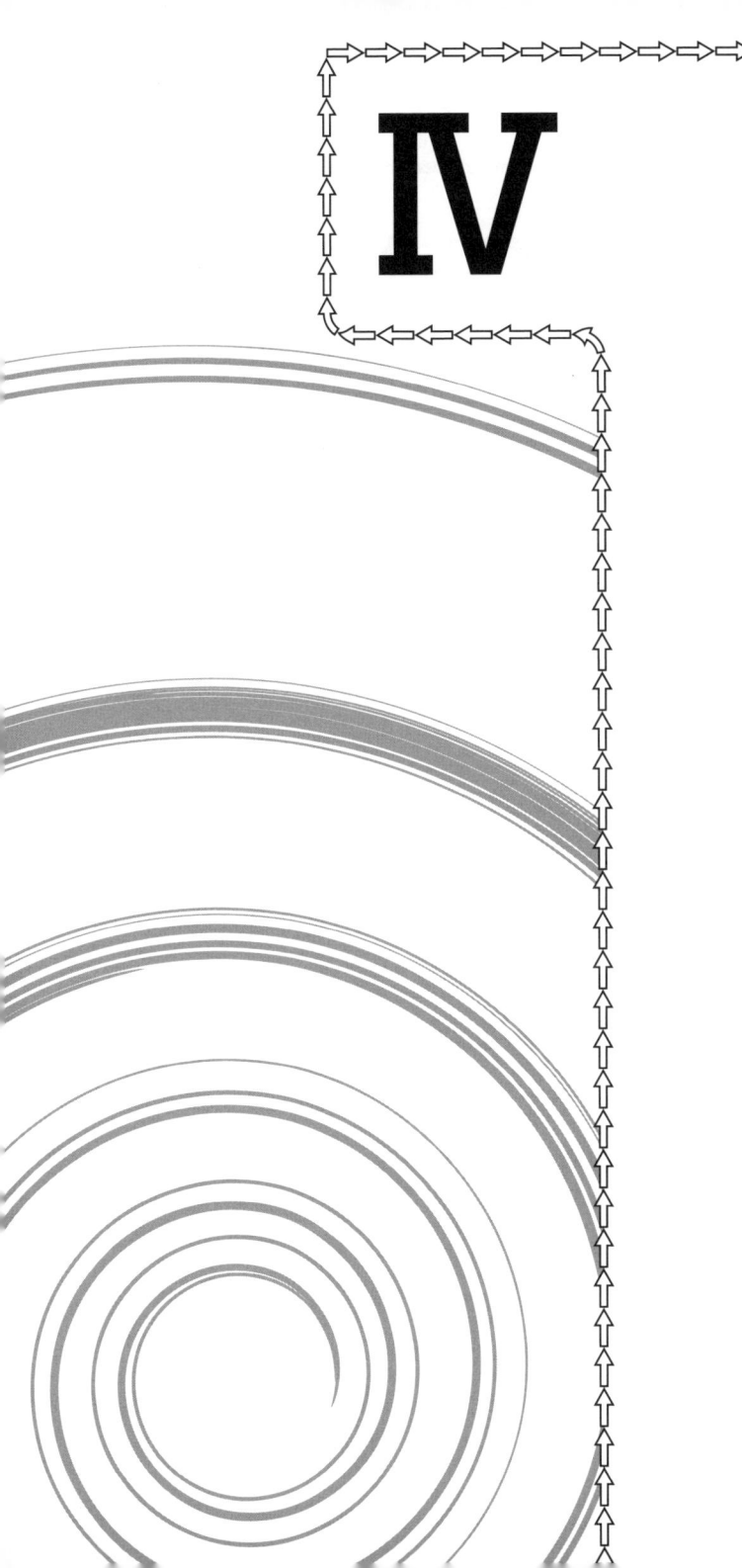

昇格への落とし込み方

Ⅳ　昇格への落とし込み方

　昇格への人事考課の活用は、人事考課の業績評定、意欲評定、能力評定を組み合せて行うところが多いようです。ただし、昇格への人事考課の活用は人事考課だけでなく、その他の条件と合わせて行って、最終決定している会社がほとんどです。そしてその決定方法も、人事考課と他の条件も含めて、総合的に決定するというのではなく、いくつかの条件を設定して、その条件すべてをクリアして昇格するというしくみにして、「入社して10年経ったから、年齢的にもそろそろ上位グレードに上げなければ」という年功に流れるのを防ごうとしています。

　方法としては次のような考え方です。

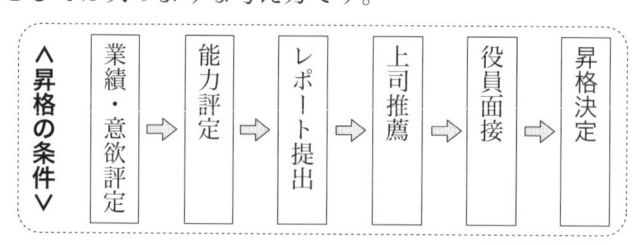

〈昇格の条件〉　業績・意欲評定 ⇒ 能力評定 ⇒ レポート提出 ⇒ 上司推薦 ⇒ 役員面接 ⇒ 昇格決定

　すなわち、業績・意欲評定・能力評定の条件をクリアしたら、レポート提出、上司推薦、役員面接というように、昇格の条件をすべて絶対条件として決定していくという方法です。すべてを絶対条件にしないと、業績評定がここ3年間ほど良かったから昇格させるというように、昇格基準が曖昧になりがちです。

IV 昇格への落とし込み方

実例篇
モデル会社での昇格への落とし込み方

　モデル会社では、前述のモデル会社の**資料1**：職能資格制度の枠組み（9頁）で述べているように、昇格の条件として、①人事考課、②レポート提出、③上司推薦、④役員面接があります（**資料25**、次頁）。

　第1条件の人事考課は業績評定、意欲評定は賞与に活用するため年2回行っていますので、この年2回の平均点を下記の基準でS～Dまでの記号に置き換えます。これが業績・意欲評定の条件になります。

> ＜業績・意欲の記号＞
> S…121点以上
> A…110点～120点
> B…91点～109点
> C…80点～90点
> D…79点以下

　能力評定は能力総合評定で、上位グレードの能力の保有度合が条件です。

　第2条件の上司推薦は、人事考課の条件をクリアした社員に対して、**資料26**（175頁）の「上司推薦書」で2次評定者に推薦を依頼します。

　第3の条件は、上司推薦がクリアしたらレポート提出になります。レポートは**資料27-(1)**：グレード別レポートテーマ例（176頁）で指定されたテーマから1つ選んで、2,400字程度でテーマに沿ったレポートを提出させます。

　第4の条件は、役員面接です。役員は**資料27-(2)**：レポート審査

基準（177頁）でレポートを審査し、これをもとに役員面接を行います。同社ではレポートの合格点は定めておらず、役員面接の材料という考え方で活用しています。しかし、2,400字程度でもレポートを書かせてみると、意外と能力の現状が把握できるものです。同社では、人事考課は昇格の基準をクリアしたが、レポート、役員面接で不合格になった場合、その理由を必ずフィードバックしています。

今回不合格になっても、翌年の人事考課が合格点であれば、レポートを再提出して、再挑戦が可能になっています。このように同社の昇格の条件は、人事考課だけでなく、レポート提出、上司推薦、役員面接など、客観的な条件を加えることによって、年功に流されないようにしています。また、不合格の場合も、その理由をフィードバックして再挑戦させるしくみも明確にしています。

資料25　昇格の条件

昇格（グレードアップ）	人事考課	レポート	上司推薦	役員選抜	最終承認
2グレード → 1グレード	[上・下期の業績・意欲評定と能力総合評定で決定] ①業績・意欲評定が2回Sで能力総合評定がH	テーマを決めてレポート	上司推薦	役員	社長
3グレード → 2グレード	②業績・意欲評定がA以上3回で能力総合評定の直近がH ③業績・意欲評定がB以上5回で能力総合評定の直近がM以上	テーマを決めてレポート	上司推薦	役員	社長
4グレード → 3グレード	④人事考課での降格は2年連続D以下、3年連続C以下の場合、役員の総合判断で行う。ただし、グレードダウンした後に業績・意欲評価がB以上の場合は、グレードアップさせる	テーマを決めてレポート	上司推薦	役員	社長
5グレード → 4グレード		—	—	—	社長

S…121点以上　　A…120〜110点　　B…109点〜91点　　C…90点〜80点　　D…79点以下

Ⅳ　昇格への落とし込み方

資料26

上　司　推　薦　書

所　属	
氏　名	
現グレード	

　上記の社員について、上位グレードのスキルマップで評価した結果、上位グレードのスキルが十分遂行できると思われますので、自信をもって上位グレードへの昇格を推薦いたします。また、昇格後2年間について、推薦者として、昇格の責任を負うことに同意いたします。

＜推薦理由＞

　　　　年　　　月　　　日

　　　　　　推薦者

所　属	
氏　名	㊞

175

資料27-(1) グレード別レポートテーマ例

下記のテーマより、テーマを1つにしぼり400字詰4枚（1,600字）以上～6枚（2,400字）未満で論述させる。

		レポートテーマ例
1グレードへの昇格	①	当社の中期（3～4年先）を展望して、取り組むべき課題と課題解決の方向を述べなさい。
	②	あなたは担当部門の経営者という立場に立ってみて、今担当している部門の課題と解決の方法を述べなさい。
	③	課長と部長との役割の違いと、部長という立場になった場合、取り組むべき課題を述べなさい。
2グレードへの昇格	①	あなたに対する会社の期待とは何か。また現在、それに応えるためにどのような事柄に取り組んでいるか。将来的な展望も踏まえ、具体的に論述しなさい。
	②	あなたは管理者として自分の部門を見たときに、どのような問題があると考えていますか。またその解決のための努力、今後の課題などについて、具体的に論述しなさい。
	③	管理者として部下を指導・育成することは、大変重要なことであるが、あなたはこの部下の指導・育成に対して、どのような点にもっとも配慮し、どのような行動をとっているか、具体的に論述しなさい。
3グレードへの昇格	①	あなたはこれからのリーダーに期待されるものはどんなことだと思いますか。我が社の現状を踏まえて論述しなさい。
	②	あなたの担当している業務（チームでも良い）の問題点や課題のうち、重要と思われる事柄を1～2程度採り上げ、その理由や分析について述べ、さらにあなた自身による具体的な提言を行いなさい。
	③	あなたは職場を活性化するためにはどのようにしたらよいと考えていますか。特に、あなた自身の役割と立場を踏まえて、具体的に論述しなさい。

資料27-(2) レポートの審査基準

項目	レポートの評価チェック項目	評価 12 非常に満足 / 10 満足 / 9 やや不満 / 6 不満
テーマに対する認識	① テーマに対する問題意識は的確か	12　10　9　6
	② 問題意識に基づいた妥当な現状認識がなされているか	12　10　9　6
	③ 日常の仕事との連動性は感じられるか、単なる思い付きではないか	12　10　9　6
	④ テーマに対応した十分な分析・検討がなされているか	12　10　9　6
	⑤ 社内外の環境・職場状況、会社、職場の目標・方針等の観点から妥当なテーマか	12　10　9　6
提言の内容	⑥ 総論的・抽象的なレベルに留まらない洞察力・説得力があるか	12　10　9　6
	⑦ 現状に満足することなく、新しいアイデアなどが盛り込まれているか	12　10　9　6
	⑧ コミュニケーション、チームワークなど、人間的な側面からの配慮・洞察はされているか	12　10　9　6
	⑨ 現時点のみでなく、将来的な観点からみた提言になっているか	12　10　9　6
自分の立場の認識とレポートの表現	⑩ 職位・職責に伴う使命感・責任感のレベルはどうか	12　10　9　6
	⑪ 率先垂範する意欲、または自己の責任で実施・達成しようとする意欲は感じられるか	12　10　9　6
	⑫ 改革・革新に対する意欲、熱意は感じられるか	12　10　9　6
	⑬ 語彙、文章表現力、正確さはどうか	12　10　9　6
	⑭ 誤字・脱字はないか、用字用語、送り仮名は正しいか	12　10　9　6
	⑮ 正確な表現であるか、また、知的水準の高さを感じられるか	12　10　9　6

応用篇 ①

中堅社員からのコース選択も含めた昇格を決めているО社の事例

　О社は管理職の等級（4～5グレード）に昇格する時にマネジメントコース、スペシャリストコースの選択と、各グレードに昇格する時の条件に、人事考課を第一条件としています。

　О社の人事制度は職能資格制度で、管理職はマネジメントコース、スペシャリストコースに区分され、3グレードまで昇格して、一定の条件をクリアすると自己申告で選択するしくみです（**資料28**）。

　同社の社員区分は能力で区分する制度で、各グレード段階の能力は共通能力基準書と、職種別に作成されている「職能要件書」で明確に区分されています（**資料29**、180頁、**資料30**、181・185頁）。

　さらに、4グレードに昇格する際、マネジメントコース、スペシャリストコースに区分され、本人が申告して選択するしくみになっています（**資料31**、197頁）。

　給与制度は1～3グレードは定期昇給も含めたどちらかというと年功型の給与になっており、管理職のマネジメント、スペシャリストコースは成果型の給与を採用しており、管理職は前年度より成績が下がれば給与も下がるというしくみになっています（**資料32**、197頁）。

　人事考課は業績評価、意欲評価、能力評価の3区分で行っており、昇格にはすべて活用するしくみになっています（**資料33**、198・199頁）。

　昇格の条件は、人事評価（業績、意欲、能力）、レポート、昇格委員会での合意になっています。

　レポートは事前にテーマを設定して、その中より本人が選択して提出するしくみです。このレポートは昇格委員会での選抜の資料に使われます（**資料34**、200頁）。

コース選択は3グレードの中で人事評価の業績・意欲評価集計で500点以上（同社では人事評価は上・下期と2回実施していますので、この2回の平均で500点。同社の人事評価の配点は最高140点、最低60点で、標準で100点になるしくみになっています。したがって、500点というと標準評定で5年間ということになります。

　人事評価でコース選択できる条件をクリアすると人事部門より本人に通知して、本人が選択し、その選択に合わせてアセスメント評価（**資料35**、201頁）があり、その資料を参考に人事部門がマネジメント、スペシャリストの会社案を本人に提示します。そして本人と合意したらレポートを提出させ、昇格委員会が面接で最終決定をします（**資料36**、202頁）。

資料28　人事制度の枠組み

能力段階	グレードと役職の対応		昇格の条件				
	マネジメントコース	スペシャリストコース	人事評価	アセスメント	上司推薦	レポート	昇格委員会
5グレード	ゼネラルマネジャー／シニアマネジャー	専門A／専門B	●				●
4グレード	マネジャー		●	●	●	●	●
	コース選択						
3グレード		リーダー	●			●	●
2グレード			●				
1グレード							

資料29　グレード共通基準書

グレード	求められる能力基準
5グレード	●経営方針に基づき適切な部門方針、目標が設定できる ●内外の変化を先取りした戦略的な判断ができる ●部門の業務革新に向けて責任ある判断ができる ●他部門、社内外関係先と必要な調整ができる
4グレード	●部下を統括して部門全体の総力を結集し、担当部門の運営ができる ●経営に関する知識、担当業務および関連分野の高度な専門知識を有する ●担当の部署を運営できる ●社内外関係先と必要な調整ができる ●部下を教育、統率して、組織の力を発揮させ、担当業務を遂行できる
3グレード	●担当業務の専門知識を有する ●グループのリーダーができる ●社内関係先と必要な調整ができる ●部下を教育、指導して、また自ら率先してグループをまとめながら担当業務を遂行できる
2グレード	●担当業務の範囲内での判定業務を遂行することができる ●担当業務の処理方法の効率化、質的向上のための工夫ができる ●状況に応じて処理手順を変更する程度の工夫ができる ●職能要件書に基づいて下位者を指導できる
1グレード	●担当業務は上司の指示が大枠であっても、職能要件書に基づいた日常定型的な業務が遂行できる ●担当業務を理解し、業務を遂行できる ●チームメンバーとしての自覚を持ち、チームに溶け込める

IV 昇格への落とし込み方

資料30-(1)　職能要件書（営業）

仕事の種類	具体的仕事	1グレード	2グレード	3グレード	4グレード	5グレード
雑誌進行業務	進行予定表作成（マンガ雑誌込みナシ）	上長の指示に従い予定表を作成することができる	自ら予定を立て、予定表を作成することができる。後輩に指導することができる	進行状況にあわせて関係各所と折衝を行い、スケジュール調整することができる		
	入稿	入稿伝票を起票できる 内容物（特に入稿データ）が理解できる	編集から入稿時間を確認できる 入稿物の内容・入稿データの優先順位を付けられる	データ制作部門との当日の出校日までのスケジュールを調整できる 入稿トラブルについて、編集・現場との間の調整ができる	入稿トラブルについて、それが発売日に与える影響を予測でき、クライアントと調整し、適切な進言ができる	
	出校	出校物の内容を理解できる 出校物をデリバリーできる	編集からの出校時間問合せに対応できる 出校が遅れる場合、上長に遅延的に報告される	出校遅れに対して、編集・現場との間の調整ができる	出校遅れに対して、関係部署（社内・クライアント）に対して善後策を講じることができる	
	校了確認	台割と校了紙との校了確認ができる	編集進行担当と校了打合せができる その結果が与える影響を理解でき、次工程（印刷所）に連絡することができる	進行悪化に対して（印刷所）と調整ができる、編集に進言できる		
	下版	下版物の内容を理解できる 下版物を所定の印刷所に送付できる	下版予定表を把握・確認できる 印刷所への折衝ができる 後工程に影響の出る下版遅れに対して、上長に遅延を的確に報告できる	後工程に影響の出る下版遅れに対して、関係部署（社内・クライアント）への連絡・指示・対応、調整ができる	後工程に影響の出る下版遅れに対して、関係部署（社内・営業、顧客と調整し、クライアント）への提案策を調整し善後策を講じることができる	
書籍進行業務	進行予定表作成	上長の指示に従い予定表を作成することができる	自ら予定を立て、予定表を作成することができる。後輩に指導することができる	進行状況にあわせて関係各所と折衝を行い、スケジュール調整することができる		
	入稿	原稿の内容（特に指定紙）を理解できる	原稿の（指定）の難しさを把握し出校にかかる時間を計算できる 生産管理Gの進行担当と出校時間等の調整ができる	入稿トラブルにより生じる進行のずれを関係部署との間に調整ができる	入稿トラブルが進行に与える影響を理解でき、顧客と調整し決策の提案策を調整できる	
	出校	出校物の内容を理解できる 出校物をデリバリーできる	編集からの出校時間問合せに迅速かつ的確に対応することができる	出校に際しての留意点を理解し説明することができる 出校遅れに対して、編集・現場との間の調整ができる	出校遅れに対して、関係部署に対して善後策を調じることができる	
	校了	校了確認ができる	編集担当と校了打合せができる その結果が与える影響を理解でき、次工程（印刷所）に連絡することができる	下版時トラブルに対応することができる		
	下版	下版の正しい業務手順の理解ができる 下版物の内容を理解できる 下版物を所定の印刷所に送付できる	検版ができる 下版物の内容が適正であるか確認することができる	下版時に影響が出るか確認することができる 後工程に影響の出る下版遅れに対して、関係部署と折衝し調整業務に進行できる	後工程に影響の出る下版遅れに対して、関係部署に対して善後策を調じることができる	

仕事の種類	具体的仕事	1グレード	2グレード	3グレード	4グレード	5グレード
	受注確認	上長の指示に従い、注文書の内容（納期、仕様など）が適切であるか確認することができる	注文書の内容が通切であるか確認することができる。その上で、顧客に対して的確な要請を行うことができる	部下に注文書の確認方法、チェックポイントを指導することができる		
	用紙手配	注文書通りの用紙手配を正しい手順でできる	用紙の種類・特性などを理解していて、印刷に必要な用紙の数量を計算し、顧客に対して的確な用紙手配を行うことができる	予備数値が適当かを判断し、各位に指導することと部下に指導することができる		
	印刷手配	上長の指示に従い、印刷手配を行うことができる	本文、装丁それぞれの印刷手配を行うとともに、後工程作業所と納入調整を行うことができる	印刷時トラブルに対応することができる		
	加工・製本手配	上長の指示に従い、加工・製本手配を行うことができる	印刷後加工、製本手配が的確にできる。後輩に指導することができる	加工、製本時トラブルに対応することができる		
	輸送手配	上長の指示に従い、輸送手配を行うことができる	輸送手配が的確にできる。後輩に指導することができる	輸送時トラブルに対応、調整を行うことができる		
デジタル業務	デジタルコミック配信支援業務	配信媒体の把握ができる	受注およびデータ制作部への制作指示・制作手配ができる	先方へ業務効率化の提案ができる		
	デジタル書籍配信業務	配信媒体の把握ができる	受注およびデータ制作部への制作指示・制作手配ができる	拡販施策の検討・提案ができる 先方・関係会社との折衝ができる		
	新規ビジネスモデル企画業務	上司の指示に従い、企画書の作成ができる	企画立案にあたるテーマ設定ができる 企画書の作成ができる 上長同行の上提案ができる	拡販施策の検討・提案ができる 先方・関係会社との折衝ができる	予算およびコストの判断ができる 企画進捗把握ができる	
	広告ビジネスモデル例出業務	媒体の把握ができる	媒体選定ができる 企画立案ができる	企画に関しての可否判断ができる 提案実施ができる	予算およびコストの判断ができる 企画進捗把握ができる	
	アライアンス業務	媒体の把握ができる	媒体選定ができる 企画立案ができる	企画に関しての可否判断ができる 提案実施ができる	予算およびコストの判断ができる 企画進捗把握ができる	
内勤業務	スリップ進行管理業務	入稿から下版までの工程が理解できる	人稿から下版までを実際に運用できる	イレギュラー対応をうまく処理できる 業務改善提案ができる		
	書籍重版進行管理業務	入稿から下版までの工程が理解できる	人稿から下版までを実際に運用できる	イレギュラー対応をうまく処理できる 業務改善提案ができる		

Ⅳ 昇格への落とし込み方

仕事の種類	具体的仕事	1グレード	2グレード	3グレード	4グレード	5グレード
	用紙手配管理業務	用紙手配の業務進行が理解できる	用紙手配から在庫管理まで運用できる			
	輸送管理業務	納品書通りに商品を輸送できる	作業指示書をもとにスケジュールを作成して委託業者に業務指示ができる	イレギュラー対応がうまく処理でき、業務改善提案ができる		
	予算管理業務		顧客別売上実績表を作成でき、費目別経費実績表を作成できる	顧客別売上予算・年間予算を作成でき、費目別経費年間予算を作成できる	売上実績・経費実績を分析し、業務の改善提案ができる	
積算業務	新規見積書作成		新規見積書を作成できる	新規見積書の内容確認ができる		新規見積書を承認できる 新規受注価格を承認できる
	雑誌見積書作成（既存業務）（雑誌類は主に総経理部で作成）	上長の指示に従い、見積書を作成することができる	仕様に則った見積額を算出することができる	見積額の可否判断ができる	見積額の承認ができる	
	書籍見積書作成（既存業務）	上長の指示に従い、見積書を作成することができる	前月見積に則って見積書を作成できる 見積額を把握できる	見積額の可否判断ができる	見積額の承認ができる	
	受注価格折衝		上様に相談の上折衝することができる	すべての書籍関連部署の見積書を作成することができる 通常業務は自己判断ができる 新規業務は上司の判断を仰ぎ折衝することができる		全てにおいて経営方針に基づき折衝することができる
	事故報告・対応	事故発生後即座に上長に報告できる	原因が把握でき、即座に取れる対応ができる	即時関係部署等に必要な指示が出せる	詳細状況を正確に把握でき、事態の収拾ができる（事後、対応に問題がないか判断ができる いかなるケースへの備え・アイデアが提案できる）	
	事故報告書作成		社内事故報告書を作成でき、事故内容（原因・対策）を正確に把握できる	提出用事故報告書の内容確認ができ、添削ができる	提出用事故報告書を承認できる	
	事故報告（対クライアント）		事故内容（原因・対策）を正確に把握でき、上長と同行し、事故報告の補足説明ができる	クライアントに対して事故報告ができる		クライアントの要求に的確に応えられる
計画策定	年度方針の策定				方針を模索することができる	方針を決定することができる
	年間目標設定	個人担当の目標設定ができる	前年の実績をベースに、会社・個人の能力と顧客の実力を分析し、個人担当の目標設定をすることができる	前年の実績をベースに、会社・グループの能力と顧客の実力を分析し、グループの目標設定をすることができる	部全体の目標設定ができる	会社全体の目標設定ができ、調整ができる
	四半期目標設定	同上	同上	同上	同上	同上

183

仕事の種類	具体的仕事	1グレード	2グレード	3グレード	4グレード	5グレード
実績管理	月次目標設定	同上	同上	同上	同上	全社全体の実績管理ができ、的確な分析ができる
	年間生産高実績管理	個人担当の実績管理ができる	個人担当の実績管理ができる	各グループの実績管理ができる	部会全体の実績管理ができる	同上
	月次生産高実績管理	同上	同上	同上	同上	
得意先訪問	得意先訪問計画策定	一日の訪問計画を立てることができる	週間の訪問予定を立て、準備することができる	月間の訪問予定を立てることができる	部下へ指導することができる	
	得意先訪問事前注意・準備確認	何のための訪問かを確認し、準備することができる	不測の事態を予測し、常備することができる	グループの部下へ注意を喚起し適切な指導をすることができる	部下すべてに注意を喚起し適切な指導をすることができる	
	得意先訪問時注意・確認	身だしなみ、言葉遣いを適切に判断できる	相手の様子を的確に判断することができる	状況に応じた対応をすることができる	部下のフォローを適切に行うことができる	
	得意先訪問後処理・検討	上司に報告し、指示通り処理ができる	適切な処理を促すかの判断ができる 上司の指示を仰ぐかの判断が的確にできる 訪問から得た情報を精査し日誌に記載できる	部下の報告・相談を検討し的確な判断ができる	部下に的確な指示を出すことができる	
新規開拓・深耕	新規開拓・深耕方針策定				新規開拓方針に従い情報を収集し、有効な開拓方針を決定するに検討することができる	新規開拓方針を決定すること ができる
	新規開拓・深耕活動計画	インターネット等を活用した情報収集ができる	自ら計画を立て、活動することができる	上司の方針に従い計画を立てることができる	難易度を把握し、部下に適切な計画指示を出すことができる	
	訪問活動実施	上司の指示に従い訪問活動をすることができる		部下の活動をサポートすることができる	部下へ企画提案のノウハウを指導することができる	
提案営業	企画提案		業務改善のための提案ができる	対顧客への企画提案を考えることができる		
	企画制作支援		企画をまとめることができる	企画の取捨選択をどのように手順において行うかを指示することができる	効果的な企画支援を決定することができる	

Ⅳ 昇格への落とし込み方

資料30-(2) 職能要件書(総務経理)

仕事の種類	具体的な仕事	1グレード	2グレード	3グレード	4グレード	5グレード
経営計画策定	新規事業計画の立案					・全社の現状、将来像を踏まえた内外の分析、将来の方向性と経営資源を検討し、国内外の市場動向や中長期的な成長を見据えた新規事業計画を立案することができる
	全社年間予算策定					・全社のB/S、P/Lを把握した上で将来を見据えた適正な予算計画を策定することができる
	全社実施計画の推進					・全社の有する物的資本、人材、組織、経験、ノウハウを効果的・効率的に活用し、いる実践計画を策定・推進することができる
	人員計画策定				・所管部門の観点から総額人件費の推移を把握し、将来を見据えた適正な人員計画を策定することができる	・全社の観点から総額人件費の推移を把握し、将来を見据えた適正な人員計画を策定することができる
総務経理部門内会議関連	スケジュール、召集、議事録作成	・上司、先輩の指示に従い参加者に対してスケジュール案内メールを行うとともに、先輩の指示に従い会議の要点を把握し、簡潔で明瞭な議事録を作成できる	・開催スケジュールの策定ができる ・参加者のスケジュール調整ができ、それに対してスケジュール案内メールを行うとともに、会議の要点を把握し、簡潔で明瞭な議事録を作成できる			
株主総会取締役会	召集通知、議案・議事録の作成	・上司の具体的な指示やサポートを受けながら、必要事項が記載された召集通知が作成できる ・上司の具体的な指示やアドバイスを受けながら、決済事項、継続審議事項等、会議内容が記載された議事録が作成できる	・上司の包括的な指示やアドバイスを受けながら、必要事項が記載された召集通知が作成できる ・上司の包括的な指示やアドバイスを受けながら、決済事項、継続審議事項等、会議内容が記載された議事録が作成できる	・上司の具体的な指示やアドバイスを受けながら、必要事項が記載された召集通知が作成できる ・上司の具体的な指示やアドバイスを受けながら、決済事項、継続審議事項等、会議内容が記載された議事録が作成できる	・上司の包括的な指示やアドバイスを受けながら、必要事項が記載された召集通知が作成できる ・上司の包括的な指示やアドバイスを受けながら、決済事項、継続審議事項等、会議内容が記載された議事録が作成できる	・株主総会、取締役会で議論すべき議案、必要事項が記載された召集通知が作成できる ・決済事項、継続審議事項等、会議内容が記載された議事録が作成できる
監査対応	監査書類の準備・作成	・上司の具体的な指示やアドバイスを受けながら、監査に必要な書類等の準備・作成ができる ・上司の具体的な指示やアドバイスを受けながら、監査役からの質問等の指摘事項に対し、対応ができる	・上司の包括的な指示やアドバイスを受けながら、監査に必要な書類等の準備・作成ができる ・上司の包括的な指示やアドバイスを受けながら、監査役からの質問等の指摘事項に対し、対応ができる	・上司の包括的な指示やアドバイスを受けながら、監査に必要な書類等の準備・作成ができる ・上司の包括的な指示やアドバイスを受けながら、監査役からの質問等の指摘事項に対し、対応ができる	・上司の包括的な指示やアドバイスを受けながら、監査に必要な書類等の準備・作成ができる ・上司の包括的な指示やアドバイスを受けながら、監査役からの質問等の指摘事項に対し、対応ができる	・監査に必要な書類について内容の確認ができ、監査役からの質問や指摘事項に対し適切な対応ができる
	健康診断・歯科検診の準備と結果の確認・指導	・上司の具体的な指示を受けながら、健康診断当日の対応を行うことができる ・上司の具体的な指示を受けながら、受診者からの各種問合せに対応することができる	・上司の包括的な指示を受けながら、事前準備と健康診断当日の対応を行うことができる ・上司の包括的な指示を受けながら、受診者からの各種問合せに対応することができる	・検診機関等との日程調整を行うことができる ・事前準備、検診当日の対応を行うことができる ・部下や後輩の指導を行いながら、受診者からの各種問合せに対応することができる	・未登録者への受診督促や再検査の受診者に対し、対応ができる	
総務関連	○○健保申込み関連の対応	・上司の具体的な指示やサポートを受けながら、各種助成金や補助金などの申請手配に対する各種申請業務を行うことができる	・上司の包括的な指示を受けながら、各種助成金や補助金などの申請手配に対する各種申請業務を行うことができる	・各種助成金や補助金などの申請手配に対する各種申請業務を行うことができる ・部下や後輩の指導を行いながら、必要に応じて各種申請業務のフォローを行うことができる	・各種助成金や補助金などの○○健保に対する各種申請業務の確認・承認を行う	
	慶事・弔事(お中元・お歳暮・年賀状・各種挨拶等)対応	・上司の具体的な指示やサポートを受けながら、お祝、弔慰、中元、歳暮、税務署関係の手配(送付先リスト等)、送付物の調整、送付物の調達等を行うことができる	・上司の包括的な指示を受けながら、お祝、弔慰、中元、歳暮、税務署の手配(送付先リストの加筆修正、送付物の調達等)を行うことができる	・祝電、弔電等の手配を行うこと ・年賀状、お歳暮の手配、送付先リストの加筆修正、送付物の調達等を行うことができる		

仕事の種類	具体的仕事	1グレード	2グレード	3グレード	4グレード	5グレード
総務関連	営繕関連の対応	上司の具体的な指示やサポートを受けながら、オフィスに関する什器等の手配やリース契約、資産管理等を行うことができる	上司の包括的な指示を受けて、オフィスに関する什器等のリース契約、資産管理等を行うことができる	オフィスの環境や什器等に目を配り、快適な空間作りに向けて機械的な提案を行っている	オフィス環境および什器のリース契約等に関して、部下や後輩の育成フォロー等を含めて指導育成を行うことができる	
	廃棄物処理	上司の包括的な指示を受けて、環境への負荷を考えリサイクルを意識した処理を行うことができる	上司の包括的な指示を受けて、環境への負荷を考えリサイクルを意識した処理を行い、ISO14001など廃棄物の環境見本に対する知識があり一般的な知識を身に付けている	環境への負荷を考えリサイクルを意識した処理を行い、ISO14001など廃棄物の環境への影響についての一般的な知識を身に付けている		
	配本・見本の整理	上司の指示を受けて、所定のルールに従って新刊雑誌見本・整理を行うことができる	所定のルールに従って新刊雑誌見本の配本・整理を行うことができる			
	コピーメーター確認	上司の指示を受けて、所定のルールに従って総務管理部内のコピー機に使用枚数等を確認することができる	所定のルールに従って総務管理部内のコピー機に使用枚数等を確認することができる			
	○○健康保険届出申込・補助金申請	所定のルールに従って保養所の申込、補助金の申請を行うことができる	社員からの問合せや質問に対応することができる			
	○○チケット申込・集金	上司や先輩などから、所定のサポートを受けながら○○チケットの申込、集金業務を行うことができる	所定のルールに従って○○チケットの申込、集金業務を行うことができる			
	代表印・社印の管理				所定のルールに従って代表印・社印の管理を行うことができる	所定のルールに従って代表印・社印の管理（最終責任）を行うことができる
	名刺発注と請求書管理	上司の手ほどきを受けて、所定の手順に従って名刺の発注と請求書の処理をミスなく行うことができる	所定の手順に従って名刺の発注と請求書の処理をミスなく行うことができる			
	弁当注文・確認	上司の手ほどきを受けて、所定の手順に従って弁当の発注と集金、請求書処理等を行うことができる	所定の手順に従って弁当の発注と集金、請求書処理等を行うことができる			
	緊急連絡網整備	上司の指示を受けて、緊急連絡網について、定期的に最新の状態に整備し、定期的に連絡先の状況や変更等のサポート業務を行うことができる	緊急連絡網について、常に最新の状態に整備し、定期的に連絡先の状況や変更等のサポート業務を行うことができる			
	緊急時対応マニュアルの整備と訓練の実施	緊急時対応マニュアルについて、上司の具体的指示により常に最新状態に整備し、必要に応じて内容の修正を行い、消防署・関係部署と連絡を取りながら進めることができる	緊急時対応マニュアルについて、常に最新の状態に整備し、必要に応じて内容の修正を行い、消防署・関係部署と連絡を取りながら進めることができる	緊急時対応マニュアルに関して、最新の状態に整備し、必要に応じて内容の修正を行い、消防署・関係部署と連絡を取りながら進めることができる	避難訓練の準備と実施に関して、リーダーシップを発揮し、消防署・建物・関係部署と連絡を取りながら進めることができる	
	社有物の契約・納税・メンテナンス	上司の具体的な指示を受けながら、所定のルールに従って社有物のリース契約・納税・メンテナンスを行うことができる	所定のルールに従って社有物のリース契約・納税・メンテナンスを行うことができる	社有物の契約・納税・メンテナンスを行うことができる		

Ⅳ　昇格への落とし込み方

仕事の種類	具体的な仕事	1グレード	2グレード	3グレード	4グレード	5グレード
総務関連	郵便物の回収と配布	・所定のルールに従って郵便物の回収、配布を行うことができる	・所定のルールに従って郵便物の回収、配布をミスなく行うことができる			
	資材・購買（リース管理・業者選定（見積り作成・発注管理・金額交渉・発注管理）・リース契約管理）	・上司の具体的な指示やサポートを受けながら、会社の購買機能としての資材・リース物件を管理できる。具体的には、見積り作成・業者選定・金額交渉・発注管理・リース契約管理を行うことができる	・上司の包括的な指示やサポートを受けながら、会社の購買機能としての資材・リース物件を管理できる。具体的には、見積り作成・業者選定・金額交渉・発注管理・リース契約管理を行うことができる	・会社の購買機能としての資材・リース物件を管理できる。具体的には、見積り作成・業者選定・金額交渉・発注管理・リース契約管理を独り立ちで行うことができる	・会社の購買機能について、部下や後輩の指導育成ならびに業務のサポートを行うことができる	
	備品・消耗品の管理	・上司の指示を受けて、所定のルールに従って、備品・消耗品の在庫管理、請求管理を行うことができる	・所定のルールに従って、備品・消耗品の在庫管理、請求管理を行うことができる			
	ファイリング（各種文書のファイリング・整理）	・上司の指示やサポートを受けながら、文書管理のルールに従い、各種スペースを使いやすさを保持した各種文書のファイリング・整理を行うことができる。文書の指示や法令遵守のため注意を払いながら適正な履歴の管理を行うことができる	・文書管理のルールに従い、各種スペースを使いやすさを保持した各種文書のファイリング・整理を行うことができる。文書の取扱いには注意を払いながら適正な情報の取扱いを行うことができる	・文書管理・ファイリングについて、部下や後輩の指導育成ならびに業務のサポートを行うことができる		
	ファシリティ管理（PC、コピー、FAX等の資産管理）	・上司の指示やサポートを受けながら、PC、複合機等の台数・リース契約期間の管理しながらリース資産の管理を行うことができる	・上司の包括的な指示を受けながら、PC、複合機等の台数・リース契約期間の管理しながらリース資産の管理を行うことができる	・PC、複合機等の台数・リース契約期間に注意しながらリース資産の管理を行うことができる		
	防火管理等業務（避難訓練、防火対象物定期点検、消防計画の作成と届出）				・消防計画の作成・届出、防火対象物定期点検・管理者業務等を把握している・防火管理責任者の資格を有している	
	採用					・全社経営計画の観点から人員計画を策定できる
採用関連	募集媒体・書類選考・面接	・上司の具体的な指示・アドバイスを受けて、応募者データの管理ができる	・上司の包括的な指示・アドバイスを受けて、求人、募集媒体の内容を理解し、社外関係部署からの問合せに対応できる・上司の包括的な指示・アドバイスを受け、応募者データの管理ができる	・上司の指示・アドバイスを受け、書類選考業務の独り立ちができる	・各部署の人材ニーズを把握できる・スリーマン率的な採用計画ができる・採用業務（採用計画・募集・書類選考〜面接〜内定）のすべてを実行できる・採用部門の求める人材要件を反映させた求人票が作れる・費用対効果を考慮した募集媒体の選定ができる・エージェント・人材紹介会社等に求人内容・金額・納期等に関し、折衝などの対応ができる・会社や採用部門の選考基準を理解した書類選考ができる・会社や採用部門の選考基準を理解した採用面接（面接官）ができる	
	結果通知（内定通知・採用条件通知書等）・入社手続き	・上司の具体的な指示により、内定通知・採用条件書のドラフトが作成できる・上司の具体的な指示により、入社時必要書類の準備ができる	・上司の包括的な指示により、内定通知・採用条件書のドラフトが作成できる・上司の包括的な指示により、入社時必要書類の準備ができる	・上司の包括的な指示により、内定通知・採用条件書が作成できる・入社時必要書類の準備、入社手続きができる		

187

仕事の種類	具体的仕事	1グレード	2グレード	3グレード	4グレード	5グレード
採用関連	契約社員・アルバイト契約管理	・上司の具体的な指示により、契約社員・アルバイト雇用契約書のドラフトができる	・上司の包括的な指示により、契約社員・アルバイト雇用契約書のドラフトが作成できる	・契約社員・アルバイト就業規則内容の説明ができる ・上司の包括的な指示により、契約社員・アルバイト雇用契約書の作成ができる	・契約社員・アルバイト雇用契約書が作成できる ・契約社員・アルバイトからの複雑な問合せに対応できる ・契約社員・アルバイトの人材募集、採用の企画・実施を行うことができる	・全社・部門アルバイト雇用計画の観点から契約社員・アルバイトの雇用管理を行うことができる
	派遣社員採用・管理	・上司の具体的な指導のもと、派遣スタッフの受入れ準備のサポートができる	・派遣スタッフ就業規則内容を説明により、派遣スタッフの受入れ比準備ができる	・上司の包括的な指示により、人材派遣会社との契約手続き確認、派遣契約書の基本的な問合せに対応できる ・上司の包括的な指示により、人材派遣会社との対応ができる	・派遣スタッフ就業規則内容を説明できる ・派遣社員と派遣会社からの複雑な対応もできる（交渉・折衝含む） ・人材派遣会社との対応を行うことができる	・全社・部門派遣社員計画の観点から派遣スタッフの需要に関して雇用管理を行うことができる
	○○生命保険（団体生命保険）の手続き	・上司の包括的な指示・アドバイスを受け、生命保険会社と連絡を取り、サポート業務を行うことができる	・上司の包括的な指示・アドバイスを受け、手続き業務を行うことができる	・所定のルールに従って手続きを完了できる ・部下や後輩の指導内容についてのチェックを行うことができる	・○○生命保険手続きについて、部下が行った業務に関して確認・承認を行うことができる	
	辞令・告示の準備	・上司の具体的な指示・アドバイスを受け、辞令、告示の調整準備のサポート業務ができる	・上司の包括的な指示・アドバイスを受け、辞令・告示書類の準備、交付、会場手配、出席者連絡等ができる	・辞令交付会場の準備（懇親会の付き合い等）や他部署の担当者と連絡・調整ができる ・部下や後輩の指導について業務内容のチェックを行うことができる		
	机・ロッカー・PC・電話等の手配	・上司の具体的な指示・アドバイスを受け、新入社員入社時の机・ロッカー・PC・電話等の手配のサポートができる	・上司の包括的な指示・アドバイスを受け、新入社員入社時の机・ロッカー・PC・電話等の手配ができる	・入社予定者の情報を入手し、必要に応じて配属先や他部署の担当者と連絡・調整ができる ・新入社員の机・ロッカー・PC・電話等を手配できる ・後輩や部下への指導等の業務内容のチェックを行うことができる		
入社・退職関連の手続き	メールアカウント、グループアカウント、セキュリティカードの付与と削除	・上司の具体的な指示・アドバイスを受け、メールアカウント、グループアカウント、セキュリティーカード、ペーパーアカウントの付与と削除のサポートを行うことができる	・上司の包括的な指示・アドバイスを受け、メールアカウント、グループアカウント、セキュリティーカード、ペーパーアカウントの付与と削除ができる	・社員の入退社に伴い、メールアカウント、グループアカウント、セキュリティーカード発行・削除を行い、新入社員の入社手続きに対して、付与と削除の的確な方法を丁寧に指導することができる		
	社員証・入館証・セキュリティーカードの発行	・上司の具体的な指示・アドバイスを受け、社員証・入館証・セキュリティカード発行のサポート業務ができる	・上司の包括的な指示・アドバイスを受け、社員証・入館証・セキュリティカード発行ができる	・社員の入退社に伴い、社員証・入館証・セキュリティカード発行を行い、部下や後輩の指導内容のチェックを行うことができる		
	名刺の手配	・上司の具体的な指示・アドバイスを受け、名刺手配のサポート業務ができる	・上司の包括的な指示・アドバイスを受け、名刺手配の業務ができる	・社員の入退社に伴い、普通紙や名刺、ミスなく発行ができる ・部下や後輩の指導内容のチェックを行うことができる		
	再雇用打ち合せ・退職説明	・上司の具体的な指示・アドバイスを受け、再雇用打合せおよび退職概要説明業務のサポートができる	・上司の包括的な指示・アドバイスを受け、再雇用打合せおよび退職概要説明実施のための事前準備ができる	・再雇用社員の処遇・普通案、退職決定事項を理解し、社員への退職に関する説明を実施し、部下や後輩の指導内容のチェックができる	・再雇用・退職のための事前準備を行うことができる ・再雇用および退職手続に関して、わかりやすく説明できる	

Ⅳ 昇格への落とし込み方

仕事の種類	具体的な仕事	1グレード	2グレード	3グレード	4グレード	5グレード
入社・退職者の手続き	退職金計算・定年記念品贈呈	・上司の具体的な指示・アドバイスを受け、退職金計算や記念品贈呈手配を行うことができる	・上司の包括的な指示・アドバイスを受け、退職金計算や記念品贈呈手配を行うことができる	・社員の退職に伴い、退職金計算手続きを行うことができる ・部下や後輩の指導のチェックが行える		・会社の観点から、全社戦略・人員計画・人材育成・業務改善などを見据えた多角的な将来を見定めた異動計画を策定することができる
	異動計画案作成・決定内示				・所属部門の観点から、本人適性および人材育成・業務改善などを見据えた異動計画を策定し、パソコンを活用することができる	
異動関連	什器移動の手配（電話・パソコン）	・上司の具体的な指示・アドバイスを受け、業務改善案を取り、通信や什器類手配（電話・パソコン）のサポート業務ができる	・上司の包括的な指示・アドバイスを受け、業務改善案を取り、通信や什器類手配（電話・パソコン）ができる	・組織変更・入社に伴い、異動に伴う事由の発生により、業務や関係部署と調整・迅速に什器類手配（電話・パソコン）を行うことができる ・部下や後輩の指導内容のチェックが行える	・部門の予算を踏まえ、費用対効果の高い什器類手配（電話・パソコン）運用のアドバイスとその確認・承認を行うことができる	
	名刺の手配	・上司の具体的な指示・アドバイスを受け、名刺手配のサポートができる	・上司の包括的な指示・アドバイスを受け、名刺手配ができる	・社員の異動情報を把握し、名刺手配・発注を行うことができる ・部下や後輩の指導内容のチェックが行える		
	机・ロッカー・PC・電話等の手配	・上司の具体的な指示・アドバイスを受け、社員異動時の机・PC・ロッカー・電話等業務のサポート業務ができる	・上司の包括的な指示・アドバイスを受け、社員異動時の机・PC・ロッカー・電話等業務ができる	・社員の異動情報を把握し、必要に応じて他部門の担当者と連絡・調整を行い、社員異動時の机・PC・ロッカー・電話等手配ができる ・部下や後輩の指導内容のチェックが行える		
	メールアカウント・グループアカウント・サーバーアクセス権等の付与と削除	・上司の具体的な指示・アドバイスを受け、メールアカウント・グループアカウント・サーバーアクセス権等の付与と削除	・上司の包括的な指示・アドバイスを受け、メールアカウント・グループアカウント・サーバーアクセス権の付与と削除を行うことができる	・社員の異動情報を把握し、グループアカウント等の付与と削除の期限設定方法を教えることができる ・新入社員に対しても、付与と削除の初期設定方法を教えることができる		
	社員証・入館証・セキュリティカードの発行	・上司の具体的な指示・アドバイスを受け、社員証・入館証・セキュリティカード発行等業務のサポートができる	・上司の包括的な指示・アドバイスを受け、正確かつ迅速に社員証・入館証・セキュリティカード発行業務を行うことができる	・社員の異動情報に伴い、正確かつ迅速に社員証・入館証・セキュリティカード・発行を行うことができる ・部下や後輩の指導内容のチェックが行える		
研修関連	入社時研修の企画準備・実施	・上司の具体的な指示・アドバイスにより、研修実施に必要な資料等の準備を行い、研修会場およびファシリティ関連の準備を行える	・上司の包括的な指示・アドバイスにより、研修実施に必要な資料等の準備を行い、研修会場およびファシリティ関連の準備を行える	・研修実施に必要な資料等の作成が行える ・研修スケジュールの実施のサポートが行える ・研修会場およびファシリティ関連の準備を行える	・入社時研修内容について、ブラッシュアップを意識した企画立案ができる ・研修当日の運営実施ができる ・研修実施後のフォロー（アンケート内容のまとめ等）ができる	
	各種研修案内と申込みの取りまとめ	・上司の具体的な指示・アドバイスにより、講師、参加者、内容等の必要な案内などを行い、研修受講者の申込み受付を行い、まとめを行える	・上司の包括的な指示・アドバイスにより、講師に対してスケジュール・内容等の必要な案内を取りまとめ、研修受講者の申込み受付を行い、まとめを行える	・研修案内、参加申込みに関して確認およびサポートを行うことができる		
	資格奨励金の手続き	・上司の具体的な指示・アドバイスにより、資格奨励金申請に必要な案内および申請書の受付を行い、まとめを取り行える	・上司の包括的な指示・アドバイスにより、資格奨励金申請に必要な案内および申請書の受付を取りまとめを行える	・資格奨励金申請に関して確認およびサポートを行うことができる		

仕事の種類	具体的仕事	1グレード	2グレード	3グレード	4グレード	5グレード
その他人事関連	各種表の作成手続き	上司の具体的な指示により、各種表作成に必要な手続き（サポート）ができる	上司の包括的な指示を受け、各種表作成に必要な手続きができる	・各種表作成に関して、確認・承認を行うことができる ・部下や後輩の指導内容のチェックが行える		
	勤怠DATA（打刻修正届・休憩届等）の入力	上司の具体的な指示を受けながら、打刻修正届、休憩届等の内容をソフトに入力することができる	上司の包括的な指示を受け、打刻修正届、休憩届等の内容をソフトに入力することができる	所定のルールに従って、打刻修正届、休憩届等の内容をソフトに入力することができ、部下や後輩の指導内容のチェックが行える	勤怠DATAの入力について、部下が行った業務に関して確認・承認を行うことができ、部下や後輩の指導内容のチェックが行える	
勤怠管理	勤怠DATAの内容確認と記入不備の訂正	上司の具体的な指示・アドバイスを確認し、勤怠DATAの内容を確認し、記入の不備があれば訂正し、問題点を発見することができる	上司の包括的な指示・アドバイスを確認し、勤怠DATAの内容を確認し、記入の不備を訂正し、問題点について、他部門にも問い合わせをし、リーダー・マネージャーに問合せができる	所定のルールに従って、勤怠DATAの内容を確認し、記入の不備や問題点について、他部門にも問い合わせをし、リーダー・マネージャーに指示ができ、部下や後輩の指導内容のチェックが行える	勤怠DATA確認・記入の不備の訂正について、部下が行った業務に関して確認・承認を行うことができる	
	タイムカードの発行と管理	上司の具体的な指示・アドバイスを受けながら、タイムカードの発行と管理が行える	上司の包括的な指示・アドバイスを受け、タイムカードの発行と管理が行える	所定のルールに従って、タイムカードの発行と管理の業務ができ、部下や後輩の指導内容のチェックが行える	タイムカード発行と管理について、部下が行った業務に関して確認・承認を行うことができる	
給料および賞与関連	給料計算・振込	上司の具体的な指示・アドバイスを受けながら、給与データの入力と計算、振込み作業ができる	上司の包括的な指示・アドバイスを受け、給与データの入力と計算、振込み作業ができる	所定のルールに従って、給与データの入力と計算、振込みの業務ができ、部下や後輩の指導内容のチェックが行える	給与データの入力と計算、振込み作業について、部下が行った業務に関して確認・承認を行うことができる	
	賞与計算・振込	上司の具体的な指示・アドバイスを受けながら、賞与データの入力と計算、振込み作業ができる	上司の包括的な指示・アドバイスを受け、賞与データの入力と計算、振込み作業ができる	所定のルールに従って、賞与データの入力と計算、振込みの業務ができ、部下や後輩の指導内容のチェックが行える	賞与データの入力と計算、振込み作業について、部下が行った業務に関して確認・承認を行うことができる	
	源泉徴収・所得税、住民税納付	源泉徴収・所得税、住民税納付手続きについて、上司の具体的な指示を受けながら補助業務を遂行できる	上司の包括的な指示・アドバイスを受け、源泉徴収・所得税、住民税納付の業務を行うことができる	所定のルールに従い、源泉徴収・所得税、住民税納付業務を完了できる	源泉徴収・所得税、住民税納付の仕組みを従業員に説明できる。また、部下が行った業務に関して確認・承認を行うことができる	
	年末調整業務の実行	上司の具体的な指示・アドバイスを受けながら、年末調整業務について補助業務を行える	上司の包括的な指示・アドバイスを受けながら、年末調整業務を遂行できる	所定のルールに従って、年末調整業務をやり遂げることができる		
	財形手続き	上司の具体的な指示・アドバイスを受けながら、指定の金融機関と連絡を取り、サポート業務が行える	上司の包括的な指示・アドバイスを受け、手続きを行うことができる	所定のルールを熟知し、社員にわかりやすく説明し、手続きを行うことができ、部下や後輩の指導内容のチェックが行える		
	昇給試算資料作成	上司の具体的な指示・アドバイスを受けながら、昇給試算の資料作成のサポート業務ができる	上司の包括的な指示・アドバイスを受け、昇給試算資料の作成を行うことができる	所定のルールおよび上司の指示に従って昇給試算資料の作成ができ、部下や後輩の指導内容のチェックが行える	部下が作成した昇給試算資料の確認・承認を行うことができる	
	賞与試算資料作成	上司の具体的な指示・アドバイスを受けながら、賞与試算の資料作成のサポート業務ができる	上司の包括的な指示・アドバイスを受け、賞与試算資料の作成を行うことができる	所定のルールに従って賞与試算資料の作成ができ、部下や後輩の指導内容のチェックが行える	部下が作成した賞与試算資料の確認・承認を行うことができる	

Ⅳ 昇格への落とし込み方

仕事の種類	具体的仕事	1グレード	2グレード	3グレード	4グレード	5グレード
給料および賞与問題	賞与引当金・退職給与引当金	上司の具体的な指示を受けながら、賞与引当金・退職給与引当金の処理を行うことができる	上司の包括的な指示・アドバイスを受け、引当処理を行うことができる	所定のルールに従って給与・賞与関連当処理を行い、業務内容のチェックが行える	部下が作成した給与・賞与関連資料の確認・承認を行うことができる	
	その他賞与作成	上司の具体的な指示を受けながら、給与・賞与関連の資料を作成することができる	上司の包括的な指示・アドバイスを受け、賞与関連の資料を作成することができる	所定のルールに従って給与・賞与関連の各種資料を作成し、見やすい資料作成に伴い、わかりやすい資料作成ができる	部下が作成した給与・賞与関連資料について説明できる業務員に関して、業務内容のチェックが行える	
社会保険関連	社会保険関連 取得・喪失	上司の具体的な指示を受けながら、健康保険・年金保険の取得・喪失手続きを行うことができる	上司の包括的な指示を受けながら、健康保険・年金保険の取得・喪失手続を行うことができる	所定のルールに従って健康・年金保険の取得・喪失手続を行うことができ業務内容のチェックが行える	社会保険制度を従業員に説明できる。また、部下が行う業務に関して確認・承認を行うことができる	
	雇用保険離職票手続き	上司の具体的な指示を受けながら、雇用保険離職票の手続きを行うことができる	上司の包括的な指示を受けながら、雇用保険離職票の手続きを行うことができる	所定のルールに従って雇用保険離職票手続きを行うことができ、業務内容のチェックが行える	雇用保険制度を従業員に関して確認でき、業務に関して、部下が行う業務に関して確認・承認を行うことができる	
	月額変更届・基本給変更の場合	上司の具体的な指示を受けながら、社会保険事務所へ月額変更届を提出することができる	上司の包括的な指示を受けながら、社会保険事務所へ月額変更届を提出することができる	所定のルールに従って社会保険事務所へ月額変更届を提出することができ、業務内容のチェックが行える	部下が行った業務に関して確認・承認を行うことができ、部下や機関の指導内容のチェックが行える	
	算定基礎届・7月中	上司の具体的な指示を受けながら、社会保険事務所へ算定基礎届を提出することができる	上司の包括的な指示を受けながら、社会保険事務所へ算定基礎届を提出することができる	所定のルールに従って社会保険事務所へ算定基礎届を提出することができ、業務内容のチェックが行える	部下が行った業務に関して確認・承認を行うことができ、部下や機関の指導内容のチェックが行える	
	賞与支払届	上司の具体的な指示を受けながら、社会保険事務所へ賞与支払届を提出することができる	上司の包括的な指示を受けながら、社会保険事務所へ賞与支払届を提出することができる	所定のルールに従って社会保険事務所へ賞与支払届を提出することができ業務内容のチェックが行える	部下が行った業務に関して確認・承認を行うことができ、部下や機関の指導内容のチェックが行える	
	住所変更	上司の具体的な指示を受けながら、社会保険事務所へ住所変更を行うことができる	上司の包括的な指示を受けながら、社会保険事務所へ住所変更を行うことができる	所定のルールに従って社会保険事務所へ住所変更届を行うことができる	部下が行った業務に関して確認・承認を行うことができ、業務内容	
	第3号被保険者届	上司の具体的な指示を受けながら、社会保険事務所へ第3号被保険者届を行うことができる	上司の包括的な指示を受けながら、社会保険事務所へ第3号被保険者届を行うことができる	所定のルールに従って社会保険事務所へ第3号被保険者届を行うことができる	部下が行った業務に関して確認・承認を行うことができ、部下や機関の指導内容のチェックが行える	
	社会保険委員会問題	上司の具体的な指示を受けながら、社会保険委員会への参加手続他各種事務処理・対応ができる	上司の包括的な指示を受けながら、社会保険委員会への参加手続他各種事務処理・対応ができる	所定のルールに従って社会保険委員会への参加等手続各種事務処理・対応ができる	部下が行った業務に関して確認・承認を行うことができ、業務内容	
	健康保険手続き	上司の具体的な指示を受けながら、健康保険組合に対し、必要書類の準備等を行い、諸手続ができる	上司の包括的な指示を受けながら、健康保険組合に対し、必要書類の準備等を行い、諸手続ができる	所定のルールに従って、健康保険組合に対し、必要書類の準備等を行い、諸手続ができる	部下が行った業務に関して確認・承認を行うことができ、業務内容	
	労災保険手続き	上司の具体的な指示を受けながら、必要書類の準備等を行い、諸手続ができる	上司の包括的な指示を受けながら、必要書類の準備等を行い、諸手続ができる	所定のルールに従って、必要書類の準備等を行い、諸手続ができる	部下が行った業務に関して確認・承認を行うことができ、業務内容	
	傷病保険支給手続き	上司の具体的な指示を受けながら、必要書類の準備等を行い、諸手続ができる	上司の包括的な指示を受けながら、必要書類の準備等を行い、諸手続ができる	所定のルールに従って、必要書類の準備等を行い、諸手続ができる	部下が行った業務に関して確認・承認を行うことができ、業務内容	

仕事の種類	具体的仕事	1グレード	2グレード	3グレード	4グレード	5グレード
社会保険問題	傷病手当金給付手続き	上司の具体的な指示を受けながら、必要書類の準備等を行い、諸手続きができる	上司の包括的な指示に従って、必要書類の準備等を行い、諸手続きができる	所定のルールに従って、必要書類の準備等を行い、諸手続きができる	部下が行った業務に関して確認・承認を行うことができる／部下や後輩の指導等ができ、業務内容のチェックが行える	部下が行った業務に関して確認・承認を行うことができる／部下や後輩の指導等ができ、業務内容のチェックが行える
社会保険問題	育児・介護休業問題関連手続き	上司の具体的な指示を受けながら、必要書類の準備等を行い、諸手続きができる	上司の包括的な指示に従って、必要書類の準備等を行い、諸手続きができる	所定のルールに従って、必要書類の準備等を行い、諸手続きができる	部下が行った業務に関して確認・承認を行うことができる／部下や後輩の指導等ができ、業務内容のチェックが行える	
人事制度改定	職能等級基準書の改定	上司の具体的な指示によりプロジェクトの補助業務の遂行ができる	上司の包括的な指示によりプロジェクトの補助業務の遂行ができる	改訂の手順をスケジュールに従い、社内関係部署や外部機関と協議してプロジェクトを進行できる	現行職能等級基準書の構成と問題点の整理・分析ができる／従業員に説明できる／改訂する職能等級基準書のコンセプト案と改訂後の手順・スケジュールを作成し、社内関係部署や外部機関と協議して推進できる／現状と改訂後の各組織ごとの業務内容を一定の基準で整理し、従業員に時期に説明できる	現行職能等級基準書の問題点と課題の整理・分析ができる／改訂する職能等級基準書のコンセプトを、全社に時期に説明できる
労務問題	メンタルヘルス対応			上司のサポートを得ながら、メンタルヘルスのチェックやストレスチェック等の施策の計画・実行・フォローができる／上司のサポートを得ながら、従業員からの相談や問合せに対応できる／上司のサポートを得ながら、休業、復職支援など労務面からの対応ができる	メンタルヘルスの観点から各組織の問題点や課題を整理し必要な対応の検討ができる／メンタルヘルスのチェックやストレスチェック等の施策の計画・実行・フォローができる／従業員からの相談や問合せに対応できる／休業、復職支援など労務面からの対応ができる	メンタルヘルスの観点から職場環境や勤務状況について従業員と面談を企画し実施できる／面談実施後の具体的施策を企画立案できる
労務問題	各種面談（残業時間、職場問題）の企画と実施				メンタルヘルスの観点から職場環境や勤務状況について従業員と面談を企画し実施できる／面談実施後の問題点が整理できる	
退職金問題	企業年金の見直し	現行企業年金の仕組みについて学習中／企業年金見直しに関し、上司の具体的な指示を受けながら補助業務を遂行できる	企業年金見直しに関し、上司の包括的な指示を受けながら補助業務を遂行できる	企業年金見直し案に関して、上司の指示に従い社内関係部署やコンサルタント等の外部機関と協議してプロジェクトを進行している／企業年金に関する専門知識の習得や情報収集に努めている	現行企業年金の仕組みと問題点を従業員に説明できる／企業年金の見直し案について、手順・スケジュールを作成し、社内関係部署や外部コンサルタント等の外部機関と協議して推進できる／企業年金に関する専門知識の習得や情報収集に努めている	会社経営の視点から企業年金の見直しのコンセプトを立案・決定できる
従業規則等諸規定整備	就業規則（コンプライアンス関連含む）の運用遵守確認				就業規則（コンプライアンス関連含む）の運用基準（ルール）を、当該部署に周知徹底できる	就業規則（コンプライアンス関連含む）を、全社に時期に周知徹底できる
従業規則等諸規定整備	契約社員等のメンテナンス				契約社員等に関する規定改正を行うことができる	契約社員等に関する法改正他法改正動向に注意しタイムリーな情報提供ができる

Ⅳ　昇格への落とし込み方

仕事の種類	具体的仕事	1グレード	2グレード	3グレード	4グレード	5グレード
就業規則他諸規定整備	諸規定のメンテナンス				・諸規定について必要に応じて通牒改訂を行うことができる ・労働基準法他法改正動向に注意しタイムリーな情報発信ができる	・諸規定について全社に周知徹底できる
派遣スタッフ他	派遣契約の締結・更新（就業期間・時給等確認）			・派遣契約に関して、派遣先部署と就労条件を確認し契約の締結・更新を行える（上司の確認・承認を得る）	・派遣契約に関して、派遣先部署と就労条件を確認し契約の締結・更新が行える	・派遣契約に関して、派遣先部署と就労条件を確認し契約の締結・承認が行える
	派遣スタッフ規定のメンテナンス			・派遣スタッフ規定について通牒改訂を行うことができる（上司の確認・承認を得る） ・労働者派遣法等の法改正動向に注意しタイムリーな情報発信ができる	・派遣スタッフ規定について改訂内容に応じて通牒改訂を行うことができる	・派遣スタッフ規定について改訂内容の確認・承認を行うことができる
派遣スタッフ対応	派遣スタッフとの面談				・派遣会社、派遣先部署とスケジュール調整を行い派遣スタッフと面談を行う ・派遣スタッフのスキル、経験、就労条件等を確認し、面談の円滑な実施ができる	・面談実施後のフォローを行うことができる
	派遣先部署との打合せ					・打合せ結果に関し、全社的観点から調整を行うことができる
	請求業務	・派遣会社別に請求条件数・金額を確認し請求書処理を行う	・派遣会社別に請求条件数・金額を確認し請求書処理を行う（上司の確認・承認が必要）			
契約社員対応	雇用契約（期間・賃金・勤務条件等確認）の締結・更新			・契約社員雇用契約に関して、配属部署と就労条件を確認し契約の締結・更新を行える（上司の確認が必要）	・契約社員雇用契約に関して、配属部署と就労条件を確認し契約の締結・更新を行える	・契約社員雇用契約に関して、配属部署と就労条件を確認し契約の締結・承認を行える
	面談の実施				・配属部署とスケジュール調整を行い契約社員と面談（契約更新時について）を行う ・契約社員のスキル、経験、就労条件等を確認し、面談の円滑な実施ができる	・面談後のフォローに関して全社的観点から行うことができる
	配属先部署との打合せ				・配属先部署と知識・スキル・経験に関して打合せを行う（摺り合わせ）ことができる	・打合せ結果に関して、全社的観点から調整を行うことができる
月次財務諸表作成	伝票起票・入力	・上司の具体的指示を受けながら、各種経理伝票の処理が行える	・上司の指示・サポートを受けながら各種経理伝票の起票できる	・所定のルールに従い各種経理伝票が起票できる ・各種経理伝票の入力（会計ソフト）が期間日までに行える ・部下後輩の指導が行える	・各種経理伝票の入力（会計ソフト）内容の確認が行える	
	入出金管理（当座預金含）	・上司の具体的指示を受けながら、伝票や請求書などから現預金の入出金状況の把握、管理ができる	・上司の包括的指示を受けながら、伝票や請求書などから現預金の入出金状況の把握、管理ができる	・所定のルールに使い、伝票請求書などから現預金の入出金状況の把握、管理ができる ・部下後輩の指導が行える	・部下が行った業務に関して確認・承認を行うことができる	
	振込支払作業 15日・25日	・上司の具体的指示を受けながら、振込支払日（毎月15日・25日）までに所定のルールに従い振込先、金額等の確認と作業を行うことができる	・上司の包括的指示を受けながら、振込支払日（毎月15日・25日）までに所定のルールに従い振込先、金額等の確認と作業を行うことができる	・振込支払日（毎月15日・25日）までに所定のルールに従い振込先、金額等の確認と作業を行うことができる ・部下後輩の指導が行える、業務内容のチェックが行える	・振込支払に関して、部下が行った業務内容に対して確認・承認を行うことができる	

仕事の種類	具体的仕事	1グレード	2グレード	3グレード	4グレード	5グレード
月次財務諸表作成	帳簿残高の照合	・上司の具体的な指示を受けながら、帳簿残高に関し、勘定科目ごとに帳簿の金額と実際の現金等を照合し、消込みを行うことができる ・上司の具体的な指示を受けて、財務諸表作成に必要な資料を作成することができる	・上司の包括的な指示を受けながら、帳簿残高に関し、勘定科目ごとに帳簿の金額と実際の現金等を照合し、消込みを行うことができる ・上司の包括的な指示を受けながら、財務諸表作成に必要な資料を作成することができる	・帳簿残高に関し、勘定科目ごとに帳簿の金額と実際の現金等を照合し、消込みを行うことができる ・部下や後輩に対して、業務内容のチェックを行える	・帳簿残高管理について、部下が行っている業務に関して確認・承認を行うことができる ・財務諸表作成に関して、部下が行っている業務に関して確認・承認・指導を行える	
	比較表作成	・上司の具体的な指示を受けながら、比較表作成のサポートが行える	・上司の包括的な指示を受けながら、比較表作成のサポートが行える	・所定のルールに従って期日までに比較表が作成できる ・部下や後輩に対して、業務内容のチェックを行える	・比較表の作成について、部下が行っている業務に関して確認・承認・指導を行える	
	印刷製造作業日報日計表の入力	・上司の具体的な指示を受けながら、印刷製造作業日報日計表される作業日報から作業工数を集計し、業務管理ソフトに入力ができる ・作業日報内容の不明な疑問点を発見することのサポートが行える	・上司の包括的な指示を受けながら、印刷製造作業日報日計表される作業日報から作業工数を集計し、業務管理ソフトに入力ができる	・所定のルールより回収される作業日報から作業工数を集計し、業務管理ソフトに入力ができる ・作業日報内容の不明点や疑問点に関して自体的に対応し、解決まで行える ・部下や後輩の指導が行える		
	減価償却計算	・上司の助言やサポートを得ながら減価償却処理や補助作業を行うことができる	・上司の包括的な指示を受けながら、減価償却処理を行うことができる	・所定のルールに従い、減価償却処理を行うことができる ・部下や後輩の指導や育成、業務内容のチェックが行える	・減価償却計算について、部下の作業結果に関して確認・承認・指導を行うことができる	
決算業務	勘定科目内訳書作成	・上司の具体的な指示を受けながら、勘定科目内訳書作成のサポートが行える	・上司の包括的な指示を受けながら、勘定科目内訳書作成のサポートが行える	・所定のルールに従って期日までに勘定科目内訳書作成及び会計ソフトへの入力が行える	・勘定科目内訳書作成について、部下の作業結果に関して確認・承認を行うことができる	
	決算報告書の入力・作成	・上司の具体的な指示を受けながら、決算報告書作成及び会計ソフト(仮勘定)への入力のサポートが行える	・上司の包括的な指示を受けながら、決算報告書作成及び会計ソフトへの入力のサポートが行える	・上司の包括的な指示に従って決算報告書作成及び会計ソフトへの入力が行える	・所定のルールに従って期日までに決算報告書作成及び会計ソフトへの入力が行える ・部下や後輩の指導や育成、業務内容のチェックが行える	・勘定科目内訳書作成について、部下の作成実績結果に関して承認を行うことができる ・作成した決算報告書及び会計内容の真偽が判断できる
	決算書作成	・上司の具体的な指示を受けながら、決算書作成及び会計ソフトへの入力のサポートが行える	・上司の包括的な指示を受けながら、決算書作成及び会計ソフトへの入力のサポートが行える	・上司の包括的な指示に従って決算書作成及び会計ソフトへの入力が行える	・所定のルールに従って期日までに決算書作成及び会計ソフトへの入力が行える ・部下や後輩の指導や育成、業務内容のチェックが行える	・作成した決算書について決算内容が判断できる ・決算書作成に必要な経理・財務の知識を有し実務経験をベースに業務の遂行が行える
	決算伝票作成・入力	・上司の具体的な指示を受けながら、決算伝票作成及び会計ソフトへの入力のサポートが行える	・上司の包括的な指示を受けながら、決算伝票作成及び会計ソフトへの入力のサポートが行える	・上司の包括的な指示に従って決算伝票作成及び会計ソフトへの入力が行える	・所定のルールに従って期日までに決算伝票作成及び会計ソフトへの入力が行える ・部下や後輩の指導や育成、業務内容のチェックが行える	
	現預金照合	・上司のサポートを受けながら、現金と図金の残高をスムに照合できる	・現金と図金の残高をスムに照合できる	・現預金の照合結果を確認できる		
決算業務	各種帳票出力・ファイリング	・上司の具体的な指示を受けながら、決算業務に必要な各種帳票類を各部署に出力し、部署別にファイリングが行える	・上司の包括的な指示を受けながら、決算業務に必要な各種帳票類を必要に応じて出力し、部署別にファイリングが行える	・決算業務に必要な各種帳票類を必要に応じて出力し、部署別にファイリングが行える		
	財務諸表作成	・上司の具体的な指示を受けながら財務諸表作成のサポートが行える	・上司の包括的な指示を受けながら財務諸表作成のサポートが行える	・所定のルールに従って財務諸表作成のサポートが行える	・作成した財務諸表について内容の真偽が判断できる	
	監査役対応				・監査役からの指摘・要求事項に対して限られた時間内で対応できる	・監査役からの指摘・要求事項に対して会社経営的観点から対応できる

Ⅳ 昇格への落とし込み方

仕事の種類	具体的な仕事	1グレード	2グレード	3グレード	4グレード	5グレード
税務関係	所得税・住民税・法人事業税の計算、申告および納付	上司の具体的な指示を受けながら、資金運用管理のサポート業務を行うことができる	上司の包括的な指示を受けながら、資金運用管理のサポート業務を行うことができる	所定の手続きに沿って、所得税・住民税・法人事業税の申告および納付を行うことができる	部下や後輩への指導ができ、業務内容のチェックも行える	所得税・住民税・法人事業税等について、部下や作業担当に関して見直しや承認を行うことができる
	資金運用管理	上司の具体的な指示を受けながら、資金運用管理のサポート業務を行うことができる	上司の包括的な指示を受けながら、資金運用管理のサポート業務を行うことができる	所定のルールに従った資金運用管理業務を行うことができる	会社の財務状況を把握し、効果的な資金運用手段を構築できる	会社の財務状況を中長期的に見通し、効果的な運用手段を検討した上での構築案ができる
	不動産管理	上司の具体的な指示を受けながら、不動産管理のサポート業務を行うことができる	上司の包括的な指示を受けながら、不動産管理のサポート業務を行うことができる	所定のルールに従った不動産管理業務を行うことができる	会社所有の不動産を把握し、節税など効果的な不動産管理の提案ができる	会社所有の不動産を把握し、節税対策や効果的な不動産管理の提案ができる
資金管理	小口現金管理	上司のサポートを受けながら、小口現金の管理がミスなく行える	後輩の入力内容をチェックし、ミスなどを指摘することができる	小口現金管理の結果を確認できる		
	弥生会計入力	上司の指示を受けながら入力作業を行うことができる	後輩の入力内容をチェックし、ミスなどを指摘することができる			
	入力データチェック			入力されたデータを各種帳票と照合し確認・承認できる	入力されたデータを各種帳票と照合し確認・承認できる	
	見積書作成	上司の具体的な指示を受けながら、顧客、作業内容、納期、金額等でなく見積書が作成できる	上司の包括的な指示を受けながら、顧客、作業内容、納期、金額等で見積書が作成できる	顧客、作業内容、納期、金額等のない見積書がなく、不明点がある場合は営業担当者に確認し、修正することができる	見積内容について疑問点・不明点がある場合は営業担当者に確認し、修正することができる。部下や後輩の指導ができ、業務内容のチェックも行える	
	EDI入力、売上請求書作成	上司の具体的な指示を受けながら、顧客、作業内容、納期、金額等のない売上請求書作成とEDI入力ができる	上司の包括的な指示を受けながら、顧客、作業内容、納期、金額等のない売上請求書作成とEDI入力ができる	顧客、作業内容、納期、金額等のない売上請求書作成とEDI入力について疑問点・不明点がある場合は営業担当者に確認し、修正することができる		
請求・支払決算業務	外注請求書確認	上司の具体的な指示を受けながら、顧客、請求書到期、ない外注請求書の確認ができる	上司の包括的な指示を受けながら、顧客、請求書到期、ない外注請求書の確認ができる	外注先からの請求書について、請求金額・支払期日等確認できる。請求内容に不明点がある場合は外注先からの問合せ等にも対応できる	部下や後輩の指導ができ、業務内容のチェックも行える	
	外注請求書作成	上司の具体的な指示を受けながら、顧客、作業内容、納期、金額等のない外注請求書が作成できる	上司の包括的な指示を受けながら、顧客、作業内容、納期、金額等のない外注請求書が作成できる	顧客、作業内容、納期、金額等のない外注請求書作成について疑問点・不明点がある場合は営業担当者に確認し、修正することができる		
	売上支払資料作成	上司の具体的な指示を受けながら、業務に必要な売上と支払に関する資料を期日までにミスなくわかりやすく作成できる	上司の包括的な指示を受けながら、業務に必要な売上と支払に関する資料を期日までにミスなくわかりやすく作成できる	業務に必要な売上と支払に関する資料について内容をチェックし、ミスがあれば修正することができる		
	○○○売上入力	上司の指示を受けながら入力作業をチェックし、入力事項をミスなく入力できる	後輩の入力内容をチェックし、ミスなどを指摘することができる			
	各資料を新年度版に変更	上司の具体的な指示により、決算打合せに必要な資料を前年度のものに合せて変更、必要個所を加筆修正し新年度版に変更することができる	上司の包括的な指示により、売上・支払に関する資料を前年度のものに合せて変更、必要個所を加筆修正し新年度版に変更することができる	売上・支払に関する各資料を、必要個所を加筆修正し新年度版に変更できる		
決算業務（請求グループ）	決算打合せ			決算業務を行うにあたり、役割・業務分担や作業スケジュールを決め部下や後輩に指示を出すことができる。決算業務を行うにあたり、役割・業務分担や作業スケジュールを決め部下や後輩に指示を出すことができる。決算内容を整理し、簡潔な議事録にまとめることができる	決算業務を行うにあたり、役割・業務分担や作業スケジュールを決め部下や後輩に指示を出すことができる。決算内容を整理し、簡潔な議事録にまとめることができる	

仕事の種類	具体的仕事	1グレード	2グレード	3グレード	4グレード	5グレード
決算業務 (調達グループ)	協力会社（外注）への決算のお知らせの作成・送付	・上司の指示により、決算のお知らせ書面を作成し、指示された期日までにミスなく送付できる	・決算のお知らせ書面を作成し、指示された期日にミスなく送付できる	・部下や後輩の指導が行え、業務内容のチェックが行える		
	決算用締め（3/31・4/20メ分の売上・支払計上）	・上司のサポートを得ながら売上や支払の計上を確認し、決算に対応した締め処理の補助業務が行える	・上司のサポートを得ながら売上や支払の計上を確認し、決算に対応した締め処理が行える	・売上や支払の計上を確認し、決算に対応した締め処理の指導が行え、部下や後輩の指導が行え、業務内容のチェックが行える	・決算の締め処理について、部下の作業結果に関して確認・承認を行うことができる	
	4月分売上・支払計上	・上司のサポートを受けながら、売上金額、支払金額のミスなく計上できる	・売上金額、支払金額のミスなく計上できる	・売上金額、支払金額の指導が行える		
	支払に対しての売上月次調査とリスト作成	・上司の具体的指示を受けながら、売上と原価管理の観点から売上の月次調査を集計するリストを作成することができる	・上司の包括的指示を受けながら、売上と原価管理の観点から売上の月次調査を集計するリストを作成することができる	・売上と原価管理の観点から売上の月次調査を集計するリストを作成することができ、部下や後輩の指導が行え、業務内容のチェックが行える	・売上の月次調査を集計するリストの作成について、部下の作業結果に関して確認・承認を行うことができる	
	仕掛りの算出	・上司の具体的指示を受けながら、仕掛り作業に関し、その内容と費用、納期などを算出することができる	・上司の包括的指示を受けながら、仕掛り作業に関し、その内容と費用、納期などを算出することができる	・仕掛り作業に関し、その内容と費用、納期などを算出することができる	・仕掛り作業について、部下の作業結果に関して確認・承認を行うことができ、業務内容のチェックが行える	

IV 昇格への落とし込み方

資料31　コース定義

コース	役割定義
マネジメントコース	・広範な職務知識や職務経験を計画的、体系的に身に付け、さらに担当部門の責任者として業務執行方針の計画、編成、統制、部門間の調整、人事管理などの管理的職務に従事するコース ・4グレードから5グレードまでのコース
スペシャリストコース	・広範な職務専門知識や職務経験を計画的、体系的に身に付け、さらに専門分野での高度な専門技術・能力を活かし、担当業務の責任者として企画、計画、編成、統制、部門間の調整などの業務に従事するコース ・また、専門技術・能力を活かして他の社員の育成・指導に従事するコース ・4グレードから5グレードまでのコース

資料32　給与イメージ

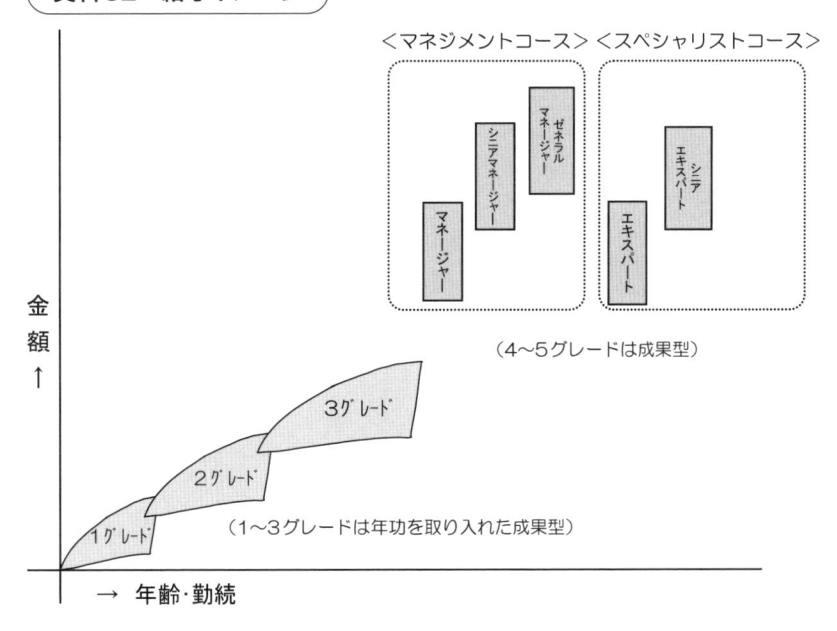

＜マネジメントコース＞　マネージャー／シニアマネージャー／ゼネラルマネージャー

＜スペシャリストコース＞　エキスパート／シニアエキスパート

（4〜5グレードは成果型）

金額↑

1グレード、2グレード、3グレード

（1〜3グレードは年功を取り入れた成果型）

→ 年齢・勤続

資料33　人事評価シート（1）

人事評価表
（1～3グレード用）

評価期間：平成　年　月　日～平成　年　月　日

（被評価者）

氏　名		男・女　　歳
生年月日	年　月　日	
入社年月日	年　月　日	
所属部署名		
グレード	2グレード	役職

（評価者）

1次評価者	（氏名）　　　　　　　　　　㊞
	評価日　　年　月　日
2次評価者	（氏名）　　　　　　　　　　㊞
	評価日　　年　月　日
調整者	（氏名）　　　　　　　　　　㊞

S（14）：上位グレードの期待基準まで達していた
A（12）：同グレードの期待基準を大幅に上回っていた
B（10）：同グレードの期待基準であった
C（8）：同グレードの期待基準をやや下回っていた
D（6）：下位グレードの期待基準程度であった

意欲評価

	評価要素	1グレード	2グレード	3グレード	1次	2次	集計欄
意欲評価	1　業務達成意欲	1	3	4	B		3×10＝30
	2　新しい仕事への挑戦意欲	2	2	2	C		2×8＝16
	3　効率化意欲	1	2	1	B		2×10＝20
	4　チームワーク形成意欲	2	1	1	C		1×8＝8
	5　職場ルールの維持意欲	3	1	1	B		1×10＝10
	6　自己啓発意欲	1	1	1	C		1×8＝8
	合計	10	10	10			92

実績・意欲評価集計

	1グレード	2グレード	3グレード
業績評価	（　）×50％＝	（96）×70％＝67.2	（　）×80％＝
意欲評価	（　）×50％＝	（92）×30％＝27.6	（　）×20％＝
ウエイト後の合計点	点	94.8点	点

能力評価

能力総合評価	1次	2次	
	H	□	□	職能要件書を基準に能力を総合的に見て、上位グレードの基準に達している
	M	☑	□	職能要件書を基準に能力を総合的に見て、上位グレードの基準にほぼ達している
	L	□	□	職能要件書を基準に能力を総合的に見て、上位グレードの基準に達していない

（注）5グレードは能力評価を行わない。

※人事考課すべてでSで140点、すべてDで60点の点数配分です。

資料33　人事評価シート（2）

業績評価

No.	仕事の種類	今期の重点目標・行動	結　果	ウェイト(%)	自己評価 評価	自己評価 評価点	上司評価 1次	上司評価 2次	上司評価 評価点
1	車輌保守	車輌の保守、点検を確実に行う	車輌の保守、点検で問題は発生しなかった	5	B	5×10=50	B		5×10=50
2	輸送業務	安全運転で間違いのない輸送業務を行う	事故等もなく問題ない。輸送で遅れることが若干あった	30	B	30×10=300	B		30×10=300
3	日程管理	台帳、指示書、社内進捗確認、配送計画、車輌手配など日程管理を確実に行う	配送計画で何度か上司と相談することがあった。日程管理が悪く納品遅れが出た	20	C	20×8=160	C		20×8=160
4	用紙管理	フォークリフトを使用するなどして用紙の受け入れ、在庫管理を確実に行う	用紙管理について問題はなかった	10	B	10×10=100	B		10×10=100
5	製品管理	印刷製品の荷造り、検品、質み替え、トラブル対応など、製品管理を確実に行う	トラブルなどは1件もなく問題なくできた	10	A	10×12=120	B		10×10=100
6	協力会社管理	協力会社との進捗管理、フィルムの入出庫などを確実に行う	協力会社との間でのトラブルもなく、スムーズに業務を行った	10	B	10×10=100	B		10×10=100
7	納品管理	製本所への納入および納品の交渉などを確実に行う	製本所との関係も良く、計画通りの業務ができた	15	B	15×10=150	B		15×10=150
8						× =			× =
9						× =			× =
10						× =			× =
				合計点		980/10=98点	合計点		960/10=96点

(注1) 点数化は本人と1次評価者が行う。
(注2) 仕事の種類が10以上の場合は、用紙を2枚使用してください。

資料34　レポートテーマ例

　下記のテーマより、テーマを1つにしぼり400字詰6枚（2,400字）程度で論述させる。

　テーマは毎回人事部門より通知する。

クラス		レポートテーマ例
4グレードへの昇格	A1	あなたに対する会社の期待とは何か。また現在、それに応えるためにどのような事柄に取り組んでいるか。将来的な展望も踏まえ、具体的に論述しなさい。
	A2	あなたは管理者として自分の部門を見たときに、どのような問題があると考えていますか。またその解決のための努力、今後の課題などについて、具体的に論述しなさい。
	A3	リーダーとして部下を指導・育成することは、大変重要なことであるがあなたはこの部下の指導・育成に対して、どのような点にもっとも配慮し、どのような行動をとっているか、具体的に論述しなさい。
3グレードへの昇格	B1	あなたはこれからの監督職に期待されるものはどんなことだと思いますか。 我が社の現状を踏まえて論述しなさい。
	B2	あなたの担当している業務（チームでも良い）の問題点や課題のうち、重要と思われる事柄を1～3程度採り上げ、その理由や分析について述べ、さらにあなた自身による具体的な提言を行いなさい。
	B3	あなたは職場を活性化するためにはどのようにしたらよいと考えていますか。 特に、あなた自身の役割と立場を踏まえて、具体的に論述しなさい。

Ⅳ　昇格への落とし込み方

資料35　アセスメント

被評定者		評定者	

		評定要素	定　義	求められる行動レベル	評　価				
					5 その行動が身に付いている十分	4 その行動が身に付いている	4 その行動がほぼ身に付いている	2 その行動がやや不足している	1 その行動が身に付いていない
基本行動	1	知識・技術・技能	職務知識・技術・技能修得と発揮の程度	担当職務に必要な専門知識と関連部門の実務知識、技術・技能を修得している					
	2	コンプライアンス	法令等を守り誠実かつ公正に業務遂行すると共に、違反行為の発生等に適切に対応する法令遵守、社会的意識、使命感、倫理遵守しているか	会社の社会的責任と公共的使命を認識し、法令等の遵守について会社の方針をよく理解し、自ら適正に行動し、下級者にも指導している					
	3	責任・役割達成志向	自らの役割の中で目標達成に向けて率先して行動し障害や困難があっても自己の職責は最後までやり抜いているか	部署の目標達成に向け、下級者をリードし、自らも率先垂範して最後までやり遂げようとしている					
	4	チャレンジ・革新	業務の革新に積極的に取り組み、その実現のため上司、関係部署への働きかけを行っているか	現在の業務の進め方に満足せず、常に改善・改革を求めて改革の成果を上げる行動が見られる					
対人関係	5	傾聴・ニーズ把握	人の話を注意深くかつ熱心に聴き、人の話の要点を的確に掴んでいるか	顧客ニーズを把握するだけでなく、部署の課題と結び付け、双方に価値のある提案を行っている					
	6	折衝・説得	特定の意図を持って相手と交渉し、相手を説得し理解を求めているか	複雑かつ変化に富む折衝事項についても内外の責任者と状況に応じた最も効果的な方法で折衝し、自分の意図する内容で相手を説得している					
業務遂行	7	企画・立案	特定事項について、目標達成のために具体的・効果的な実行計画をまとめているか	部署方針に基づき部門または複雑困難な特定分野の課題および目標の設定について、従来のやり方にとらわれない改革的な企画を立案し、業務目標達成のための具体的・効果的な実行計画を立て実施している					
	8	情報収集・分析	担当業務の範囲内で情報等の収集に努め、その内容を分析し、円滑に業務を推進しているか	社会経済情勢や業界等の各種情報に加え特定分野についての専門情報を収集、把握し、自らの業務の中で有効活用するとともに必要に応じて関係者に情報提供を行うなどして情報の共有化に努めている					
	9	状況対応	状況変化や突発的事態に備えつつ、どのような事態に際しても迅速、適切に判断して行動しているか	普段から注意深く状況変化や突発的な事態を想定して行動しており、そうした事態が発生した場合でも状況を適切に見極め迅速に対応している					
	10	リスクマネジメント	業務を進めるに当たってのリスクを把握し、リスクを回避する手段を講じているか	担当業務の遂行に当たって多角的にリスクや危機を予測しながらリスクや危機を回避する手段を講じている					
組織運営	11	チームワーク	チームメンバーに対して自ら積極的に支援、協力、指導を行っているか	グループメンバーに対して目標達成のため意欲的・協調的なチームワークづくりをすべく働きかけ、メンバーの動機付けに成果を上げている					
	12	コミュニケーション	お互いの向上を目指して情報のやり取り、切磋琢磨し合える人間関係を作り上げているか	グループメンバーの意識の変化や不満を敏感にキャッチし、必要に応じて上司の助言を得ながらカウンセリング的指導助言をしている					
	13	指導・育成	下級者の教育に高い認識を持ち、部下を集団、個別両面で教育、指導、フォローしているか	リーダーとしての意識を持ち、下級者の業務能力レベルアップのための指導教育を計画的に実施している					
	14	リーダーシップ	メンバーとのコミュニケーションをリードしチームの意識を一つの方向に集中させているか	グループの方針と仕事の優先順位を明確に示し、メンバー個々人の役割と責任範囲を明らかにして組織をまとめて動いている					
	15	組織編制・統括	任された組織部門の中で各人、各層の具体的責任と権限を明確にした上で、ゴールを見定めて組織運営を行っているか	担当する部署で、下級者の責任と権限を明確にした上で、目標達成に向けて効率的、効果的な組織づくりに努めている					

201

資料36 マネジメント・スペシャリストコース選択手順

① 3グレードでの人事評価の評点合計が500点をクリア
（人事評価の評点点（上期・下期の2回の平均点）の合計が500点をクリア）

↓

人事部門より本人に通知

↓

② 本人によるマネジメントコース or スペシャリストコースの選択

↓

③ 関連部門内のマネージャー以上によるアセスメントと推薦（マネジメントコース or スペシャリストコース）

↓

④ マネジメントコース、スペシャリストコースの会社案の決定

↓

⑤ 上司、人事担当によるインタビューとの面接により本人と会社が合意したコースの決定

↓

⑥ レポート提出

↓

⑦ 昇格委員会面接

↓

コースおよび昇格の決定
（任命後そのコースに適任でない場合、都合により話し合いによって変更することがある）

（注）会社が運用上の必要性から3グレードの社員の中から①～③の手順を踏まないで会社案を決める場合もある

昇格しなかった場合は、その理由を本人に通知する。次の年の人事考課が100点以上の場合は再挑戦は可能。この場合はコース変更も可能

応用篇②

職務行動特性評価による絶対評価と業績評価の積み上げで昇格を決めているG社の事例

　G社は50人程度の小企業ですが、人事制度を公開し、昇格・昇給をヤル気の向上に連動させようとしている会社です。50人程度なので人事制度をなるべくシンプルにして、社員にわかりやすいように、ということを基本にしています。

　社員区分は、発揮能力で区分するという考え方から、職群別に「我が社のできる社員の行動特性」ということで、205頁からの**資料37-（1）〜（5）**のような「職務行動特性」を作成し、これを能力評定の基準書にしています。

　業績評定と意欲評定もシンプルに210頁からの**資料38-（1）〜（3）**のように尺度法で行うしくみになっています。

　給与との連動は、基本給は次頁のようにグレードごとに上・下の範囲を定めた範囲型のテーブルにしています。

　昇格への運用は、職務行動特性評価での評定が下記の点数に達したら、能力評定上は上位グレードの能力が身についたと評価し、昇格の候補者とします。評定の方法は職務行動特性評価で12点から8点までの評定点で行動特性の評定を行います。評定はまず分析評定を行い、評定点の合計を行動特性の数で除して平均点を算出します。そしてグレードごとに合格点を次頁（1）、（2）のように定めて昇格の基準にしています。

　最終的な昇格の決定は委員会で行いますが、人事考課シート、職務行動特性、基本給の範囲型テーブルなどの人事考課資料はすべて公開して、「ヤル気、能力向上」に役立てようとしています。

基本給の範囲型テーブル

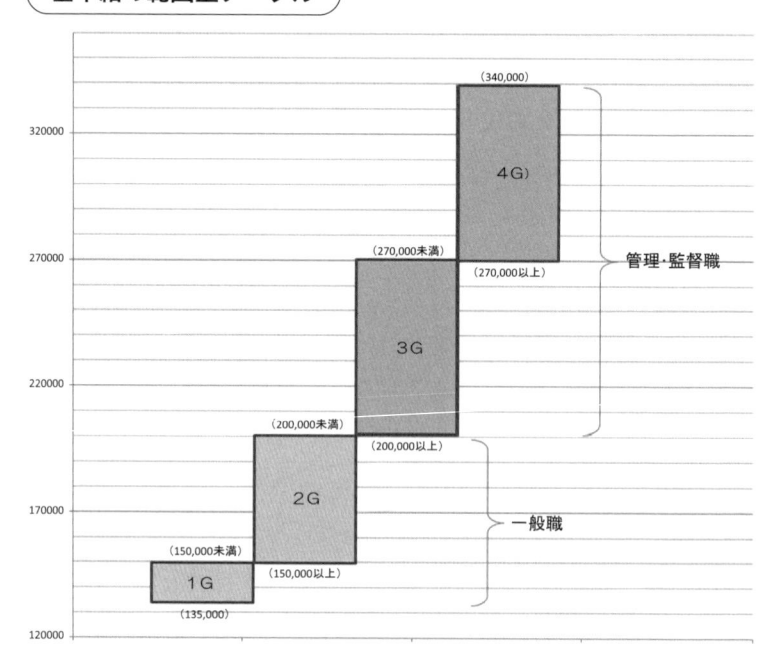

```
         (340,000)
320000    ┌─────┐
          │     │
          │ 4G  │  ┐
270000    │     │  │ 管理・監督職
    (270,000未満)│  │
          ├─────┤(270,000以上)
          │     │
          │ 3G  │
220000    │     │
    (200,000未満)│
          ├─────┤(200,000以上)
          │     │  ┐
          │ 2G  │  │ 一般職
170000    │     │  │
    (150,000未満)│
          ├──┬──┘
          │1G│(150,000以上)
120000    └──┘
           (135,000)
```

（1）職務行動特性評定合格基準点

	グレード別合格基準点		
	基本行動特性	部門行動特性	マネジメント行動特性
4グレード	11.5以上	11.5	11.0以上
3グレード	11.0以上	11.0	10.0以上
2グレード	10.0以上	10.0	—
1グレード	8.0以上	9.5	—

（2）業績・意欲評定合格基準

	業績・意欲評定
最短基準	S以上の評価が2回以上
標準基準	B以上の評価が5回以上
最長基準	C以上の評価が10回以上

S…121点以上
A…120〜110点
B…109点〜91点
C…90点〜80点
D…79点以下

Ⅳ 昇格への落とし込み方

資料37-(1) 我が社のできる社員の行動特性（基本）

被評価者氏名	評価者氏名

12点…このような行動が十分身に付き他の指導もしている
11点…このような行動が身に付いている・・・・・・（100％）
10点…このような行動がほぼ身に付いている・・・・（80％程度）
9点…このような行動がやや不足している・・・・・（70％程度）
8点…このような行動が不足している・・・・・・・（50％程度）

【基本行動特性】

	行動項目	行動定義		行動特性（できる社員の行動）	評価 自己	評価 上司
1	社員としての基本姿勢	企業人としての自覚を持ち、会社の諸規則、社会常識を守ろうとする行動	①	会社の諸規則、上司の指示命令を守り、企業人としての身だしなみ、服装に心掛けて行動している		
			②	経営理念、会社方針をよく理解し、常に全体利益を優先して行動している		
			③	自社の社会的責任と使命を認識し、法令遵守について自ら行動し、その判断もほとんど誤りはない		
2	役割責任達成	自己の職責の達成、担当部門の目標を最後までやり抜く行動	①	困難な状況に直面しても、途中であきらめることなく、最後までやり通す		
			②	自己の立場を認識し、必要に応じて関係先を巻き込み、担当部門での目標を達成している		
			③	自己の役割、立場を理解し、役割、立場に応じた適切な目標設定をしている		
3	チャレンジ	難しい仕事、業務改善、職務拡大等に積極的に取り組もうとする行動	①	業務の効率化や職場の問題解決に積極的に取り組み、効果的な対策を立案し、実行している		
			②	現状のやり方に満足せず、常に新しい方法にチャレンジして成果を上げている		
			③	難しい仕事や、職務拡大に積極的に挑戦し、成果を上げている		
4	セルフコントロール	いろいろなストレスに対して、自らの意思で耐え抜き、安定的に仕事に取り組む行動	①	困難な問題に直面しても、セルフコントロールができ、いつも安定した態度で仕事に取り組んでいる		
			②	内外からの圧力に挫けることなく、いつも目標達成に向け前進している		
			③	仕事の進捗がはかばかしくない場合でも、平常心で業務に取り組み、対応策を冷静に進めている		
5	自己革新	自己の足りない部分や知識、技術、技能を積極的に取り入れようとする行動	①	自分の長所短所をよく理解し、自らテーマを設定し、自己革新している		
			②	担当業務に関する業界誌、専門誌をよく読み、新しい知識を吸収している		
			③	現状に満足することなく、常に高い目標を掲げ、達成に向けて自己研鑽している		
6	チームワーク	目標達成のために自ら積極的にチームへ支援協力しようとする行動	①	チームプレイの重要性をチーム内に働きかけ、協力体制づくりを行っている		
			②	チームメンバー同士が助け合うように働きかけたり、教え合うなど、思いやりを持った行動をしている		
			③	自分の仕事に責任を持った上で、担当業務以外についても積極的に協力するなど、協調性を発揮している		
				合計		
				平均		

205

資料37-(2) 我が社のできる社員の行動特性（現業部門）

被評価者氏名	評価者氏名

12点…このような行動が十分身につき他の指導もしている
11点…このような行動が身についている・・・・・（100％）
10点…このような行動がほぼ身についている・・・・（80％程度）
 9点…このような行動がやや不足している・・・・・（70％程度）
 8点…このような行動が不足している・・・・・・・（50％程度）

【現業部門行動特性】

行動項目	行動定義		行動特性（できる社員の行動）	評価 自己	評価 上司
1 仕事の段取り	優先度に応じた効率的な段取り・計画を組み、突発事態が生じても常に納期・コスト・品質のバランスを考慮する行動	①	必要な治・工具の手配等生産計画の達成に向けて効率よく段取りを組み、生産性の向上に努めている		
		②	機械故障や段取り中の仕事が入っても全体の生産計画に狂いが生じないよう優先度を判断して調整している		
		③	関連部署との連絡を密にして納期遅延等が生じないようきめ細かな工程を組み、的確な進捗管理を実行している		
2 ロスの防止	材料の有効活用、歩留まり向上によるロス率低減や不良発生の原因究明、再発防止策の徹底により不良削減に努める行動	①	原材料の良否判断を的確に行い無駄が生じないよう、最適な加工条件を設定しロス防止に努めている		
		②	加工品の良否判断を的確に行い、不良発生時の原因究明・有効な再発防止策の策定により不良率の低減に貢献している		
		③	歩留まりの向上や不良削減・未然防止策等についてチーム全体の改善につながる有効策を立案しその徹底に努めている		
3 機械操作	機械の機能・特性を掴み、マニュアルに即した正確な操作、新規・特殊品加工や機械の複数持ち等に技能を発揮する行動	①	NCプログラムの作成・入力など加工条件の設定が適切にでき、使用機械の機能等に合わせた効率的な作業を行っている		
		②	新規製品や特殊品の加工についても使用機械や必要な治具製作等について適切に判断して対応している		
		③	担当機械のみならず加工機の複数持ちや関連機械の操作など多能工的技能を有し幅広い対応力を発揮している		
4 機械点検	始業点検・メンテナンスを怠らず、異常の早期発見と修理の要否等を的確に判断・対応する行動	①	定められた手順に従って遺漏なく日常点検を行い、また定期的メンテナンスについても計画的に実施している		
		②	異常発見時、その原因を究明し補修等の要否・程度、社内・専門業者の何れに依頼するか等の判断を的確に行っている		
		③	油脂の補充や部品交換の要否などの判断を適切に行い、周囲の機械を含めた性能維持に成果を上げている		
5 トラブル対応	作業中の異常・トラブル発生の早期発見、内容の正確な把握、原因究明、有効な再発防止策を立案・実行する行動	①	加工中の製品異常には早期に気付き、機械停止の要否判断を的確に行い、関連工程との調整も躊躇なく実行している		
		②	トラブル発生時、その内容を正確に把握し、原因究明と有効な再発防止策を立案、実行している		
		③	異常やトラブル発生についてその頻度や原因等についてデータ分析を行い、有効な未然防止策を立てて実行している		
6 コスト意識	費用対効果や時間・労力などのコストをトータルで考え、採算の把握・改善等で有効な対策を講じる行動	①	時間はコストという意識を持ち、ムリ・ムダ・ムラの排除を心掛け、業務の効率化に貢献している		
		②	作業内容の変化や繁閑に応じて作業順や人員体制を柔軟に変更し、効率性・採算性の向上に努めている		
		③	常に費用対効果や時間・労力などのコストをトータル的に考えて行動し、周囲にもその徹底を働き掛けている		
7 安全管理	定められた安全基準の遵守はもとより、危険予知・防止のための有効な対策を講じ、実施する行動	①	安全基準の絶対遵守を実践し、周囲へも働き掛ける等その徹底に成果を上げている		
		②	危険個所や作業内容ごとの危険度を正確に把握し、常に危険予知を心掛け、その具体策を周囲へも広めている		
		③	トラブル発生等に応じて安全基準の見直しや新たな基準の策定等を積極的に行い成果を上げている		
8 品質管理	品質基準や製・商品の良・否区分を的確に理解し、製品の不良発生への早期気付き、工程内対応等で有効な手立を講じる行動	①	製品ごとの品質基準を正確に理解し、正しい作業手順により過剰品質を避けた良品づくりに実を上げている		
		②	不良発生の早期発見、的確な原因究明と再発防止策の策定を行い、周囲への徹底等成果を上げている		
		③	規格の変更や品質管理に関する各種情報の収集に努め、品質基準の見直し等に成果を上げている		
9 クレーム対応	クレーム発生時、即時適切な初期対応を行い、原因究明と有効かつ説得力ある対策と再発防止策を講じる行動	①	クレーム発生時の内容を的確に把握し、タイムリーかつ適切な対応で顧客等相手の信頼を得ている		
		②	クレームに至った原因の究明と有効な対策を立案し、関係部署と連絡・調整して再発防止に努めている		
		③	クレームの削減に向けて原因分析と対策をまとめ、未然防止に効果的な手立てを実行している		
10 在庫管理	適正在庫量を把握し、原材料、仕掛・半製品、製品それぞれに不要・不急な在庫を持たないよう整理・管理する行動	①	原材料、資材、製品の種類別在庫量、在庫期間を的確に把握し、材料払出や在庫管理のルール遵守・徹底に努めている		
		②	長期滞留やデッド化した在庫が生じた場合、具体的な処分方法や再利用法等について適切に対処している		
		③	受注状況に応じた適正在庫量を算定し、実地と帳簿上に在庫差異が生じた場合の原因究明と有効な対策を講じている		
			合計		
			平均		

資料37-(3) 我が社のできる社員の行動特性（店頭販売）

被評価者氏名	評価者氏名

12点…このような行動が十分身に付き他の指導もしている
11点…このような行動が身に付いている・・・・・（100%）
10点…このような行動がほぼ身に付いている・・・（80%程度）
9点…このような行動がやや不足している・・・・（70%程度）
8点…このような行動が不足している・・・・・・（50%程度）

【店頭販売行動特性】

	行動項目	行動定義		行動特性（できる社員の行動）	評価 自己	評価 上司
1	接客販売	顧客ニーズを把握し、ニーズに合った商品を販売する行動	①	顧客のニーズを理解し、ニーズに合った商品を選び、販売に結び付けている		
			②	顧客に満足感を持っていただける接客ができ、決して不快にさせない接客を行っている		
			③	指名して購入してくださるお客さまを10名以上持っている		
2	商品管理	在庫管理も含めて、欠品を出さない商品の管理を行う行動	①	商品の在庫状況（予約、不良品、商品修理、保留など）を把握し対応している		
			②	商品の製造年月を確認し、製造年月の古い商品から販売している		
			③	部材や不良品などの在庫確認をし、欠品を出さないように在庫管理を的確に行っている		
3	店づくり	店舗のレイアウト、ディスプレイなど、お客さまを惹きつける店づくりを行う行動	①	常にお客さまの目線から店頭を美しく保ち、入りやすい店づくりを実行している		
			②	商品の特性を活かす視点から、効果的な商品陳列など、常に新しい店づくりを行っている		
			③	同業他社や店づくりで話題になった店舗に見学に出掛けるなどして、常に時代に合った店づくりを行っている		
4	販売員の人間性	販売員としての身だしなみ、言葉づかいなどの基本行動	①	明るく大きな声で、自分から先に相手の目を見て挨拶している		
			②	相手に不快感を与えない、清潔感のある装い、丁寧な言葉づかいが身に付いている		
			③	体調の良し悪しや気分に影響されない応対ができ、お客さまに好印象を与えている		
5	お客さまとのコミュニケーション	販売、情報収集、お客さまの要望などを聴き取るために必要なコミュニケーションの行動	①	お客さまの心に訴え、心を動かすような効果的なプレゼンを行っている		
			②	お客さまに応じて、専門用語をわかりやすい表現に置き換えてプレゼンを行っている		
			③	お客さまの目線、姿勢に気を配り、相手のテンポに合わせたコミュニケーションを行っている		
6	店舗管理		①	お客さまから好感を持たれるように、店舗内の整理、整頓、清掃が行き届いた状態が保たれるようにしている		
			②	什器、店内の設備の汚れや器材の不具合に気を配り、必要な対策を立て、実行している		
			③	本部に対する売上日報、金銭管理などは的確に行っている		
7	スタッフ管理	アルバイト、契約社員等のスタッフの管理とOJTを通じてレベルアップをさせていく行動	①	社員とスタッフ間のコミュニケーションの良し悪しは、お客さまにも伝わることを知り、店内のコミュニケーションの円滑化に努めている		
			②	仕事の繁閑や作業量などを予測して、効率的なスタッフのシフトを組み、実行している		
			③	スタッフの育成については、スタッフ1人ひとりの能力の現状を把握し、計画的に指導している		
8	クレーム対応	クレームに対して原因追求し、対応策等を顧客の立場に立って行う行動	①	まずお客さまの言いたいことをきちんと聞き、状況を正しく把握し、対応している		
			②	どんな状況で発生したのか、原因、対策、再発防止策を徹底したクレーム対応を行っている		
			③	お客さまが納得できる報告が完了するまで責任をもってフォローし、さらに関係を深くする行動をしている		
9	販売促進	販促のための企画や売れ筋商品の調査、サービス、PR方法などを考え出す行動	①	商品の技術動向、売れ筋動向などを調査し、仕入れ、販売に活かしている		
			②	チラシ広告、DM送付、催事の企画など検討を行い、効果的な販促を行っている		
			③	販売に結び付く販促ストーリーを具体的に組み立て実行している		
				合計		
				平均		

資料37-(4) 我が社のできる社員の行動特性（営業職）

被評価者氏名	評価者氏名

12点…このような行動が十分身に付き他の指導もしている
11点…このような行動が身に付いている・・・・・（100％）
10点…このような行動がほぼ身に付いている・・・（80％程度）
9点…このような行動がやや不足している・・・・（70％程度）
8点…このような行動が不足している・・・・・・（50％程度）

【営業職行動特性】

	行動項目	行動定義		行動特性（できる社員の行動）	評価 自己	評価 上司
1	市場把握	市場調査（分析）、競合他社分析、自社の位置づけを明確にして、売込先を絞り込んでいく行動	①	社内外の情報、同業他社の動向等の情報を収集、整理して、有効に活用している		
			②	社内外での人的チャネルを持ち、その人脈を通じて情報を収集し、目標設定等に有効に活用している		
			③	把握した情報に、自分の判断も加えて整理し、業務に適切に反映させるとともに、関係先へも提供している		
2	新規開拓	市場調査や日常の営業活動の情報等から新規先を開拓していく行動	①	いろいろな媒体を活用して、常に新規開拓先をリサーチし、新規先を開拓している		
			②	新規先での訪問活動で、相手に『また会いたい』と思わせる営業活動を行っている		
			③	適切なターゲット先を選定しながら、常に豊富な新規顧客リストを持っている		
3	深耕	定例訪問時に取引先の要望を把握し、新しい提案などをしながら取引を深めていく行動	①	既存得意先を定期的に訪問し、関係を深めている		
			②	得意先のマーケティングをよく理解し、タイムリーに得意先の期待を上回る新しい提案をしている		
			③	新製品・新技術の情報提供をして、新しい製品企画を提案している		
4	クレーム対応	クレームに対して原因追求し、対応策等を顧客の立場に立って行う行動	①	まず得意先の言いたいことをきちんと聞き、状況を正しく把握し、対応している		
			②	どんな状況で発生したのか、原因、対策、再発防止策を徹底したクレーム対応を行っている		
			③	得意先が納得できる報告が完了するまで責任をもってフォローし、さらに関係を深くする行動をしている		
5	プレゼン力	顧客に合わせて、伝えようとすることが相手に理解される行動	①	絵やイラスト、写真を入れ、プレゼンを受ける立場に立ち資料を作って活用している		
			②	相手にわかるように、確認をしながら話している		
			③	朝会・ミーティング等で具体的な製品・資料を示すなどして、わかりやすい話し方をしている		
6	折衝・交渉	相手の都合や条件を感じ取り、信頼関係を損なうことなく相手に当方の意図を納得させる行動	①	目指す成果に向けて自社と得意先の状況をきちんと捉え、成功ストーリーを描きながら折衝している		
			②	自己の主張のみでなく、相手の話をよく聞き、いろいろな説明方法を駆使して相手に納得させている		
			③	前進、後退、緩急織り交ぜて、一本調子ではない柔軟な姿勢での折衝、交渉を行っている		
7	人脈づくり	目標達成するために必要な相手との人間関係、人脈づくりを行っていく行動	①	社内外に「あなたからの依頼ならなんとかしよう」という人が10人以上いる		
			②	社内外の連携、関係づくりに対して、常にコスト意識を持って行動している		
			③	社内外で人脈づくりを意識した勉強会等に積極的に参加している		
8	行動志向	訪問計画、週報、日報で掲げた計画どおりに実行できる行動	①	やると決めたことは先延ばししない、60％の計画でも、ともかく直ぐに実行している		
			②	日常の進捗管理で結果でなく、どういう行動を実行したかという行動管理を行っている		
			③	やると決めたことは目標達成のためなんとか方法を工夫し、最後までやり通している		
9	営業マンの人間性	営業マンとしての身だしなみ、言葉づかいなどの基本行動	①	明るく大きな声で、自分から先に相手の目を見て挨拶している		
			②	相手に不快感を与えず、清潔感のある装い、丁寧な言葉づかいが身に付いている		
			③	体調の良し悪しや気分に影響されず、意欲的に取り組み、お客さまに好印象を与えている		
10	数値管理	売上計画の作成、毎月の進捗管理、予定管理などの行動	①	会社目標に沿った達成可能な売上計画等を作成している		
			②	期初に設定した売上計画に沿って、個別の行動計画を立てて期初の目標を達成している		
			③	進捗管理において修正が必要な場合、具体的な行動目標を設定している		
				合計 平均		

Ⅳ 昇格への落とし込み方

資料37-(5) 我が社のできる社員の行動特性（マネジメント）

被評価者氏名	評価者氏名

12点…このような行動が十分身につき他の指導もしている
11点…このような行動が身についている・・・・・（100%）
10点…このような行動がほぼ身についている・・・（80%程度）
9点…このような行動がやや不足している・・・・（70%程度）
8点…このような行動が不足している・・・・・・（50%程度）

【マネジメント行動特性】

	行動項目	行動定義		行動特性（できる社員の行動）	評価 自己	評価 上司
1	改善への取組み	常に仕事が能率的にできるように、方法などを工夫・改善しようとする行動	①	部下に変革の必要性を認識させ、仕事の見直しや改善を実行させている		
			②	様々な壁にぶつかっても屈せず、粘り強さと柔軟性を持って変革や改善を推進している		
			③	変化の時代において機を逸することのないよう、積極的に改善活動に取り組んでいる		
2	考え方と方針の浸透	会社、部門、チームの考え方、方針、目標を理解し、チームメンバーに理解させる行動	①	会社の考え方や方針をよく理解し、メンバーにもよく説明し、理解させている		
			②	所属部門の考え方や方針を理解し、チーム内に浸透させている		
			③	絶えず会社内・外の環境変化に強い関心を持って目配りし、グループ（チーム）や施策上の課題を明らかにしている		
3	問題の発見と問題解決	担当部門で発生する問題を早期に発見し、業務に支障がないよう解決していく行動	①	自分の会社の使命、戦略、強み、弱みをよく理解してメンバーにもよく説明している		
			②	常に管理者としての意識を持ち、ことが起こる前に問題・課題を予測して解決に取り組んでいる		
			③	枝葉末節にとらわれず、重要な情報に焦点を当て、様々な観点から問題発見、解決に取り組んでいる		
4	目標達成への執着	目標達成に向けて困難な問題が発生した場合でも、途中で投げ出すことなくいろいろな方法を考え出し、目標達成していく行動	①	目標達成に対して強い責任意識を持ち、自分なりの次の一手を考え着手して目標を達成している		
			②	グループ（チーム）のメンバーに対して、目標達成への高い意識と緊張感を持たせて目標を達成させている		
			③	部下それぞれの目標達成に気を配り適切な支援をして目標を達成させている		
5	的確な判断	担当部門の業務の遂行や目標達成に向けて、全体的な視野から適正な結論を導き出す行動	①	適切な情報に基づいて的確な意思決定をしている		
			②	不確実な状況下においても、機を逸せず的確な判断や行動をとっている		
			③	意思決定や判断の基準が首尾一貫しており、管理者としての信頼性・統一性がある		
6	業務遂行と管理	部下1人ひとりの仕事の分担を明確にし、日常の進捗管理をきちんと行っていく行動	①	適切な業務管理のために仕事を分担し、必要に応じて部下に仕事を任せている		
			②	関連する他部門と密に連絡を取り合い、協調しながら業務を遂行している		
			③	日常の部下の仕事の進捗状況をきちんと把握し、必要に応じて支援をしている		
7	リーダーシップ	会社の方向性を理解し、自らも方針を明確にし、熱意と粘り強い働きかけにより、個人、グループに対して良い影響を与える行動	①	部下に対して、明確な方針と仕事の優先順位を示し、部下を管理している		
			②	部下や周囲にグループ（チーム）の方向性を明示し、目標を浸透させている		
			③	部下に対して誉める、注意すると日頃からハッキリした行動をとって部下をリードしている		
8	動機づけ	チームおよび部下1人ひとりに対して、仕事をやらされているのではなく、やっていると思わせるようにする行動	①	部下にやる気を起こさせる方法を理解し、グループ（チーム）に合った方法でヤル気の起きる職場づくりを実行している		
			②	向かうべき目標をみんなの参加によって決めるなどして、参加意欲を持たせて、仕事をさせている		
			③	部下1人ひとりの目標達成状況を把握し、必要に応じて支援を行っている		
9	コミュニケーション	公私混同することなく、相手と意思疎通を図り、お互いがわかり合える関係を築く行動	①	形式張らずに仕事のしやすい雰囲気づくりや、グループ（チーム）のコミュニケーションを円滑にしている		
			②	周囲に積極的に発言の機会を与え、自分と異なる意見にも素直に耳を傾けている		
			③	他部門や社外と友好的関係づくりを行い、そこで得た情報を皆で共有化している		
10	部下の育成と評定	部下1人ひとりの能力の状況を把握し、意欲づけをしながら能力向上を図っていく行動	①	部下の業績と能力を公正に評価し、適切な指導・助言を与えている		
			②	部下に対して、業務に関して正しい手本を示し、適切なアドバイスをすることができる		
			③	部下1人ひとりの能力開発計画書等を作成して部下の能力開発を行っている		
				合計		
				平均		

209

資料38-(1)

業績・意欲評定シート
4グレード用

評定期間　　年　　月　　日　～　　年　　月　　日

クラス	被評定者		評定者	社長
				㊞

区分		評定要素	着眼点	ウエイト	評定			
					上司		社長	
					評定記号	ウエイト後評定点	評定記号	ウエイト後評定点
業績評定	1	目標達成	・担当部門の状況をよく把握し、期初の目標を達成していたか ・期初目標に沿って進捗管理を細目に行い、状況変化に対して臨機応変に対策を立て、目標達成していたか	2.5				
	2	仕事の管理	・仕事の計画と進行にズレが発生した場合、有効な対策を講じ目標達成していたか ・担当部門の目標達成のために部下一人ひとりの能力に合った仕事の割当、進捗管理を行っていたか	1.0				
	3	部下育成	・部下一人ひとりの特性(業績、能力、意欲)の現状および育成必要点をつかんで指導して、成果を上げていたか ・担当部門全体が能力開発、意欲向上に前向きで取り組むような職場づくりを行っていたか	1.5				
意欲評定	4	業務達成意欲	・目標達成に向けて問題点や障害を乗り越えて、前向きに取り組んでいたか ・部下の目標達成、意欲向上の見本になっていたか ・社会道徳と法令に関し、会社の方針を理解し、自らも行動、部下の行動を判断し、必要に応じて指導していたか ・全体で売上げを作るよう行動していたか	1.0				
	5	業務改善意欲	・利益を上げるための最大限の効果、効率的な行動に取り組んでいたか ・部下の取り組みの改善について指導していたか	1.0				
	6	コスト意識	・効率化、収益を意識し、行動していたか ・部下の行動のロスをなくすよう指導していたか	1.0				
	7	チームワーク・協調・ルール維持意欲	・常に明るく行動していたか ・他部署業務に関しても協力していたか ・部下の指導、協調に努めていたか ・自らもルールを守り、率先して行動し、部下の違反を注意し、修正させていたか	1.0				
	8	自己啓発意欲	・より高度な知識、技法習得に努めていたか ・自己啓発について部下に助言していたか	1.0				
				10	合計			

評定基準	評定記号	評定点
抜群のレベルであった	S	14
優秀なレベルであった	A	12
期待どおりのレベルであった	B	10
やや問題のあるレベルであった	C	8
問題のあるレベルであった	D	6

(注)ウエイト後の評定点=ウエイト×評定点
18点=1.5×12(A)

資料38-(2)

業績・意欲評定シート
3グレード用

評定期間　　年　　月　　日　～　　年　　月　　日

クラス	被評定者

評定者	社長
	㊞

区分		評定要素	着眼点	ウエイト	評定			
					上司		社長	
					評定記号	ウエイト後評定点	評定記号	ウエイト後評定点
業績評定	1	仕事の成果	・担当の業務は質・量とも計画に沿って問題なく処理していたか ・突発的に発生する業務に対してもきちんと処理していたか	2.0				
	2	創意・工夫	・業務の遂行に当り、常に改善、工夫、コスト削減に取り組み、成果を上げていたか ・常に問題意識を持って業務を遂行していたか	1.5				
	3	実行力	・目標達成のために自ら進んで速やかに行動していたか ・自ら信念を持って困難な業務を完遂していたか	1.0				
意欲評定	4	業務達成意欲	・目標達成に向けて計画性を持って最後まで前向きに取り組んでいたか ・上司から臨時の仕事を命ぜられた時、段取りを組替えて処理していたか ・社会道徳と法令に関し、会社の方針を理解し、守っていたか	1.5				
	5	業務改善意欲	・日常業務に関しても改善し、どう新しい業務を取り入れるか考え行動していたか	1.0				
	6	コスト意識	・ロスをなくすための改善をし、自ら率先して実行していたか	1.0				
	7	チームワーク・協調・ルール維持意欲	・担当業務以外についても協力していたか ・社内ルールを理解して自らも行動し、部下に対する声がけ（リーダーシップ）をしていたか	1.0				
	8	自己啓発意欲	・知識・能力を拡大しようと前向きに取り組んでいたか ・自分なりに目標を持って自己啓発をしていたか	1.0				
				10				

評定基準	評定記号	評定点
抜群のレベルであった	S	14
優秀なレベルであった	A	12
期待どおりのレベルであった	B	10
やや問題のあるレベルであった	C	8
問題のあるレベルであった	D	6

（注）ウエイト後の評定点＝ウエイト×評定点
　　　18点＝1.5×12（A）

資料38-(3)

業績・意欲評定シート
1～2グレード用

評定期間　　年　　月　　日　～　　年　　月　　日

クラス	被評定者

評定者	社長
	㊞

区分		評定要素	着眼点	ウエイト	評定 上司 評定記号	評定 上司 ウエイト後評定点	評定 社長 評定記号	評定 社長 ウエイト後評定点
業績評定	1	仕事の速さ	・その日の仕事はその日に処理していたか ・全体の処理量と仕事の守備範囲の広さはどうか	1.5				
	2	仕事の正確さ	・担当業務の間違い（ミス）の程度はどうか ・仕事の出来栄えの立派さはどうか	1.5				
	3	仕事の段取り	・上司の指示や意図に沿って段取りを立てて処理していたか ・仕事を効率よく進めていたか	1.2				
意欲評定	4	業務達成意欲	・目標に対し、前向きに取り組んでいたか ・目的を理解することに努め、目標に対し意欲的に取り組んでいたか ・社会道徳的な行動が身についていたか	1.2				
	5	業務改善意欲	・前向きに取り組んでいたか ・効果をどのようにして出せるか考えて行動していたか	1.2				
	6	コスト意識	・ムダ・ムラ・ムリの排除に心掛けていたか ・ロスをなくすように行動していたか	1.2				
	7	チームワーク・協調・ルール維持意欲	・自己中心的にならないように行動していたか ・明るくテキパキと行動していたか ・上司の指示・命令を守っていたか ・休憩時間を守り、無断で行動しない等、社内ルールを守っていたか ・感謝の気持ちで接していたか	1.2				
	8	自己啓発意欲	・仕事に対して、常に勉強しようとしていたか	1.0				
				10				

評定基準	評定記号	評定点
抜群のレベルであった	S	14
優秀なレベルであった	A	12
期待どおりのレベルであった	B	10
やや問題のあるレベルであった	C	8
問題のあるレベルであった	D	6

（注）ウエイト後の評定点＝ウエイト×評定点
18点＝1.5×12（A）

応用篇 ③

スキルマップによる絶対評定で昇格を決めている W社の事例

　W社は社員約50人程度の印刷業です。同社は職務遂行能力で社員を区分する職能資格制度を導入しており、給与はこれに連動させて職能給一本にしています。W社の給与制度は、給与は範囲型の職能給テーブルで、毎年の昇給幅は小さくして、昇格（グレードが上がる）ことによって、大きく昇給するというしくみを取り入れています。そして、毎年の業績の結果は賞与に大きく反映させ、定期昇給を小さくしています。

　したがって、同社では昇格が給与が上がる一番の大きな要因になります。同社ではこの昇格の条件を「職務遂行能力の保有度合」にして、スキルマップで能力を評定するしくみにしています。能力段階は職務遂行能力を下記のように5段階に区分しています。

＜能力段階＞

グレード	求められる能力水準
5グレード	●経営方針に基づき適切な部門方針、目標が設定できる ●内外の変化を先取りした戦略的な判断ができる ●部門の業務革新に向けて責任ある判断ができる ●他部門、社内外関係先と必要な調整ができる ●部下を統括して部門全体の総力を結集し、担当部門の運営ができる
4グレード	●経営に関する知識、担当業務および関連分野の高度な専門知識を有する ●担当の部署を運営できる ●社内外関係先と必要な調整ができる ●部下を教育、統率して、組織の力を発揮させ担当業務を遂行できる

3グレード	●担当業務の専門知識を有する ●グループのリーダーができる ●社内関係先と必要な調整ができる ●部下を教育、指導して、また自ら率先してグループをまとめながら担当業務を遂行できる
2グレード	●担当業務の範囲での判定業務を遂行することができる ●担当業務の処理方法の効率化、質的向上のための工夫ができる ●状況に応じて処理手順を変更する程度の工夫ができる ●職務基準書に基づいて下位者を指導できる
1グレード	●職務基準書に基づいた日常定型的な業務が遂行できる ●担当業務は上司の指示が大枠であっても、内容を理解し、業務を遂行できる ●チームメンバーとしての自覚を持ち、チームに溶け込める

　能力基準は、さらに職種別に「スキルマップ」(**資料39-(1)〜(4)**、216〜224頁)のように作成しています。そして昇格は「能力評価」だけで行っています。能力評価はスキルマップを基準にして、**資料40**(225頁)のように職種ごとに「スキル評価表」を作成して、スキル評価によって昇格の決定を行っています。

　スキル評価は、スキル評価表の「具体的仕事」ごとに「評価基準」をもとに次の4段階で評価し、まだ経験していないので評価できない職務については「この仕事を担当したことがないので評価できない」と評価します。

＜評価段階＞

5点…指導できる。複雑・困難な作業でも対応できる
4点…一人で問題なくできる
3点…上司の大枠の指示があれば問題なくできる
2点…上司の指示があれば指示どおりできる
✓……この仕事は担当したことがないので評価できない

そして、評価した職務の点数を合計して、評価した職務の項目数で除して平均点を算出します。次に、平均点を算出したら全体の具体的職務に対して評価した職務の率を算出します。算出した「共通基準」「部門別基準」「マネジャー基準」「習得率」で昇格の合否を決める方式を取っています。

このように、同社は昇格はスキルマップによって、グレードごとに評定点と習得率で昇給を決めるしくみにしています。

＜スキルマップ評価による昇格基準＞

	グレード別昇格基準			
	共通スキルマップ基準	部門別スキルマップ基準	マネジャースキルマップ基準	習得率
5グレード	5.0点	4.5点	4.5	100%
4グレード	5.0点	4.0点	4.0	100%
3グレード	5.0点	3.5点	−	80%
2グレード	4.0点	3.0点	−	60%
1グレード	3.0点	2.0点	−	50%

共通スキルマップと部門別スキルマップは3グレードまでしか基準書を作成していません。4～5グレードは、3グレードの基準で評価をし、共通スキルマップは、3グレード以上は5.0、部門別では4グレードで4.0以上、5グレードで4.5以上が昇格基準になります。

4～5グレードは、それに加えて「マネジャーのスキルマップ基準」が昇格の基準になります。

資料39-(1)

☆：指導できる。複雑・困難な作業でも対応できるレベル
◎：一人で問題なくできるレベル
○：上司の大枠の指示があればできるレベル

共通スキルマップ

No	仕事の種類	具体的仕事	評価基準	1グレード	2グレード	3グレード
1	電話・接客応対	電話応対	電話の基本マナーを理解し、担当業務についての電話照会について手際よく応対し、処理できる	◎	☆	
		接客応対	接客マナーを理解し、担当業務についての接客対応が一通りできる	◎	☆	
2	報告・連絡・相談、社内外折衝	報告・連絡・相談	上司に仕事の報告、連絡、相談が一通りできる	◎	☆	
		社内外折衝	交渉・折衝事項について意図や目的を相手に正確に伝え、的確な調整や説得ができる	○	◎	◎
3	教育・指導、コミュニケーション	教育・指導	担当業務について部下や後輩に対し、気付いた点は積極的に教えることができる	○	◎	◎
		コミュニケーション	コミュニケーション円滑化のため上司・同僚との関係に気を配り、また、後輩の良き相談相手になることができる	○	◎	☆
4	4S活動	4S活動の推進	職場の整理・整頓および清掃・清掃を自発的に進んでできる	◎	☆	
5	PPORF（ポルフ）活動	ポルフ活動の推進	ポルフ20項目の改善活動のいずれかを担当し改善業務を進めることができる。No13（機械設備の保全）、No18（マイコンの活用）、No5（段取り替え改善）No10（作業規律）は工場部門のスキルマップ参照	○	◎	☆
6	PCスキル	PC入力	エクセル・ワードの入力ができる。帳類の作成ができる。工場部門は、工場のスキルマップ参照（ポルフNo18―マイコンの活用―）	◎	☆	

216

IV 昇格への落とし込み方

資料39-(2)

☆：指導できる。複雑・困難な作業でも対応できるレベル
◎：一人で問題なくできるレベル
○：上司の大枠の指示があればできるレベル

部門別スキルマップ　総務・経理

No	仕事の種類	具体的仕事	評価基準	1グレード	2グレード	3グレード
1	庶務	文書管理	文書（郵便物、FAX等）の内容確認、保存の要否を判断できる。保存文書はシングルファイル管理をし、保存期間を明記し破棄する	◎	☆	
		対社内文書の作成・管理	各種連絡文書、掃除当番表等の作成・回覧・配信・掲示・管理ができる工場作業日報、チェックシートの作成・配布ができる	◎	☆	
		対社外文書の作成・管理	各種連絡文書、契約書類の作成・配信・管理できる。各種アンケート類、調査票は、各書式やその要求事項に応じた文書を作成できる	○	◎	☆
		対社外管理	お歳暮・お中元等の品物手配、贈答品の御礼状を作成できる。年賀状等の送り先一覧を管理し手配ができる。地域からの苦情要望等の対応ができる	○	◎	☆
		社内行事の企画・運営	忘年会、新年会等の事前準備、買出し、出欠確認・会費のとりまとめ・支払・当日の段取り等ができる	◎	☆	
		社内福利厚生	救急薬品医薬品の維持管理、従業員誕生日の確認・祝品購入、弁当発注ができる。福利厚生施設の入退会手続きができる。健康診断等の計画・実地ができる。従業員の別途積立金（2,000円）の集金・管理ができる	◎	☆	
		外部講習受講対応	会社の窓口となって各講習の申込手続き、支払手続きができる	◎	☆	
		リスク管理	災害に必要な知識と予測できる被害に備えて必要な手配ができる。個人情報の意味とリスクを理解し、十分な管理ができる	○	◎	☆

No	仕事の種類	具体的仕事	評価基準	1グレード	2グレード	3グレード
2	備品・施設管理	備品管理	社内の備品数を管理し、必要な物を発注・購入できる。ダンボールの在庫表作成ができる	◎	☆	
		切手・印紙・小切手・手形帳管理	切手・印紙・小切手・約束手形帳の購入、管理ができる	◎	☆	
		PC関連管理	新規購入時のパソコン・プリンター等の各種設定・メール設定ができる。社内パソコン・LAN不具合時の対応・修理依頼ができる。ウイルス対策ソフトを導入・更新できる	○	◎	☆
		施設管理	土地・社屋の納税管理ができる。セコム、エレベーター、古紙回収業者、電気、水道、電話の業者対応、各種故障修理依頼ができる。電話機のリース管理ができる	◎	☆	
		社用車管理	車の定期メンテナンス、車検の管理ができる。自動車保険の管理、契約・更新ができる。自動車事故の対応ができる。契約の見直しができる	○	◎	☆
3	勤怠・給与業務	勤怠管理	タイムカードの作成・データ集計・保管ができる。休暇届・外出届の作成・保管・管理ができる	○	◎	☆
		給与計算	勤怠管理のデータを元に正しく給与計算されているか確認し、振込、明細書作成ができる。通勤交通費、旅費交通費、携帯電話代等を正しく支給できる	○	◎	☆
		年末調整処理	各種申告書と証明書類のチェック作業を行い、不備があった際に該当者とやり取り、適切な処理ができる	○	◎	☆
4	社会保険	社会保険業務	社員の入退社時や扶養、氏名等変更があった際の社会保険・労働保険・生命保険等の各種事務手続きができる。算定基礎届・住民税特別徴収の対応ができる	○	◎	☆
		助成金・給付金対応	申請可能な助成金・給付金を確認し、各種助成金・給付金の申込手続き、必要書類の準備・作成ができる	○	◎	☆
5	人事労務	採用実務	ハローワークの窓口になり採用計画を踏まえた求人票を作成できる。採否書類の発送、管理ができる	○	◎	☆

IV 昇格への落とし込み方

No	仕事の種類	具体的仕事	評価基準	1グレード	2グレード	3グレード
5	人事労務	各種管理	各種法令を理解し、規定の変更や作成が正確にできる。傷害保険・退職金保険等の加入・更新・請求手続きができる。契約の見直しができる	○	○	◎
6	現預金・資金繰り管理	取引仕分業務	日々の発生取引を財務会計ソフトに正しく仕訳し入力できる	◎	◎	☆
		現預金管理	小口現金、銀行残高を日々把握し、必要に応じて入出金伝票を起票、合帳記帳ができる。インターネットバンキングの操作ができる	○	☆	
		資金繰り管理	毎月の売上、諸経費、給料等を把握し、資金繰りの判断ができる。小切手の振出、受取手形の取立または割引の判断ができる	○	◎	☆
7	売上・入金管理	売上管理	納品伝票を整理し、納品チェックが完了したら納品伝票より納品日を確認し得意先に請求書を発行・送付・管理ができる。専用伝票使用の得意先への請求書発行・送付・管理ができる。単価訂正があった際は適正な対処ができる。売掛金管理ソフトに入力し、得意先毎に売上管理ができる。DNP関連については台帳に売上・請求書・発注書を整理することができる	○	◎	☆
		入金管理	得意先からの入金予定日を確認し、入金（振込・手形・小切手・現金）の管理ができる。領収証の発行・集金依頼・送付ができる。相殺の場合は先方確認し領収証発行ができる。未払いの得意先への対応ができる	○	◎	☆
8	仕入・支払管理	仕入管理	請求書を整理し、担当者のチェックを元に請求書が正しく上がっているか確認作業ができる。単価訂正があった際は適切な対処ができる。買掛金管理ソフトに入力し、仕入先毎に仕入管理ができる	◎	☆	
		支払管理	請求書を確認し、請求額や支払条件に基づき、支払方法を振込・手形・小切手・現金に振り分け、それぞれに対し支払手続きをすることができる。領収証の受領・確認・保管ができる。支払手形等の決済事務処理ができる	◎	☆	

219

No	仕事の種類	具体的仕事	評価基準	1グレード	2グレード	3グレード
9	財務	月次資料作成	財務会計ソフトにて月次資料を正確に作成できる。エクセルにて試算表を作成できる	○	◎	☆
		経営計画補助	年間売上高、年間仕入高、残業時間、光熱費等の実績一覧表を正しく作成できる	○	◎	☆
		税金処理管理	源泉税、住民税、固定資産税、消費税、法人税、事業税を理解し、事務処理・納付作業ができる	○	◎	☆
		決算事務管理	決算に必要な書類の整理・作成・棚卸の事務作業ができる。会計事務所提出書類を作成できる	○	◎	☆
10	工場管理	品質チェック	工場内で生産する製品の品質チェックができる。作業開始前に問題点がないか確認し、問題がある場合は指摘し対応してもらうことができる	◎	☆	
11	ラインリーダー業務	各階の計画と実績	グループ内の仕事の進捗状況を把握し、期日までに計画通り仕事を完了させることができる		○	◎
		社内調整・折衝	グループの業務を遂行するために必要な関係部署との折衝・調整を行い、グループの仕事を円滑に進めることができる		○	◎
		問題解決（グループ）	グループ内で発生した問題について、会社の方針を踏まえて適切に対応でき、タイミングを失することなく上司に報告できる		○	◎
		業務の改善	担当グループのボトム改善活動に積極的に取り組み、グループとしての改善業務を進めることができる		○	◎
		部下教育	部下の能力を高めるため計画的にOJTを実施できる		○	◎
		コミュニケーション	日頃から部下との接触・対話を心掛け、良好な人間関係を作り、明るい職場作りができる		○	◎

IV　昇格への落とし込み方

資料39-(3)

☆：指導できる。複雑・困難な作業でも対応できるレベル
◎：一人で問題なくできるレベル
○：上司の大枠の指示があればできるレベル

部門別スキルマップ　営業/営業サポート

No	仕事の種類	具体的な仕事	評価基準	1グレード	2グレード	3グレード
0	営業目標	(月売上、粗利目標)	○売上500万円・粗利90万円 ◎売上1,000万円・粗利180万円	○	◎	☆
1	営業活動・顧客管理	顧客訪問・商談実施・提案	自社の強み・自身の強みと特徴を知っており、顧客にもそれを理解されて、営業で良好な関係が構築できる	○	◎	☆
		見積（既製品）	既製品メーカー各社の製品の知識があり、適正な見積書の作成および提出ができる	○	◎	☆
		見積（別製品）	用紙の取り都合の知識および各工程の理解を持って適正な見積書の作成および提出ができる	○	◎	☆
		新規開拓	自社の特徴を知っており、自社・自身をPRし新規の獲得ができる（◎は月平均決定時は支払方法等の詳細の打合せができる100万円程度）		◎	○
		競合先把握	競合他社の強み・弱み、コスト等を把握し、自社を強くするための仕組み作りができる		○	◎
		関係構築	顧客のキーマンを把握し、そのひと良い関係を構築し、また、顧客の若手の指導者の役割を果たし、自社の売上に貢献できる		○	◎
		納期調整・価格交渉	顧客との納期調整および自社に有利な価格交渉ができる		○	◎
		DTPエキスパート	DTPの知識を顧客との折衝で生かすことができる		○	◎
		クレーム処理	顧客からのクレームに対し、対応および社内連絡ができる。またクレームに対して恒久的対策を立て、仕組み化することができる		☆	◎
2	営業事務（実作業）	伝票処理	全顧客に提出する伝票を速やかに誤値なく処理することができる	◎		

221

No	仕事の種類	具体的仕事	評価基準	1グレード	2グレード	3グレード
2	営業事務（実作業）	束見本作成	仕上り寸法から正しい展開寸法を割り出し、仕様等を考慮し早く正確に作成できる	◎	☆	
		客先提出物準備	顧客に提出できる程度の刷り物・納本を顧客が求める前に提出することができる	◎	☆	
		問合せ対応	顧客や外注先等の問合せに対し、担当者でなくともプリンサーを使用して適切に対応することができる	◎	☆	
3	受注生産計画	指示書・原稿作成	プリンサーを使用して作業指示書を正しく入力し、適確に作成することができる。また、原稿の管理をプリンサーで正しく入力できる	○	◎	☆
		用紙・印刷の手配	取り都合・コスト・納期・発注先を考慮した用紙・印刷手配ができる	○	◎	☆
		加工の手配	必要な加工を判断し、コスト・納期・発注先を考慮した加工の手配ができる	○	○	☆
		作業進行の決定	工場や外注先からの問合せに対し、プリンサーを活用して必要な判断や指示ができる。また、自分以外の仕事に対しても正しい判断ができる	○	◎	◎
		納期調整	社内週間予定を把握し社内の作業効率を重視した上で各加工先との納期調整ができる。また、無理な納期も適切に管理することができる	○	◎	☆
		ラベル作成	作業ロスになる前にラベルを作成し、現場に渡すことができる	◎	☆	
4	実作業	横持ち・資料授受	配送担当がいない時には、自らが用紙・仕掛品の横持ちをし、また、資料授受に際して内容を理解して工程に無駄を発生させずに配送できる	◎	☆	
		手貼り作業	外注先と同等のレベルで早く正確な作業をすることができる。また、作業計画を立てて実行することができる	◎	☆	
		AIデータ作成・修正	各ソフトを理解し、正確なデータ作成・修正・トラブル対応ができる	○	◎	☆
5	出荷業務	納品書作成	納品情報をもとに配送担当者へ無駄なく早く正確に納品書を作成することができる	◎	☆	

Ⅳ 昇格への落とし込み方

No	仕事の種類	具体的仕事	評価基準	1グレード	2グレード	3グレード
5	出荷業務	発送業務	発送に適した梱包をすることができ、伝票の準備・業者の手配をすることができる	◎	☆	
		売上処理	作業毎、月毎の売上請求処理をすることができる	◎	☆	
6	在庫管理	棚卸	プリンターを活用し、無駄なく棚卸を実施することができる	◎	☆	
		在庫の入出庫	在庫数・場所を管理し、プリンターを使用して入出庫ができる。また、在庫の滞留は顧客に訴求し、対応を促すことができる	○	◎	☆
7	改善業務	阻害報告のアップ・阻害表作成	阻害状況を把握し、原因・改善内容を含めたアップおよび阻害表の作成ができる。また、恒久的な対策・仕組み作りにもつなげることができる	○	◎	☆
		問題解決(担当業務)	自社の弱みを理解し、強みに変えられるように常により良い方法を考えた仕事をし、人や組織を巻き込み改善を図ることができる	○	◎	☆
8	車両管理	営業車の整備	営業車両のメンテナンス・車両の4Sを実施し、傷のない営業車両を心掛け、実践できる	◎	☆	
9	リーダー業務	計画と実績	グループ内の仕事の進捗状況を把握し、明日までに計画通り仕事を完了させることができる		○	◎
		社内調整・折衝	グループの業務を遂行するために必要な関係部署との折衝・調整を行い、グループの仕事を円滑に進めることができる		○	◎
		問題解決(グループ)	グループ内で発生した問題について、会社の方針を踏まえて適切に対応でき、タイミングを失することなく上司に報告できる		○	◎
		業務の改善	担当グループのポジション改善活動に積極的に取り組み、グループとしての改善業務を進めることができる		○	◎
		部下教育	部下の能力を高めるため計画的にOJTを実施できる		○	◎
		コミュニケーション	日頃から部下との接触・対話を心掛け、良好な人間関係を作り、明るい職場作りができる		○	◎

資料39-(4)

☆：指導できる。複雑・困難な作業でも対応できるレベル
◎：一人で問題なくできるレベル
○：上司の大枠の指示があればできるレベル

マネージャースキルマップ

No	仕事の種類	具体的仕事	評価基準	4グレード	5グレード
1	計画の立案・決定	計画の立案・決定	会社の方針に基づいてグループの具体的実施計画を提案できる	◎	
2	企画・立案	情報収集・活用	グループに役立つ情報を集め・整理・分析し、業務に活用できる	◎	
		企画・立案	方針や指示があれば、その指示に沿って新しい業務の企画・立案ができる	◎	
		業務の改善・工夫	ムダ・ムリ・ムラをなくすための問題意識を持ってグループの業務を改善できる		◎
		トップへの意見具申	業務の問題点について、自信を持って改善等の意見を具申できる		◎
3	業務推進	業務方針・計画の徹底	会社方針およびトップの意向を理解し、これを部下にわかりやすく徹底できる		◎
		リーダーシップ	グループの方針と業務の優先順位を明確にし、メンバー個々人の役割と責任範囲を明らかにしてグループを一つにまとめ動かすことができる		☆
		個人目標の設定	グループの方針に基づき、部下の意見等も勘案した個人目標の設定について適切に指導できる		◎
		業務進捗状況の管理	グループの業務の運捗状況を把握し、遂行上のポイントを効果的に指示、アドバイスできる		◎
		目標の達成	グループ一人ひとりの目標を達成させるため、的確なアドバイスができる		◎
		問題解決と方向変更	担当業務を調整し処理できる		◎
		状況対応	緊急業務が生じた場合、担当業務を調整し処理できる		◎
		会議の開催・運営	会議に必要な資料の作成および打合せ等の準備を的確に行い、会議を開催・運営ができる		◎
		職場活性化	服務規律を部下に浸透させ、規律ある職場を維持するとともに、部下に意見や提案を出しやすい職場作りができる	◎	
4	人事管理	コミュニケーション	明るく挨拶ができるような環境を作り、報・連・相が円滑に行われる、コミュニケーションの良い職場作りができる	◎	
		人員配置・ローテーション	部下の能力、資質を把握して人事配置、ローテーションについて提案し、実施できる	◎	
		指導・育成	部下の指導・育成が組織の力や業績を左右することを認識して、高い関心を持って人材育成に取り組むことができる	◎	
		人事評価	人事評価の考え方、技法、ルール等を理解し公正に評価できる	◎	
		時間管理	業務の割り当て、流し方を細かく把握し、ムダなく工夫をなくす時間管理ができる	◎	
5	折衝業務	社内調整・折衝	業務遂行に当たり他部署の目標達成が必要な場合は、関係部署と適切な折衝を行い、業務を円滑に遂行できる	◎	
		社外折衝	グループの業務の目標達成のため、必要な場合は関係先に慎重に働きかけ、折衝・調整を行って業務を円滑に遂行できる		◎

IV 昇格への落とし込み方

資料40

【総務・経理】

◆スキル評価表

評価基準:
- 5：指示できる。複雑・困難な作業でも対応できる
- 4：一人で問題なくできる
- 3：上司の大枠の指示があれば問題なくできる
- 2：上司の指示があれば指示通りできる
- ✓：この仕事は担当したことがないので評定できない

左記の5段階で評定し、評定段階の数値を評定の欄に記入してください

No	仕事の種類	No	具体的な仕事	評価基準	本人	上司
1	庶務	1	文書管理	文書（郵便物、FAX等）の内容確認、保存の要否を判断できる。保存文書はシングルファイル管理とし、保存期間を明記し破棄する	4	4
		2	対社内文書の作成・管理	各種連絡文書、掃除当番表等の作成・回覧・配信・掲示・管理ができる。工場作業日報・チェックリストの作成・配布ができる	5	4
		3	対社外文書の作成・管理	各種連絡文書、贈答書類の作成・配信・管理ができる。各種アンケート類・調査票は、各者やその要求事項に応じた文書を作成できる	4	3
		4	対社外対応	お歳暮・お中元等の品物手配、贈答品の御礼状を作成できる。年賀状等の送り一覧表を作成・管理し手配している。地域からの苦情要望等の対応ができる	3	2
		5	社内行事の企画・運営	忘年会、新年会等の事前準備、買出し、出欠確認、会費のとりまとめ、支払、当日の段取り等ができる	4	3
		6	社内福利厚生	救急医薬品医薬品の維持管理、従業員誕生日の祝品購入、弁当発注ができる。福利厚生施設の入退会手続きができる。健康診断の計画・実地ができる。従業員の別途積立金(2,000円)の集金・管理ができる	5	3
		7	外部講習受講対応	会社の窓口となって各講習の申込手続き、支払手続きができる	4	3
		8	リスク管理	災害に必要な知識と予測できる被害に備えて必要な手配ができる。個人情報の意味とリスクを理解し、十分な管理ができる	4	3
2	備品・施設管理	9	備品管理	社内の備品類を管理し、必要な物を発注・購入できる。ダンボールの在庫表作成ができる	4	3
		10	切手・印紙・小切手・手形帳管理	切手・印紙、小切手・約束手形帳の購入、管理ができる	5	4
		11	PC関連管理	新規購入パソコン・プリンター等の各種設定・メール設定ができる。社内パソコン・LAN不具合時の対応・修理依頼ができる。ウイルス対策ソフトを導入・更新できる	4	3
		12	施設管理	土地・社屋の納税管理ができる。セコム管理回収業者・電気・水道・電話の業者対応、各種故障修理依頼ができる。電話機のリース管理ができる	4	3
		13	社用車管理	車両の定期メンテナンス・車検の管理ができる。自動車保険の管理・契約・更新ができる。自動車事故の対応ができる。契約の見直しができる	4	3
3	勤怠・給与業務	14	勤怠管理	タイムカードの作成・データ管理・保管ができる。休暇届・外出届の作成・保管・管理ができる	4	3
		15	給与計算	勤怠管理データを元に正しく給与計算されているか確認し、振込・明細書作成ができる。通勤交通費・旅費交通費、携帯電話代等を正しく支給できる	4	3
		16	年末調整処理	各種申告書と証明書類のチェック作業を行い、不備があった際には該当者とやり取りを行い、適切な処理ができる	4	3
4	社会保険	17	社会保険業務	社員の入退社時や社員、氏名変更があった際の社会保険・労働保険・生命保険等の各種手続きができる。算定基礎届・住民税特別徴収の対応ができる	4	3
		18	助成金・給付金対応	申請可能な助成金・給付金を確認し、助成金・給付金の申込手続き、必要書類の準備・作成ができる	4	3
5	人事労務	19	採用実務	ハローワークの窓口になり採用計画を踏まえた求人票を作成できる。採用書類の発送、管理ができる	4	3
		20	各種管理	各種法令を理解し、規定の変更や作成が正確にできる。傷害保険・退職金保険等の加入・更新・請求手続きができる。契約の見直しができる	4	3
6	現預金・資金繰り管理	21	取引仕分業務	日々の発生取引を財務会計ソフトに正しく仕訳し入力できる	4	3
		22	現預金管理	小口現金、銀行残高を日々把握し、必要に応じて入出金伝票を起票、台帳記帳ができる。インターネットバンキングの操作ができる	5	4
		23	資金繰り管理	毎月の売上、諸経費、給料等を把握し、資金繰りの判断ができる。小切手の預入、受取手の取立又は割引の判断ができる	4	3
7	売上・入金管理	24	売上管理	納品伝票を整理し、担当者のチェックが完了した納品伝票より明細を確認し得意先に請求書を発行・送付・管理ができる。専用伝票使用の得意先への請求書発行・送付・管理ができる。請求訂正があった際には適切な対応ができる。売掛金管理ソフトに入力し、得意先別に売上管理ができる。○○○関連については台帳記載・請求書・発注書等を整理することができる。会計事務所提出書類を作成できる	5	4
		25	入金管理	得意先からの入金予定日を確認し、入金（振込・手形・小切手・現金）の管理ができる。領収証の発行・集金依頼・送付ができる。相殺の場合は先方確認し適正発行ができる。未払いの得意先への対応ができる	4	4
8	仕入・支払管理	26	仕入管理	請求書を整理し、担当者のチェックを元に正しく請求がきているか確認作業ができる。単価訂正があった際は適切な対応ができる。買掛金管理ソフトに入力し、仕入先毎に仕入管理ができる	4	3
		27	支払管理	請求書等を確認し、請求額や支払条件に基づき、支払方法を手形・小切手・現金に振り分け、それぞれに対し支払手続きをすることができる。領収証の受領・確認・保管ができる。支払手形等の決済事務処理ができる	5	4
9	財務	28	月次資料作成	財務会計ソフトにて月次資料を正確に作成できる	4	3
		29	経営計画補助	年間売上高、年間残業時間、光熱費等の実績一覧表を正しく作成できる	4	4
		30	税金処理管理	源泉税、住民税、固定資産税、消費税、法人税、事業税を理解し、事務処理・納付作業ができる	4	3
		31	決算事務処理	決算に必要な書類の整理・棚卸の事務処理ができる。会計事務所提出書類を作成できる	4	4
10	工場管理	32	品質チェック	工場内で生産する製品の品質チェックができる。作業開始前に問題点がないか確認し、問題がある場合は指摘してもらうことができる	4	3
11	ラインリーダー業務	33	各階の計画と実績	グループの業務の進捗状況を把握し、明日までに計画通り仕事を完了させることができる	✓	
		34	社内調整・折衝	グループの業務を遂行するために必要な関係部署との折衝・調整を行い、グループの仕事を円滑となく上司に報告できる	✓	3
		35	問題解決（グループ）	グループ内で発生した問題について、会社の方針を踏まえて適切に対応でき、タイミングを失することなく上司に報告できる	✓	3
		36	業務の改善	担当グループのポルフ改善活動に積極的に取り組み、グループとしての改善業務を進めることができる	✓	2	評価項
		37	部下教育	部下や業務上のパートナー・前後工程の能力を高めるために的確にOJTを実施できる	✓	2	37
		38	コミュニケーション	日頃から部下との接触・対話を心掛け、良好な人間関係を作り、明るい職場作りができる	✓	3	習得率
					4.03	3.35	97%

【共通項目】

No	仕事の種類	No	具体的な仕事	評価基準	本人	上司
1	電話・接客応対	1	電話応対	電話の基本マナーを理解し、担当業務についての電話照会について手際よく応対し、処理できる	4	4
		2	接客応対	接客マナーを理解し、担当業務についての接客応対が一通りできる	4	4
2	報告・連絡・社内外折衝	3	報告・連絡・相談	上司に対し、仕事の報告、連絡、相談が一通りできる	4	4
		4	社内外折衝	交渉・折衝事項について意図や目的を相手に伝え、的確な調整や説得ができる	3	2
3	教育・指導・コミュニケーション	5	教育・指導	担当業務について部下や後輩に対し、気付いた点は積極的に教えることができる	3	2
		6	コミュニケーション	コミュニケーション円滑化のため上司・同僚との関係に気を配り、また、後輩の良き相談相手になることができる	3	2
4	4S活動	7	4S活動の推進	職場の整理・整頓・清掃・清潔を自ら実践し進めていることができる	4	3	評価項
5	PPORF（ポルフ）活動	8	ポルフ活動の推進	ポルフ20項目の改善活動のいずれかを担当し改善業務を進めることができる。No13（機械設備の活用）、No18（マイコンの活用）、No5（段取り替え改善）No10（作業規律）は工場部門のスキルマップ参照			9
6	PCスキル	9	PC入力	エクセル・ワードの入力ができ、担当している帳票類や記録類の作成ができる。工場部門は、工場のスキルマップ参照（ポルフNo18－マイコンの活用－）	5	5	習得率
					3.67	3.11	100%

225

V

賞与への落とし込み方

Ⅴ　賞与への落とし込み方

　人事考課の賞与への活用として、大きく区分すると次の２つの方法があります。

1　月数方式

　賞与の算定基礎額を、基本給、基準内賃金、役職手当など一部の手当を加えて、月数に評定結果に一定の率を乗じて算定する方式です。この方式を算定している企業が多いと思いますが、この方式は算定基礎額が多い人の場合は、人事考課の評定がたとえ悪くとも、基礎額が多いため、賞与が多いという結果になります。

　また、この方式は、賞与の評定の範囲をＳ・Ａ・Ｂ・Ｃ・Ｄというように区分して、一定の率で次のような相対評定で配分することになります。

＜月数方式での配分の例＞

評　定	S	A	B	C	D
相対配分	5 %	15%	60%	15%	5 %
率	1.2	1.1	1.0	0.9	0.8

　この配分方式は、Ｓ・Ａ・Ｂ・Ｃ・Ｄを評定点で範囲を決めることになり、１点差でＢがＣとなり、支給率が上下するということになります。また、配分の範囲を相対評定で行えば、無理にＳ、Ｄを出すということにもなりかねないというマイナス面もあります。

　一方、プラス面としては社員にわかりやすいということと、決めた賞与原資を過不足なく配分できるということがあります。

　具体的な算定方式は、中堅社員10名で、役職、基本給が下記のよ

うな実例でみると、賞与支給率が基本給の2か月分の配分例として、230～232頁のような5つのパターンがあります。

＜役職、基本給＞

No.	氏　名	役　職	基本給
1	北上	係長	285,000
2	大野		280,000
3	堺	係長	285,000
4	大館		278,000
5	水戸	係長	283,000
6	小山		275,000
7	川口		280,000
8	小金井		278,000
9	岸		280,000
10	藤沢		275,000
	計		2,799,000

　パターン1は、人事考課の結果は反映しないで一律に支給する方式です。この方式は人事考課を反映していないということになります。
　パターン2は、支給額の2か月分すべてに人事考課を反映する方式です。
　パターン3は、支給額の1か月分を一律で、あとの1か月に人事考課を反映する方式です。
　パターン4は、パターン2に役職率を加算する方式です。
　パターン5は、パターン2に出勤率を加算する方式です。

パターン１：基本給×支給月数

No.	氏名	役職	基本給	支給月数	賞与額
1	北上	係長	285,000	2	570,000
2	大野		280,000	2	560,000
3	堺	係長	285,000	2	570,000
4	大館		278,000	2	556,000
5	水戸	係長	283,000	2	566,000
6	小山		275,000	2	550,000
7	川口		280,000	2	560,000
8	小金井		278,000	2	556,000
9	岸		280,000	2	560,000
10	藤沢		275,000	2	550,000
	計		2,799,000		5,598,000

賞与額＝基本給×支給月数（２か月）
（注）人事考課は活用していない

パターン２：基本給×支給月数×評定係数

No.	氏名	役職	基本給	人事考課点数	賞与評語	評定係数	支給月数	賞与額
1	北上	係長	285,000	125	S	1.2	2.4	684,000
2	大野		280,000	120	A	1.1	2.2	616,000
3	堺	係長	285,000	113	A	1.1	2.2	627,000
4	大館		278,000	107	B	1.0	2.0	556,000
5	水戸	係長	283,000	101	B	1.0	2.0	566,000
6	小山		275,000	98	B	1.0	2.0	550,000
7	川口		280,000	93	B	1.0	2.0	560,000
8	小金井		278,000	89	C	0.9	1.8	500,400
9	岸		280,000	83	C	0.9	1.8	504,000
10	藤沢		275,000	78	D	0.8	1.6	440,000
	計		2,799,000					5,603,400

賞与額＝基本給×支給月数（２か月×評定係数）

＜評定係数＞

評定	S	A	B	C	D
係数	1.2	1.1	1	0.9	0.8

Ⅴ　賞与への落とし込み方

パターン３：基本給×支給月数（一律）＋基本給×支給月数×評定係数

No.	氏名	役職	基本給	人事考課点数	賞与評語	評定係数	一律分	評価反映分	賞与額
1	北上	係長	285,000	125	S	1.2	285,000	342,000	627,000
2	大野		280,000	120	A	1.1	280,000	308,000	588,000
3	堺	係長	285,000	113	A	1.1	285,000	313,500	598,500
4	大館		278,000	107	B	1.0	278,000	278,000	556,000
5	水戸	係長	283,000	101	B	1.0	283,000	283,000	566,000
6	小山		275,000	98	B	1.0	275,000	275,000	550,000
7	川口		280,000	93	B	1.0	280,000	280,000	560,000
8	小金井		278,000	89	C	0.9	278,000	250,200	528,200
9	岸		280,000	83	C	0.9	280,000	252,000	532,000
10	藤沢		275,000	78	D	0.8	275,000	220,000	495,000
	計		2,799,000				2,799,000	2,801,700	5,600,700

賞与額＝一律分（基本給×１か月）＋評定反映分（基本給×１か月×評定係数）
（注）評定係数はパターン１と同じ

パターン４：基本給×支給月数×評定係数×役職率

No.	氏名	役職	基本給	人事考課点数	賞与評語	評定係数	支給月数	役職率	賞与額
1	北上	係長	285,000	125	S	1.2	2.4	1.10	752,400
2	大野		280,000	120	A	1.1	2.2		616,000
3	堺	係長	285,000	113	A	1.1	2.2	1.10	689,700
4	大館		278,000	107	B	1.0	2.0		556,000
5	水戸	係長	283,000	101	B	1.0	2.0	1.10	622,600
6	小山		275,000	98	B	1.0	2.0		550,000
7	川口		280,000	93	B	1.0	2.0		560,000
8	小金井		278,000	89	C	0.9	1.8		500,400
9	岸		280,000	83	C	0.9	1.8		504,000
10	藤沢		275,000	78	D	0.8	1.6		440,000
	計		2,799,000						5,791,100

賞与額＝基本給×支給月数（２か月×評定係数）×役職率

＜役職率＞

役職	部長	課長	係長
率	1.25	1.15	1.1

（注）評定係数はパターン２と同じ

パターン5：基本給×支給月数×評定係数×出勤率係数

No.	氏名	役職	基本給	人事考課点数	賞与評語	評定係数	支給月数	出勤率係数	賞与額
1	北上	係長	285,000	125	S	1.2	2.4	1.10	752,400
2	大野		280,000	120	A	1.1	2.2	1.10	677,600
3	堺	係長	285,000	113	A	1.1	2.2	1.10	689,700
4	大館		278,000	107	B	1.0	2.0	1.05	583,800
5	水戸	係長	283,000	101	B	1.0	2.0	1.10	622,600
6	小山		275,000	98	B	1.0	2.0	1.00	550,000
7	川口		280,000	93	B	1.0	2.0	1.10	616,000
8	小金井		278,000	89	C	0.9	1.8	1.10	550,440
9	岸		280,000	83	C	0.9	1.8	1.10	554,400
10	藤沢		275,000	78	D	0.8	1.6	1.10	484,000
	計		2,799,000						6,080,940

賞与額＝基本給×支給月数（2か月×評定係数）×出勤率係数

＜出勤係数＞

出勤率	出勤率係数
99〜100%	1.1
97〜99%	1.05
95〜97%	1.00
93〜95%	0.95
〜93%	0.90

（注）評定係数はパターン2と同じ

2　ポイント方式

　この方式は、賞与支給係数2か月分のうち、例えば1か月分は定率で、残りの1か月分に人事考課を反映させるというような方式です。この方式は、一般職、監督職グループとか、同じグレードなどでグループを作り、賞与原資の2か月分のうち、1か月分は定率で、あとの1か月分はグループの中で人事考課を反映して配分する方式ですので、月数方式のように基本給が多い人に必ずしも多い賞与が配分されるということにはなりません。

基本給の少ない人で、人事考課が高い評定をされると、人事考課の反映分が多くなります。逆に基本給の多い人で、人事考課が低い評定をされると、人事考課の反映分が少なくなります。この方式ですと基本給が少なくても、人事考課の成績が良ければ多く賞与が配分されるという利点があります。

　この方式は評定点で配分する方式ですので、1点差でも賞与額が違うということになります。また、この方式は絶対評定の配分になりますので、社員からの納得性も高くなると思います。

　具体的な算出方式は、前述の月数方式と基本給、人事考課点数が同じとして、次頁のような4つのパターンがあります。

　パターン1は、支給額の2か月分すべてをポイント単価化して、人事考課に反映する方式です。

　パターン2は、支給額の70％を一律で、あとの30％をポイント単価化して人事考課に反映する方式です。

　パターン3は、パターン2の方式で、人事考課反映分は人事考課の一定点数以上（ここでは90点以上）の社員に配分する方式です。

　パターン4は、人事考課の点数の一番低い人から1点を差し引き、それを基準点として持ち点を算出して人事考課を反映させる方式です。

パターン1:人事考課点数×ポイント単価で配分する方式

No.	氏名	役職	基本給	人事考課点数	ポイント単価	賞与額
1	北上	係長	285,000	125	5,600	700,000
2	大野		280,000	120	5,600	672,000
3	堺	係長	285,000	113	5,600	632,800
4	大館		278,000	107	5,600	599,200
5	水戸	係長	283,000	101	5,600	565,600
6	小山		275,000	98	5,600	548,800
7	川口		280,000	93	5,600	520,800
8	小金井		278,000	89	5,600	498,400
9	岸		280,000	83	5,600	464,800
10	藤沢		275,000	78	5,600	436,800
	計		2,799,000	1,007		5,639,200

賞与額=人事考課点数×ポイント単価
　賞与原資・・・・・5,598,000円
　総人事考課点数・・1,007
　ポイント単価・・・5,598,000円÷1,007≒5,600円

パターン2:定率分+人事考課点数×ポイント単価で配分する方式

No.	氏名	役職	基本給	人事考課点数	定率分	ポイント単価	評価反映分	賞与額
1	北上	係長	285,000	125	399,000	1,700	212,500	611,500
2	大野		280,000	120	392,000	1,700	204,000	596,000
3	堺	係長	285,000	113	399,000	1,700	192,100	591,100
4	大館		278,000	107	389,200	1,700	181,900	571,100
5	水戸	係長	283,000	101	396,200	1,700	171,700	567,900
6	小山		275,000	98	385,000	1,700	166,600	551,600
7	川口		280,000	93	392,000	1,700	158,100	550,100
8	小金井		278,000	89	389,200	1,700	151,300	540,500
9	岸		280,000	83	392,000	1,700	141,100	533,100
10	藤沢		275,000	78	385,000	1,700	132,600	517,600
	計		2,799,000	1,007	3,918,600		1,711,900	5,630,500

賞与額=定率分(基本給×2カ月×0.7)+評価反映分(ポイント単価×人事考課点数)
　定率分:70%、評価反映分:30%
　　定率分総額・・・・・5,598,000円×0.7=3,918,600円
　　評価反映分総額・・・5,598,000円×0.3=1,679,400円
　　ポイント単価・・・・1,679,400円÷1,007≒1,700円

V 賞与への落とし込み方

パターン3：パターン2の方式で一定の点数以上の者に評定反映分を配分する方式

No.	氏名	役職	基本給	人事考課点数	定率分	ポイント単価	評価反映分	賞与額
1	北上	係長	285,000	125	399,000	2,300	287,500	686,500
2	大野		280,000	120	392,000	2,300	276,000	668,000
3	堺	係長	285,000	113	399,000	2,300	259,900	658,900
4	大館		278,000	107	389,200	2,300	246,100	635,300
5	水戸	係長	283,000	101	396,200	2,300	232,300	628,500
6	小山		275,000	98	385,000	2,300	225,400	610,400
7	川口		280,000	93	392,000	2,300	213,900	605,900
8	小金井		278,000	(89)	389,200			389,200
9	岸		280,000	(83)	392,000			392,000
10	藤沢		275,000	(78)	385,000			385,000
	計		2,799,000	757	3,918,600		1,741,100	5,659,700

賞与額＝定率分（基本給×2カ月×0.7）＋評価反映分（ポイント単価×人事考課点数）
　　人事考課点数90点以上を対象とする。
　　対象者の総人事考課点数は、No.1～No.7で、757点
　　ポイント単価・・・・1,679,400円÷757≒2,300円

パターン4：パターン2の方式で各自の人事考課点数の基準点の差額を持点とし評定反映分を配分する方式

No.	氏名	役職	基本給	人事考課点数	定率分	基準点	持点	持点単価	評価反映分	賞与額
1	北上	係長	285,000	125	399,000	77	48	7,100	340,800	739,800
2	大野		280,000	120	392,000	77	43	7,100	305,300	697,300
3	堺	係長	285,000	113	399,000	77	36	7,100	255,600	654,600
4	大館		278,000	107	389,200	77	30	7,100	213,000	602,200
5	水戸	係長	283,000	101	396,200	77	24	7,100	170,400	566,600
6	小山		275,000	98	385,000	77	21	7,100	149,100	534,100
7	川口		280,000	93	392,000	77	16	7,100	113,600	505,600
8	小金井		278,000	89	389,200	77	12	7,100	85,200	474,400
9	岸		280,000	83	392,000	77	6	7,100	42,600	434,600
10	藤沢		275,000	78	385,000	77	1	7,100	7,100	392,100
	計		2,799,000	1,007	3,918,600		237		1,682,700	5,601,300

賞与額＝定率分（基本給×2カ月×0.7）＋評価反映分（持点単価×持点）
　　持点＝個別人事考課点数－基準点
　　基準点・・・最低人事考課点数（78点）－1＝77点、持点合計237点
　　持点単価・・1,679,400円÷237≒7,100円

VI

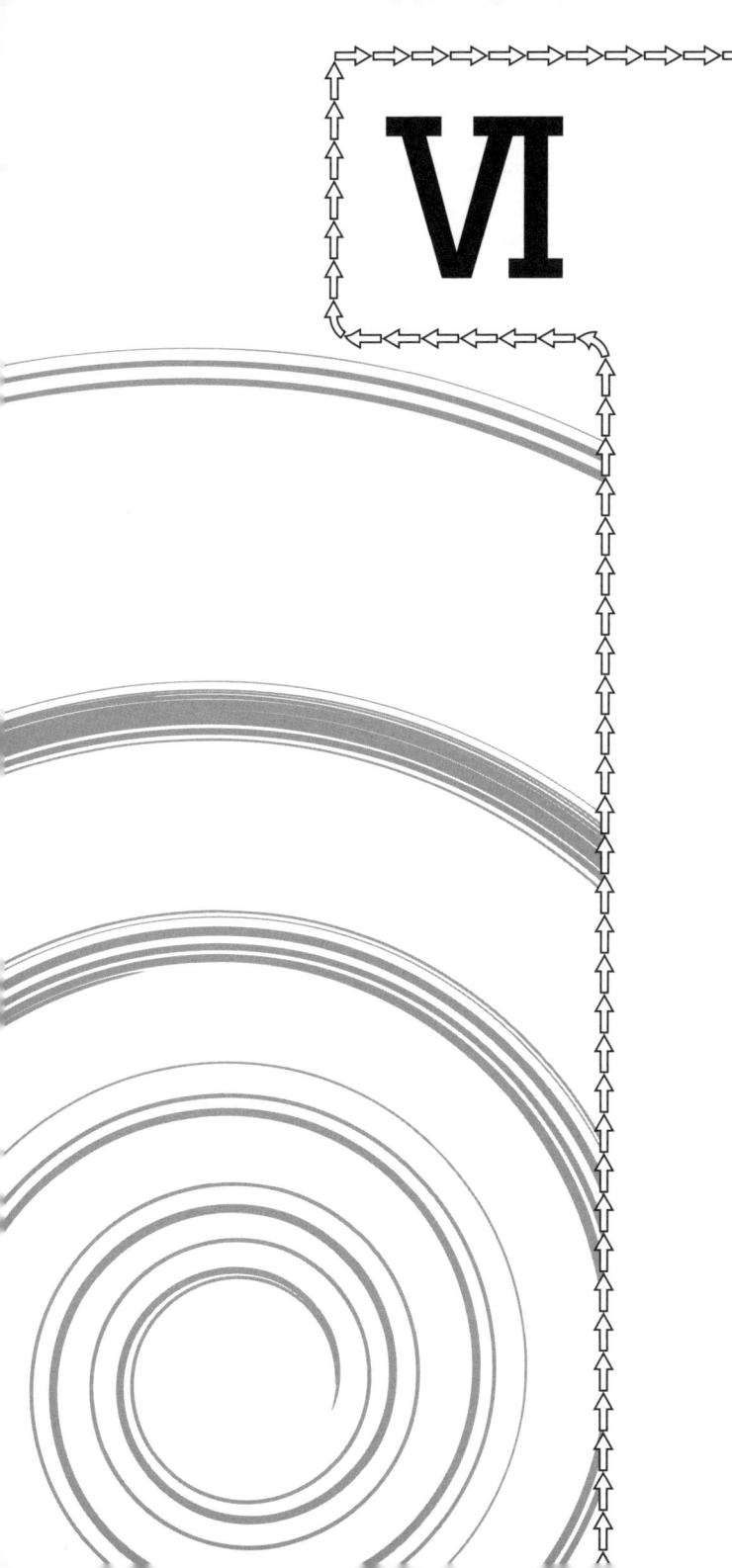

OJTへの落とし込み方

Ⅵ　OJTへの落とし込み方

　OJTとは、明確な定義はありませんが、あえて定義してみると、「管理者および先輩が日常の仕事の流れの中で、部下、後輩に対して計画的、意図的に指導、育成、訓練すること」と言えると思います。
　では、OJTは誰が行うのかというと、管理者および先輩ということになります。そうなると、OJTは日常の仕事の流れの中で行うものということになり、日常の人と仕事の管理を行っている管理者の重要な役割ということになります。

1　管理者の役割と人事考課の関係

　管理者の役割は、下図のように、任された部下を活用して、与えられた目標を達成することです。

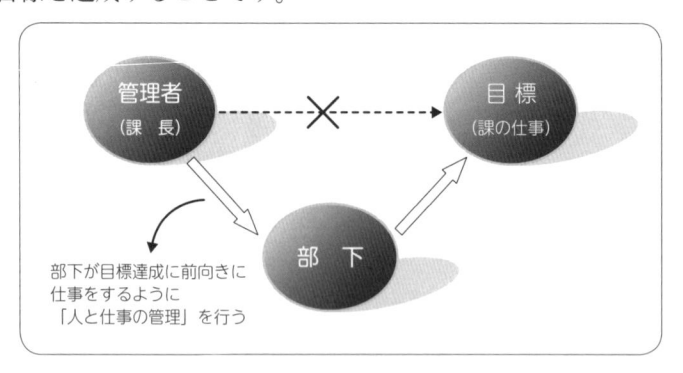

```
　　　管理者　　　　×　　　　目　標
　　　（課　長）　------→　（課の仕事）
　　　　　　↓　　　　　↑
　　　　　　　　　　部　下

部下が目標達成に前向きに
仕事をするように
「人と仕事の管理」を行う
```

管理者の役割を果たすためには、
① 　部下の能力を把握し
② 　仕事に必要な能力を把握し
③ 　部下の能力を考えて部下に仕事を割り当て

④　割り当てた仕事の達成目標を設定し
⑤　目標達成のための進捗管理を行い
⑥　達成した仕事を評価する

という「計画→実施→評価」のサイクルで「人と仕事の管理」を行っていくことになります。

一方、人事考課のサイクルも期初に人事考課で評定する目標を設定し、中間に進捗管理を行い、期末に評価するという流れになります。この両方のサイクルを関連付けてみると次のようになると思います。

このように管理者の役割を果たすサイクルと人事考課のサイクルは、「計画 → 実施 → 評価」と同じだと思います。そして、人事考課を行うのは管理者ですので、この2つは連動していることになります。

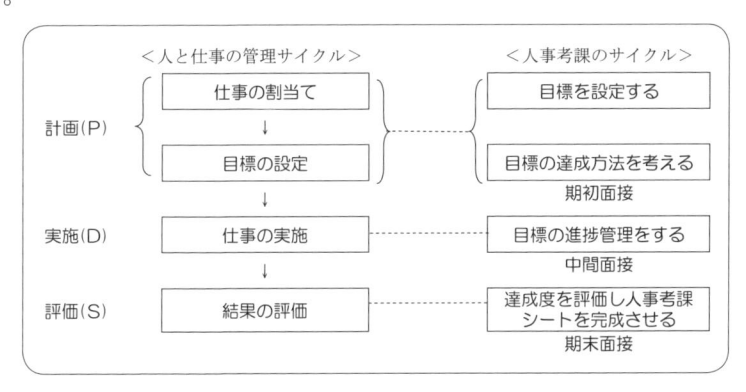

	<人と仕事の管理サイクル>	<人事考課のサイクル>
計画(P)	仕事の割当て → 目標の設定	目標を設定する / 目標の達成方法を考える（期初面接）
実施(D)	仕事の実施	目標の進捗管理をする（中間面接）
評価(S)	結果の評価	達成度を評価し人事考課シートを完成させる（期末面接）

2　人事考課とOJTの関係

人事考課は昇給・昇格・賞与等の処遇に活用されますので、この処遇への活用が人事考課の大きな目的のように思われますが、もう一つ大きな目的として、「能力開発・意欲付け」があります。したがって、人事考課は能力開発に活用することも重要になります。

人事考課結果のOJTへの活用方法としては、人事考課結果の中で目標まで達していない項目について育成計画を立てて、計画的に進め

ていく方法があると思います。しかし、この計画的OJTはなかなか実行できないというのが本音のようです。そこで、実行可能性の高い人事考課のOJTへの活用方法として、人事考課での目標設定の段階、目標達成過程の段階、目標達成後の評価の段階でOJTを考慮して進めていく方法が考えられます。

　すなわち、目標設定の段階（人事考課シートで評定項目を決定する段階）で前期の評定の結果からOJTを考慮して、本人の能力よりやや高い仕事の割当てをします。そして、中間の進捗管理ではなるべく期間を短くして、上司と部下の話し合いの中で達成方法について部下に考えさせて、行動させます。

　また、目標達成後の評価の段階においても自己評定と上司評定の違いについて話し合って合意し、そこでOJTの必要点と方法について話し合うという、人事考課のサイクルを活用して、目標設定、進捗管理の評価の中でOJTを展開していく方法です。

　ポイントは、人事考課のサイクルの中で、話し合う、考えさせる、実行させるということを通してOJTを行っていくという点です。

＜人事考課のステップとOJTの関係＞

人事考課のステップ	面　接	OJTを考慮した事項
目標設定の段階	期初面接	①経営・上司目標と連動した目標設定の指導・支援 ②能力よりやや高い目標の設定 ③能力開発を考慮した人事考課での目標の決定
目標達成過程の段階	中間面接	①目標達成のための進捗チェック ②目標達成の方法について本人に考えさせる ③目標自体の見直し（本人に考えさせる） ④目標達成に向けた動機付け
目標達成後の評価の段階	期末面接	①評価結果のレベル合せ ②目標達成・未達要因の明確化 ③能力開発の必要点と方法の合意 ④次期目標に向けた動機付け

応用篇 ①
週1回および4半期ごとの進捗管理の面接により目標達成とOJTで効果を上げているI社の事例

　I社は社員150名程度のメーカーで、人事考課の業績評定に目標管理を取り入れています。そして人事考課をOJTに活かす方法として、人事考課での進捗管理を徹底することに重点を置いています。目標管理で目標達成させるためにも、この進捗管理を徹底的に行うことが大切です。

　同社では人事考課の業績評定は目標管理方式を取り入れており、目標は通期（1年）で設定していますが、人事考課は賞与との関連で上期（4月～9月末）、通期（4月～3月末）の2回集計して提出するしくみになっています。そして、上期は冬の賞与へ、通期は夏の賞与と昇給・昇格に活用するというしくみです。同社は、導入当初は上期、下期の2回、進捗管理のための面接を行っていました。

　しかし、年2回の進捗管理の面接では、特に営業部については目標の未達に終わる人が多く、またOJTの効果も薄いということがわかりました。そこで、営業目標の達成と能力開発に効果を上げるためには進捗管理をきちんと行う必要があるとの考え方から、進捗管理として、週1回行動管理を行い、その結果を4半期ごとに人事考課に落とし込み、さらに半期ごとの人事考課でまとめるしくみに切り替えました。

　そして、この行動管理と進捗管理では、部下と目標達成方法について話し合い、その中でなるべく達成方法について本人に考えさせるような進め方をさせています。この部下が考えるという場面が、目標を達成させるだけでなく、本人の能力の向上に役立っています（目標達成の中間面接の手順）。

資料41

目標達成の中間面接の手順

> 目標の達成状況、未達になりそうな部分の達成方法、上司の援助の有無など、部下に考えさせ、発言させるように進めていく。

	話し合いの手順	留意点	会話・コメント例
①	目標項目を確認する	期初に設定した目標項目を読み上げて一つひとつ確認する（本人に話をさせても良い）	今期の目標項目として、〜について挙げているが間違いないね…
②	目標項目ごとに現時点での達成状況と現時点での考課を聞いていく（目標項目ごとに聞いていく）	目標項目ごとに「現状での達成状況」を聞いていく ここではあくまでも業績考課表に書かれたことを基準にすること	目標項目ごとに中間での達成状況とその理由を聞かせてほしい。 業績考課表のどの部分に書かれていることについて話をしているのか…
③	このままいけば未達になりそうな部分は今後達成していくために援助してほしいかを聞く	このままで達成可能か、何か手を打つ必要があるか、援助してほしいことを本人の口から聞く。上司から言うのではなく本人に言わせる	それぞれの項目で、これから残りの目標を達成していくために何かしてほしいことがあるか、自分でやれると思っているのか…
④	未達になりそうな目標で上司から見て無理と思われる部分についての達成方法を話し合う	上司から見て無理と思われる項目を挙げて、どうすればできるか、ヒントを与えながら、本人に考えさせるようにする。必ず上司が援助できることを加えていく	目標の1については、あなたのやり方では相当頑張らないと達成は難しいようだ。〜の点について、こう考えてやったらどうか、こんな援助ができるが…
⑤	話し合った達成の方法について、援助するなど決まったことを確認する	上司の援助の内容・方法を明確にする。必ず達成できるという確信を持っていることを示す	〜については、〜のような援助をするが、そうすれば達成できると思うので、頑張ってほしい
⑥	その他、上司や他の人に援助してほしいことを話し合う	他のメンバーに援助してほしいことがあれば聞く。人事考課以外のことでも要望があれば聞く	人事考課を離れて何か援助してほしいことがあるか。仕事に対する要望があれば聞かせてほしい
⑦	面談で話し合ったことで重点部分について確認する（礼を言って終了する）	特に念を押しておくべき項目について、最後に確認する	今日の話し合いの中で重要なことを確認しておくと…

（注）中間面接で大切なことは、本人に考えさせることです。考える過程が部下の能力開発に役立ちます。

具体的には、営業部門においては、日報と人事考課を連動させるしくみを取り入れています。手順は次のように行っています。

> **ステップ1**…日報を基本に週1回行動管理の話し合いを通して部下に目標達成のために何をするか、具体的な行動を話し合って決める（**資料42**、244頁）。
> **ステップ2**…週の初めに決めた行動に沿って、営業活動を行い、その結果について日報で報告する。
> **ステップ3**…この毎週行っている行動管理を記録して残しておき、これを4半期ごとの人事考課シートに落とし込み、目標達成方法について話し合う（**資料43-(1)～(3)**、245～247頁）。
> **ステップ4**…ステップ3で作成した4半期ごとの人事考課シートをもとに、通期の人事考課シートを作成する（**資料44**、248頁）。

同社ではこのように、日報→週報→4半期ごとの人事考課シート→通期の人事考課シートでの進捗管理で部下と話し合い、この話し合いを通して部下に考えさせ、自分で考えたことだから実行できる、という位置付けにして、目標達成とOJTに役立てています。

資料42　日報と週間計画（思考と行動スケジュール週報）

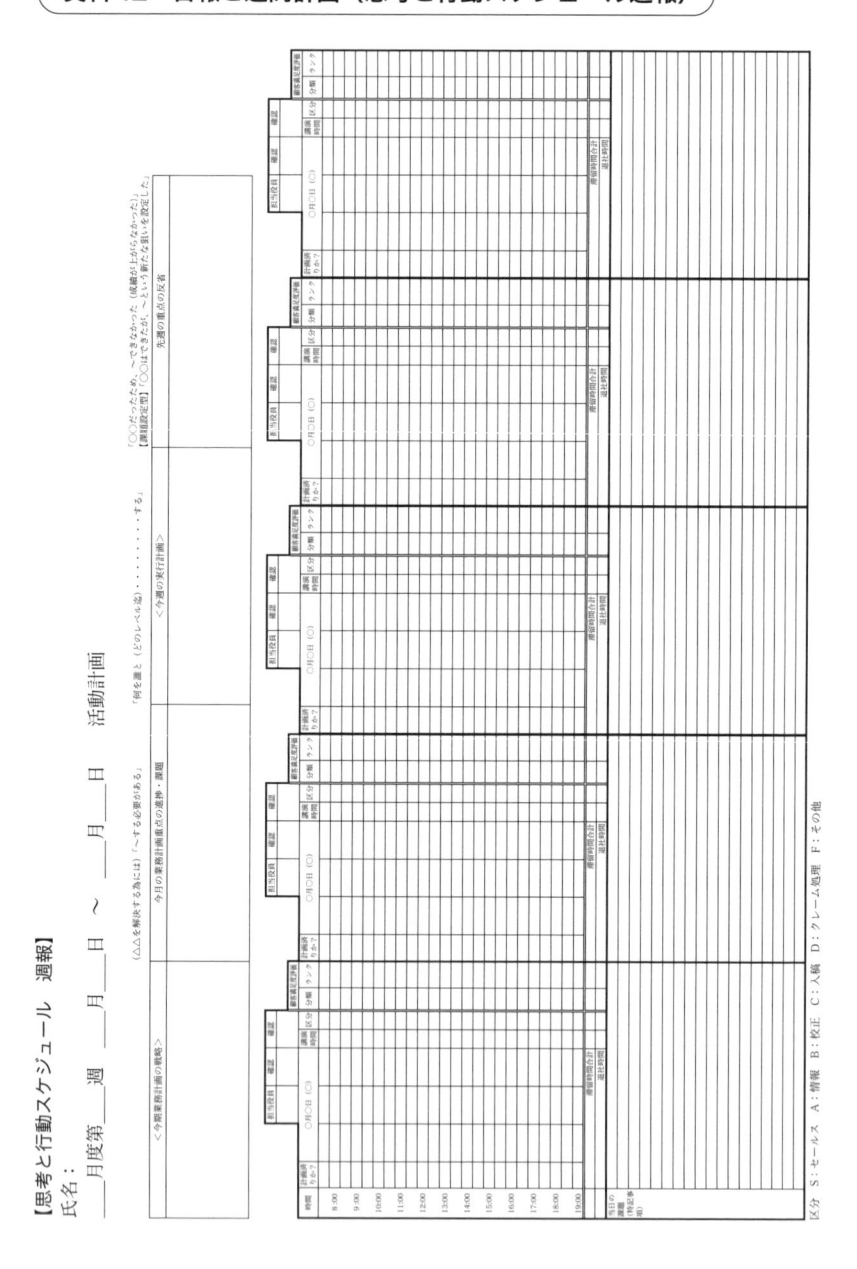

【思考と行動スケジュール　週報】

氏名：

＿＿月度第＿＿週　＿＿月＿＿日　～　＿＿月＿＿日　活動計画

Ⅵ　OJTへの落とし込み方

資料43-(1)

業績考課シート
第1四半期

S（14）：今期の重点目標・行動を大幅に上回っていた
A（12）：今期の重点目標・行動を上回っていた
B（10）：今期の重点目標・行動通りであった
C（8）：今期の重点目標・行動をやや下回っていた
D（6）：今期の重点目標・行動を下回っていた

職群資格	職種	所属	役職	氏名	一次考課者	二次考課者
等級			―	社員No.	㊞	㊞

1　業績考課

	期初設定			第1四半期		面接者記入（成果給）		被面接者記入
	与える仕事	今期の重点目標・行動／第1四半期目標・計画	ウエイト	1回目自己考課		一次考課		1回目の話し合いで決めた行動
担当業務 1	業務計画に基づき記入したものを面談により確約した目標	業務計画に基づき記入したものを面談により確約した目標・行動計画及び第1四半期の目標・行動計画		考課	考課点	考課	考課点	第1四半期終了後に日報・週報の次週の行動計画に基づき記入。
				(コメント) 日報・週報の結果報告に基づき記入。		(コメント) 日報・週報の結果報告に基づき記入。		
2				考課	考課点	考課	考課点	
				(コメント)		(コメント)		
3				考課	考課点	考課	考課点	
				(コメント)		(コメント)		
4				考課	考課点	考課	考課点	
				(コメント)		(コメント)		
5				考課	考課点	考課	考課点	
				(コメント)		(コメント)		
6				考課	考課点	考課	考課点	
				(コメント)		(コメント)		
				担当業務合計	/10	担当業務合計	/10	

中間レビューでのコメント・指示	その達成度と達成点	
	自己考課　　　点	一次考課　　　点

業績考課合計		担当業務	挑戦目標	合計
	自己考課			
	一次考課			

資料43-(2)

業績考課シート　第2四半期

S（14）：今期の重点目標・行動を大幅に上回っていた
A（12）：今期の重点目標・行動を上回っていた
B（10）：今期の重点目標・行動通りであった
C（8）：今期の重点目標・行動をやや下回っていた
D（6）：今期の重点目標・行動を下回っていた

職群資格	職種	所属	役職	氏名	一次考課者	二次考課者
等級			−	社員No.	印	印

1　業績考課

		期初設定（修正）			被面接者記入	第2四半期		面接者記入（成果給）		被面接者記入
		与える仕事	今期の重点目標・行動	ウエイト	1回目の話し合いで決めた行動	2回目自己考課		2回目一次考課		2回目の話し合いで決めた行動
担当業務	1	第1四半期での面談を基に変更があれば修正	第1四半期での面談を基に変更があれば修正		第1四半期終了後に日報・週報の次週の行動計画に基づき記入。	考課 （コメント）	考課点	考課 （コメント）	考課点	第2四半期終了後に日報・週報の次週の行動計画に基づき記入。
	2					考課 （コメント）	考課点	考課 （コメント）	考課点	
	3					考課 （コメント）	考課点	考課 （コメント）	考課点	
	4					考課 （コメント）	考課点	考課 （コメント）	考課点	
	5					考課 （コメント）	考課点	考課 （コメント）	考課点	
	6					考課 （コメント）	考課点	考課 （コメント）	考課点	
		修正を入れた場合は太字で表記				担当業務合計	/10	担当業務合計	/10	

Ⅵ　OJTへの落とし込み方

資料43-(3)

業績考課シート
第3四半期

S (14)：今期の重点目標・行動を大幅に上回っていた
A (12)：今期の重点目標・行動を上回っていた
B (10)：今期の重点目標・行動通りであった
C (8)：今期の重点目標・行動をやや下回っていた
D (6)：今期の重点目標・行動を下回っていた

職群資格	職種	所属	役職	氏名	一次考課者	二次考課者
等級			―	社員No.	㊞	㊞

1　業績考課

		期初設定（修正）			被面接者記入	第3四半期		面接者記入（成果給）		被面接者記入
		与える仕事	今期の重点目標・行動	ウエイト	2回目の話し合いで決めた行動	3回目自己考課		3回目一次考課		3回目の話し合いで決めた行動
担当業務	1	第2四半期での面談を基に変更があれば修正	第2四半期での面談を基に変更があれば修正		第2四半期終了後に日報・週報の次週の行動計画に基づき記入。	考課 （コメント）	考課点	考課 （コメント）	考課点	第3四半期終了後に日報、週報の行動計画に基づき記入。
	2					考課 （コメント）	考課点	考課 （コメント）	考課点	
	3					考課 （コメント）	考課点	考課 （コメント）	考課点	
	4					考課 （コメント）	考課点	考課 （コメント）	考課点	
	5			15		考課 （コメント）	考課点	考課 （コメント）	考課点	
	6					考課 （コメント）	考課点	考課 （コメント）	考課点	
		修正を入れた場合は太字で表記		15		担当業務合計	/10	担当業務合計	/10	

資料44

第4四半期・通期

業績考課シート
第4四半期・通期

- S（14）：今期の重点目標・行動を大幅に上回っていた
- A（12）：今期の重点目標・行動を上回っていた
- B（10）：今期の重点目標・行動通りであった
- C（8）：今期の重点目標・行動をやや下回っていた
- D（6）：今期の重点目標・行動を下回っていた

職群資格	職種	所属	役職	氏名	一次考課者	二次考課者
等級			－	社員No.	㊞	㊞

1　業績考課

	期初設定（修正）			被面接者記入	第4四半期		面接者記入（成果給）		通期		面接者記入（成果給）	
	与えられた仕事	今期の重点目標・行動	ウエイト	3回目の話し合いで決めた行動	4回目自己考課		4回目一次考課		自己考課		通期一次考課	
担当業務 1	第3四半期での面談を基に変更があれば修正	第3四半期での面談を基に変更があれば修正		日報・週報の結果報告に基づき記入。	考課	考課点	考課	考課点	考課	考課点	考課	考課点
					（コメント）日報・週報の結果報告に基づき記入。		（コメント）日報・週報の結果報告に基づき記入。		（コメント）年間を通じた結果を記入		（コメント）年間を通じた結果を評価して記入	
2					考課	考課点	考課	考課点	考課	考課点	考課	考課点
					（コメント）		（コメント）		（コメント）		（コメント）	
3					考課	考課点	考課	考課点	考課	考課点	考課	考課点
					（コメント）		（コメント）		（コメント）		（コメント）	
4					考課	考課点	考課	考課点	考課	考課点	考課	考課点
					（コメント）		（コメント）		（コメント）		（コメント）	
5					考課	考課点	考課	考課点	考課	考課点	考課	考課点
					（コメント）		（コメント）		（コメント）		（コメント）	
6					考課	考課点	考課	考課点	考課	考課点	考課	考課点
					（コメント）		（コメント）		（コメント）		（コメント）	
	修正を入れた場合は太字で表記				担当業務合計	/10	担当業務合計	/10	担当業務合計	/10	担当業務合計	/10

応用篇②
月1回の進捗管理の面接を目標達成とOJTに連動させているA社の事例

A社は社員100名程度のメーカーです。同社は業績評定の人事考課は目標管理方式を取り入れています。同社での人事考課の手順は次のとおりです。

> **ステップ1**…期初に会社の経営計画、部門目標を基本に「目標管理カード」を作成する（**資料45**、254頁）。目標は通期目標を設定する。
>
> **ステップ2**…目標管理カードの課題を達成するためにどういう行動を取るかを明確にするために、半期ごとに「目標進捗確認書」（**資料46**、255頁）を作成する。目標進捗確認書は前月の面接で部下と話し合ったことを基本に、上司が部下との話し合いで決めた行動を「行動予定」として記入する。
>
> **ステップ3**…月末に当月の行動に対して本人が具体的に行った行動を記入する。行動は行ったことを実績として具体的に記入する。
>
> **ステップ4**…部下が記入した実績をもとに、予定していてできなかったことを、できなかった理由、どうしたらできるか、面接を通して話し合って部下に考えさせる。
>
> **ステップ5**…ここで話し合ったことについては、上司が次月の行動予定として「目標進捗確認書」に記入して部下に返却する。

このサイクルで進捗管理面接を毎月1回行います。この毎月1回の進捗確認の面接は部下と一対一の面接ではなく、課ごとに全員が集まって、面接は1人ひとり行っています。全員集まって具体的に行っている行動を一緒に聞くことによって、自分の行動を考える場合の参考になるということで続けています。

　この制度をスタートした当初は、面接がうまくいかなくて問題もありました。そこで、この制度導入を指導していただいたコンサルタントに依頼して、実際の進捗確認面接に立ち会ってもらい、問題点を洗い出してもらい、改善していくことにしました。面接立会いの結果、コンサルタントから次のようなアドバイスがありました。

① リーダーがメンバーの報告を聞いているだけという行動がほとんど。もっとメンバーの顔、目を見て、積極的に聞く態度がほしい。キチンと行っているリーダーもいるが…。
＜具体的には＞…
　うなずく、ほめる（具体的行動を）、理解しにくかったことは質問する、励ます、注意する、他のメンバーの意見を求める、聞き返す。リーダーはしっかり聞いているという行動を態度で示すこと。〜特に良い行動があったらほめること。各リーダーのほめる行動が少なすぎる〜

② 営業担当は自分の数値目標について、何人かはキチンと把握している人がいたが、メンバーのうち半数以上の方がいつも認識できる状況になっていない。グループ長は自分のグループ目標、メンバーは自分の目標を頭の中に置いて、その月の達成度をふまえて進捗管理を行っていく必要がある。
＜具体的には＞…
　資料を見なくとも、数値目標に対する達成度はいつも頭の中にあるようにしておきたい。リーダーはメンバーに対して、このことを

徹底するために、進捗確認では数値を話題にしてほしい。できているグループもあったが…。

③　「行動予定」で、できなかったことに対するその理由、どうすればできるかメンバー全員に話を聞くなどして、「できる行動」を本人に考えさせ、本人の口から言わせるようにしてほしい。またリーダーも援助行動を加えてほしい。
＜具体的には＞…
　　例えば営業の新規開拓で訪問先はかなり広げて、データが集まっているか、契約までいってないような場合、訪問先をメンバーと話し合って、絞って、セールスの方法について、他のメンバーの意見も聞いて具体的に指示するなど。リーダーがこうしろと言うと命令調になるので、ヒントを与えてもよいから本人に考えさせること。

④　「目標進捗管理確認書」の書き方について、これは6か月後の「人事考課の材料」になるものなので、リーダーはメンバーに対して具体的に記入するよう指導してほしい。
＜具体的には＞…
　　数値目標に対しては達成率、「行動予定」と「結果」については、具体的に「何をしたか」、「何をするか」、行動を書かせること。また、数値のないところも「できました」ではなく「何をどうしたか」を具体的な行動を記入させること。この記入を通して「考えるクセ」をつけさせることが、目標達成、OJT上でも大切です。

⑤　話し合いの終了では必ず意欲付けになる言葉を入れて終了してほしい。また、リーダーは自信を持って進捗管理を行うこと。できているグループもあったが…。
＜具体的には＞…
　　今月の目標に対する達成度の進捗状況や、今月の行動目標達成しているメンバーに対してほめるなど、メリハリを利かせて終了して

ほしい。そして今月は「・・・でがんばろう」とその気にさせて終了してほしい。

⑥　面接終了後、次の「行動予定」を面接で聞き出したことを、リーダー（上司）が記入して本人に渡しておくこと。
＜具体的には＞…
　　面接終了後、次の１か月間どういう行動をとるか、面接で話し合ったことを上司がまとめて記入し、本人に渡しておくこと。そして次の面接時に「実績」欄に具体的にそれができたかどうかを記入させて面接に入るというやり方。
　　「行動予定」はある程度慣れてきたら、本人に記入させても良いと思います。

⑦　会議の際、ミス、苦情対策の中で、グループメンバーに対してリーダーが対策の成功例を聞いて、それを実行していくように指導している点は良かった。
＜具体的には＞…
　　単純なミス対策として、前から「指差し確認をする」ということになっていたが、ほとんどの人が行っていないが、「私は必ず行うようにした。行ってみたらミスが少なくなった」という例をリーダーが聞いて、「これを来月から全員で確実に行っていこう」と、全員に徹底するというようなやり方。

⑧　メンバーが発表する「今月の実績」のところで「ほぼできました」「目標まではいかなかったが、がんばって行いました」など、アイマイな言葉が多く使われている。この場は前月に決めた行動に対しての話し合いが目的ですので、具体的な行動レベルで話し合いをしてほしい。
＜具体的には＞…
　　「ほぼできている。できなかった。がんばりました」ではなく、「何

> ができて、何ができなかったのか、数値目標だったら達成率が何％だったのか」具体的な行動例、数値を前面に出して進捗管理を行ってほしい。
>
> ⑨　グループごとに予定している時間内に会議を終了するようにしてほしい。そうしないとこの会議は継続しなくなる。
> ＜具体的には＞…
> 　　営業第５グループ、総務部のようなメンバーの多いところは30分では無理なので、時間を組み直すか、メンバーを細分化するか次回まで工夫して、時間内に終了するようにしてほしい。

　このように、導入当時は問題点もあり、また毎月確実に行えない部署もありましたが、面接を継続していくことにより、目標達成率が高い部署が出てくると、月１回の面接を確実に行う部署が多くなりました。

　また、この面接を通して、部下と話し合い、部下に考えさせ、他のメンバーの成功例を面接を通して聞くことにより、OJTにも大きく役立っています。

　この事例でもわかるように、人事考課でのOJTへの落とし込みは、人事考課の結果からだけ落とし込みをしていくのではなく、進捗管理の段階で部下と話し合いを多く持ち、話し合いの中で部下に考えさせることに重点を置くことが大切だということです。OJTとは、OJT計画をきちんと立てて行うというより、日常の仕事の管理の中で部下に質問して考えさせるほうが、より効果的であるということが、ここから読み取れると思います。

資料45

[目標管理カード]

部署：総務部　　氏名：　　上司：

※目標は1年間の「通期」で記入すること。

No.	課題(何を)	達成水準(どれだけ、どのレベルまで、何を尺度として評価するか)	方法・プロセス(どんなやり方)	期日(いつまで)	ウエイト(100)	自己評定 評定/コメント/点数	上司評定 評定/コメント/点数
1	◆CoC認証取得および運用	①○○認証を取得する。②維持審査受審、認証レベルの維持。	①○○認証取得チームを結成し、取得準備開始。②マニュアル作成、ワークフロー構築。社員教育、外部委託先との契約または覚書締結。③審査機関との契約、認証取得。④本審査、認証取得。⑤維持審査受審。(認証後、6か月)	7月 9月 3月	30	評定 点数	評定 点数
2	◆人事システムの改善 目標管理制度の定着 賃金制度改定	①1人で、面談指導ができるようになる。②各部門に目標管理制度を定着させる。③営業・工務・総務の新しい賃金制度を構築する。(○○先生の指導を受けながら)④CTPグループに新しい勤務体制を導入する。	①毎月の目標指導面談の継続実施を習慣付ける。②○○先生の指導を受けながら面談ノウハウを身につける。③CTP等の現場環境を確認しつつ、残業時間削減を探る。社員の健康管理のための新しい勤務体系を相談して、クリアしていく。④法的な問題については社会保険労務士に相談して、クリアしていく。	12月 3月 8月	20	評定 点数	評定 点数
3	◆採用活動推進	①下記要員の採用を達成する。営業●名、PP要員●名②自社ホームページの改善、エントリーシートを設ける。(但し、設置費用・維持費用の工数次第)	①人材紹介業、大学、専門学校、ハローワーク等を活用し、適正人材を獲得する。②自社ホームページを改善し、エントリーシートを設けるための費用・個人情報保護について、実施の可否を探る。	3月 9月	20	評定 点数	評定 点数
4	◆日常業務の再配分と効率化	①請求書発行業務を●●に大幅に移行する。②各種資料作成を、部長から順に引き継ぐ。	①請求書発行業務を80％以上、●●に引き継ぐ。②引き継いだ資料作成を1人で完成できるまま。(退職金、辞令、資金繰り表　他)	11月 1年	20	評定 点数	評定 点数
5	◆美化活動 部門間交流の場づくり 地域交流	①毎週1回、社内清掃実施。②社員旅行・忘年会・親睦会の開催。③地域交流の芽を絶やさず、新しい繋がりを継続。(○○会、○○工組、○○警察　他)	①毎週火曜日を「美化活動の日」と定め、社内の多くの場所を、分担して清掃する。②忘年会・親睦会の立案。③○○会長の後を引き継ぎ、地域交流を図る。(○○会、○○工組、○○警察　他)	1年	10	評定 点数	評定 点数

注) 目標は「通期」で記入する。途中で変更があった場合は、上司と話し合って変更する。

資料46

目標進捗確認書

第　　期　　上半期　　　　部署　　　　　総務部　　　　　上司　　　　　氏名

No.	課題（何を）		4月	5月	6月	7月	8月	9月
1	◆CoC認証取得・運用	行動予定（上司記入）	●○○認証取得チームを結成し、取得準備を開始。●マニュアル作成、ワークフロー構築等を開始する。	●審査機関と審査予定日調整。●○○から取得準備での注意点を聞く。●マニュアル作成を開始する。	●審査予定日（10/4）に向けて、営業・工務・印刷・外注先との調整、調整実施。マニュアル他、必要書類を準備する。	●認証審査受審（10/4）。●審査の結果、○○認証登録推薦が決定した。●外注先および自社営業部員への再教育実施。●最初の案件は張り付いて対応		
		実績（本人記入）	○認証取得チームは結成したが、マニュアル作成開始はできなかった。	○マニュアル作成を開始し、外注先2社を訪問し、認証についての理解を求めた。	○審査予定日（10/4）に向けて、営業・工務・印刷・外注先の教育訓練、書類準備、調整実施。マニュアル他、必要書類を準備、90%完成。	●	●	●
2	◆人事システムの改善目標管理制度の定着賃金制度改定	行動予定（上司記入）	●「目標管理カード」作成。●○○部長および部下との面談。	●○○先生の添削指導を参考に、内容を見直す。その後、再面談する。●CTPの勤務体制を見直すための現場確認、社会保険労務士・産業医への相談実施。	●CTPの勤務体制を見直すための現場確認、社会保険労務士・産業医との相談実施。	●産業医とCTP部員の面談を実施する。●社会保険労務士との打合せは、継続実施する。	●	●
		実績（本人記入）	○「目標管理カード」の中の「方法」、「プロセス」や「達成水準」が決めにくいものが多く、なかなか進展しない。○○先生の添削指導を待って、再考・再面談する。	○「目標管理カード」再考、再面談する。○CTPの勤務体制見直しは未着手	○CTPの勤務体制を見直すための現場確認。（聞き取り）実施。産業医への相談実施。	○	○	○

目標進捗確認書　　　第　　期　上半期　　部署　　　　総務部　　上司　　　　　氏名

No.	課題 (何を)		4月	5月	6月	7月	8月	9月
3	◆採用活動推進	行動予定 (上司記入)	●年度定期採用のための面接実施。(□□大学) ●○○大学インターンシップ対応 (受注拡大のための営業支援と採用窓口拡大のため)	●○○大学インターンシップ受け入れ対応。●人材紹介業者との部門間調整。	●インターンシップ受け入れ報告書作成予定 (大学から書式が届いたら)。●営業希望者を紹介を引き続き依頼する。	●営業採用内定者 (□□大) のフォローアップを実施予定。●人材紹介業者3社に、引き続き紹介を依頼。	●	●
		実績 (本人記入)	○□□大学生1名内定実施。○インターンシップのための研修プログラムの検討 (営業担当者との調整)	○大学インターンシップ受け入れ実施。○営業希望者からの面接2名実施、2名とも採用とした。	○大学からの書式が未調達のため、実施していない。○営業希望者を紹介を引き続き依頼した。	○	○	○
4	◆日常業務の再配分と効率化	行動予定 (上司記入)	●部長と目標内容・業務再配分を検討する。●請求書作成カードを作成し、指導から処理開始する。	●業務再配分を決定するために、○○担当長との打合せを繰り返し、8月中に目標管理カードにまとめ上げる。	●●への請求書作成・処理件数を70％程度を目標とする。	●●への請求書作成指導を継続する。	●への請求書作成指導を継続する。	●
		実績 (本人記入)	○●に請求書作成指導。●の処理件数は約30％。	○指導継続。指導成果は約55％。	○指導継続。処理件数約●％。	○	○	○
5	◆美化活動 部門間交流の場づくり 地域交流	行動予定 (上司記入)	●毎週火曜日の美化活動を、早速実行する。	●(/・●○、○○○) の会を/に催予定。●社内清掃は継続実施する。	●懇親会第2弾を検討する。●7月からの社内清掃場所を検討する。	●懇親会第2弾は再検討する。●8月から、毎週の美化活動を再開すること社長と調整・確認する。●毎週の社内清掃・確認すること (4F倉庫整理/)	●	●
		実績 (本人記入)	○総務部員の協力のもと、毎週、社内清掃を実施。	○(/、○○○) の協力を得て、納涼会を予定通り開催。一斉の清掃は順延した。個別の清掃 (4F、応接室、総務カウンター等) は継続実施。	○懇親会第2弾の社内調整実施。●7月からの社内清掃場所は順調にできなかった。	○	○	○

VII

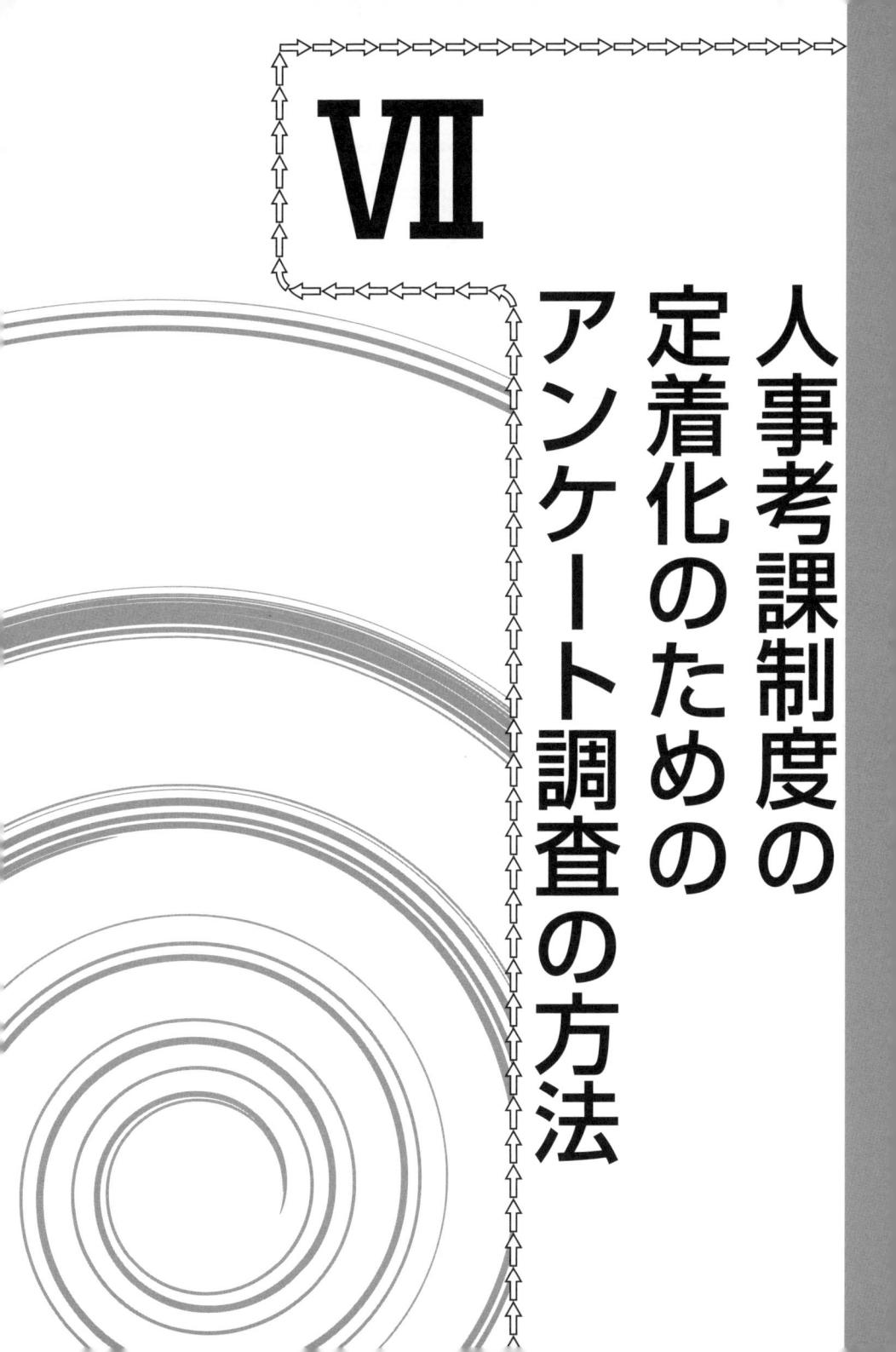

人事考課制度の定着化のためのアンケート調査の方法

Ⅶ 人事考課制度の定着化のための アンケート調査の方法

　人事考課制度は昇給、昇格、賞与などに活用しますが、これは目的ではなく「手段」です。人事考課の大きな目的は、意欲の向上と能力開発です。昇給などの処遇に結び付けるのは、意欲と能力が向上し、高い業績を上げればその分処遇も向上するという人事制度を取り入れることで、意欲と能力を向上させることが目的としているからです。

　人事考課制度は、この能力、意欲の向上を評価する道具ですので、評定者は人事考課のしくみ、評定上の約束事をきちんと理解し、自社のルールに従って評定することが大切です。そのため、人事考課制度が評定者に正しく理解され、公正な評定がされているかということが、処遇に活用する上で重要なポイントになります。

　そこで、人事考課制度を変更して、1回目の人事考課を実施した後にアンケート調査などを行い、理解不足などが見つかった場合は、トレーニング等で制度上の問題については修正を行っていくことが重要だと思います。

　このアンケート調査はモデル会社で行ったものです。モデル会社の人事制度、人事考課制度は第1章の「モデル会社の人事制度」で紹介してあります。アンケート調査には回答も入れてありますので、制度と照らし合わせて問題点、改善点などを考えて、役立ててください(**資料47**)。

　また、アンケート調査項目はモデル会社の人事制度に合わせて作成していますが、人事考課上のルールはほとんど共通することですので、調査項目の一部を変更すれば活用できると思います。人事考課制度を改訂された場合の理解度調査に役立てていただければ幸いです。

Ⅶ 人事考課制度の定着化のためのアンケート調査の方法

資料47

新しい人事考課制度定着化のためのアンケート調査

※ ○印が「そう考えてほしい」「そのように行ってほしい」ということです。逆に回答された方のコメントも入れてあります。

1 次の質問に対して、「はい」「いいえ」の1つを選んで□の欄に✓印と、その理由を簡単に説明して下さい。

(1) 5～3グレードの社員に対する業績評定は期初に部下に対して「仕事の種類」「仕事のポイント・目標」「ウエイト」を記入して、部下と面接をして評定要素と基準を決定するしくみになっています。今回の上期の評定では、この面接を行いましたか。

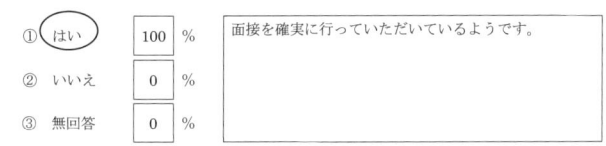

① (はい)　100 ％　面接を確実に行っていただいているようです。
② いいえ　0 ％
③ 無回答　0 ％

(2) 上期の評定に際して、自己評定を行わせる前に評定の仕方や注意点について、時間をとって部下に説明を行いましたか。

① (はい)　78 ％　説明を行っていない評価者が2割程度いたようなので、次回のトレーニングで徹底させる必要があると思います。
② いいえ　22 ％
③ 無回答　0 ％

いいえ	➢ 自分の理解度が高くなかったことも要因だが、基本的に職種柄、時間がとりにくい。
	➢ 時間が少なく、細かい対応ができなかった。
	➢ 本人に任せた。
	➢ 人事部からの説明と文書だけで説明しなかった。

(3) 上期の評定で、期初の「仕事の種類」「仕事のポイント・目標」を決める場合、「スキルマップ」を基準に行うシステムですが、この「スキルマップ」をキチンと活用できましたか。

① (はい)　67 ％　まだスキルマップを活用していない評価者が3割程度います。「仕事と合っていない」という意見もあるようなので見直しをすることも考える必要があるようです。
② いいえ　33 ％
③ 無回答　0 ％

いいえ	➤ スキルマップを基準として考えたか、何項目か内容を変更する必要性を感じた。
	➤ スキルマップはあくまでも全体としての内容であるため、個々の目標を決めて記入してもらった。
	➤ スキルマップと目標が結び付けられないもの（数字の目標）があったため。
	➤ スキルマップの項目に該当しない内容が多々ありました。

(4) 上期の評定で、部下が自己評定した結果と上司評定の結果とあまり評定の差はなかったですか。（かなり差があったら「いいえ」と回答し、考えられる理由も書いてください。）

① (はい)　75 ％　　差があったとの回答が2割5分程度あったが、何回か行っていくうちに小さくなると思います。
② いいえ　25 ％
③ 無回答　 0 ％

いいえ	➤ 部下によっては、差が出た。「できる」の認識のギャップからだから目標作成時にはっきりしていることが重要。次回からは問題がないと思う。
	➤ 個人によってかなり差があった。低く評定する方や高く評定する方も多少いました。
	➤ 自己評定で、「あまい」「辛い」の差が出た。結果についての判断基準が上司と部下で一致していない。

(5) 上期の評定を行ってみて、評定結果について公正な評定ができたと自信を持って言えますか。

① (はい)　69 ％　　3割弱の評定者が、まだ自信がないと回答している。トレーニングを重ねる必要があると思います。
② いいえ　28 ％
③ 無回答　 3 ％

いいえ	➤ 自己評定が高い人、低い人が極端で。例えば、自己評定が「A」という場合「C」まで評価を変えられない。自己評定が高い人の有利さが出てしまっている気がする。
	➤ 結果についてできた。できなかった判断の基準が曖昧で自信を持って言えない。
	➤ 自分の部下たちの評定内容というより他評定者とのギャップがあると思う。

(6) 4グレードの社員に対して、上期は3グレードに求められる「仕事のポイント・目標」を与え、本人も了承した。その場合、評定も3グレードの基準で行ってよいと思いますか。

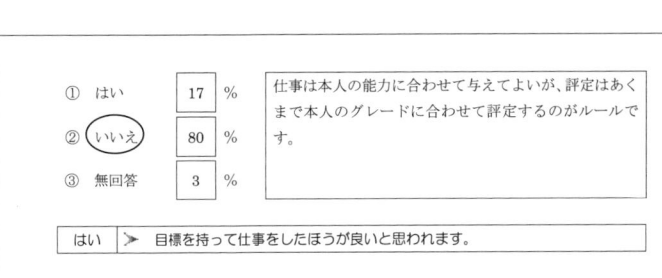

Ⅶ　人事考課制度の定着化のためのアンケート調査の方法

① はい	17 %	仕事は本人の能力に合わせて与えてよいが、評定はあくまで本人のグレードに合わせて評定するのがルールです。
②(いいえ)	80 %	
③ 無回答	3 %	

はい	➢ 目標を持って仕事をしたほうが良いと思われます。

(7) Aさんが、勤務時間外に当社の社員として就業規程に違反するような行動をとった。会社の社会性を考慮すると、勤務時間外の行動でも人事考課にある程度加味する必要があると考えた。このような場合、加味してもよいと思いますか。

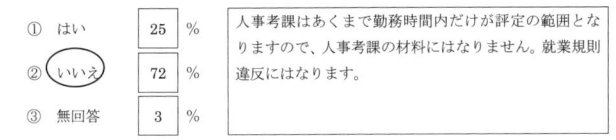

① はい	25 %	人事考課はあくまで勤務時間内だけが評定の範囲となりますので、人事考課の材料にはなりません。就業規則違反にはなります。
②(いいえ)	72 %	
③ 無回答	3 %	

はい	➢ 飲酒運転なので、人身事故を起こした場合など社会的責任や会社への損失考えた場合。 ➢ ただし、『「就業規程」に違反するような定動』の違反の度合（常識的な範囲外）の場合。

(8) 業績評定は、「与えた仕事のやり方と結果」を評定するしくみになっています。業績評定に際しては、あくまでも仕事の結果だけで評定すべきと考えますか。

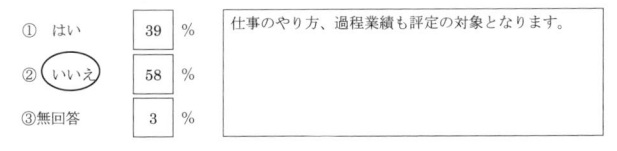

① はい	39 %	仕事のやり方、過程業績も評定の対象となります。
②(いいえ)	58 %	
③無回答	3 %	

はい	➢ その目的、仕事ができたか、できなかったかで判断する。 ➢ 意欲などは、別の指標として捉えるため。 ➢ 目標に対する達成度でよろしいと思う。

(9) 同じ4グレードの社員で4グレードになって5年目の社員と、2年目の社員がいた場合、5年目の社員は能力レベルが高いはずなので、2年目の社員より高い「仕事のポイント・目標」を与え、評定基準もこの基準で評定すべきであると思いますか。

①	はい	14	%
②	(いいえ)	78	%
③	無回答	8	%

評定は経験年数に関係なく、グレードが基準になります。

はい	➤	同じグレード内での仕事のポイント、目標であればそうあるべきだと思う。
	➤	今回の評価基準で一番判断しにくいこと。目標⇔成果で評価することしか調整できない。
	➤	経験度からみても現グレードと社歴は考慮すべきだと考える。

(10) 人事考課の結果を部下育成に活用することになっていますが、具体的に活用できると思いますか。

①	(はい)	81	%
②	いいえ	13	%
③	無回答	6	%

活用できないと回答した人がいますが、今後のトレーニングで活用方法を徹底していく必要があると思います。

いいえ	➤	スキルマップの内容が、少し軽い設定だったようで、内容の見直しを行うことにした。
	➤	自分で考えて行動。状況判断。お客様の言いたいことがすばやくキャッチできる等、職能では評価しづらい点があり、ここが難しい。

(11) 人事考課を行う場合、部下の行動を日常詳しく把握できないので、見えない部分の行動はある程度、推測をしながら評定してもよいと思いますか。

①	はい	16	%
②	(いいえ)	81	%
③	無回答	3	%

見えない部分、確認できないことは評定の材料としないというのがルールです。

はい	➤	現状はやむを得ないと思います。
	➤	部下の行動をすべて見ているわけではないので、推測が入ってもやむを得ない。

(12) 能力評価では、能力は保有能力を評定するようになっていますが、例えば、期初には能力評定はあまり良い評定でなかったが、後半になって能力が伸びてきたという場合は、この後半の伸びたところを

Ⅶ 人事考課制度の定着化のためのアンケート調査の方法

評定してもよいと思いますか。

① (はい)　78 ％
② いいえ　19 ％
③ 無回答　 3 ％

能力評定は、「保有能力」を評定するので、伸びたところを評定することになります。

- いいえ
  - ➤ 1年間を通して評価する。
  - ➤ あくまでも全体の平均で評定だと思うが、良いことのほうが印象強くなってしまう場合も。
  - ➤ 期間の平均値を見る（でないと評価前だけやればよいということになる）。

(13) 人事考課を行う場合、部下の将来のことも考慮に入れて評定しなければならないと思いますか。

① はい　　33 ％
② (いいえ)　67 ％
③ 無回答　 0 ％

過去、将来は評定の材料にしないというのが、人事考課のルールです。

- はい
  - ➤ きびしい部分も含めて、そのように考えます。
  - ➤ その時その時の期間で区切っただけの評価ではなく、連続性を持たせて徐々にステップアップさせたい。
  - ➤ 人事考課は各人の能力や特徴、業績を考査して、昇給や昇進などに利用されるものなので、結果として部下の将来のことを考慮に入れることになる。

(14) 人事考課では部下に与えた「仕事のポイント・目標」で評定するのが基本ですが、同じ職場に同じグレードの社員がいた場合、やはり相互に比較してみる必要もあると思いますか。

① はい　　31 ％
② (いいえ)　69 ％
③ 無回答　 0 ％

当社のルールは絶対評定ですので、相対評定しないということです。

- はい
  - ➤ 目標に対する評価ですが、たまたま同じ目標で明らかに実践と対応を見て、比較が発生する場合はその状況もあり。
  - ➤ 比較して、実際調整を入れるかどうかは別として、確認はしておいたほうが良いと思う。
  - ➤ 正直、必要かと思われます。

(15) 人事考課での評定の場面は、職務遂行場面ということが決められていますが、休憩時間や昼休みの時間などは、仕事はしていないが職場の中での行動なので評定の対象にすべきだと思いますか。

① はい　　　16　%
②(いいえ)　78　%
③ 無回答　　6　%

就業規則違反の行動は別ですが、仕事をしていない場面は評定の材料にしないというのがルールです。

はい　▶ 本当はすべき。昼休み、休憩時間の使い方、ルールを明確にすべき（完全に自由な時間ではないと思う）。
　　　▶ 他者に影響のある発言・行動は対象になると思います。

(16) 当社の人事考課での評定の材料は、業績、意欲、能力評定とも同じものであると思いますか。

①(はい)　　25　%
② いいえ　　67　%
③ 無回答　　8　%

「いいえ」が多かったようですが、評定の材料は「定められた評定期間内の職務遂行場面」なので、同じです。まとめ方が違うということです。

いいえ　▶ 材料は同じだが、評定項目は違う。
　　　　▶ 担当した仕事であると。

(17) 能力評定を行う場合、発揮された場面を材料に評定することになりますが、能力は発揮される場合と発揮されない場合があります。そうなると、能力評定は評定期間内での発揮された場面の平均値を取って、評定すればよいと思いますか。

① はい　　　33　%
②(いいえ)　53　%
③ 無回答　　14　%

能力は保有能力を評定しますので、平均値的な見方をしません。例えば、評定期間が1年間で、後半になって能力が伸びてきたという場合は、その伸びたところを評定しても良いということです。

はい　▶ 体調不良や様々な影響で効果は異なるため平均は必要と思う。

(18) 人事考課での能力評定は、その社員が保有しているすべての能力を評定しようとしているものだと思いますか。

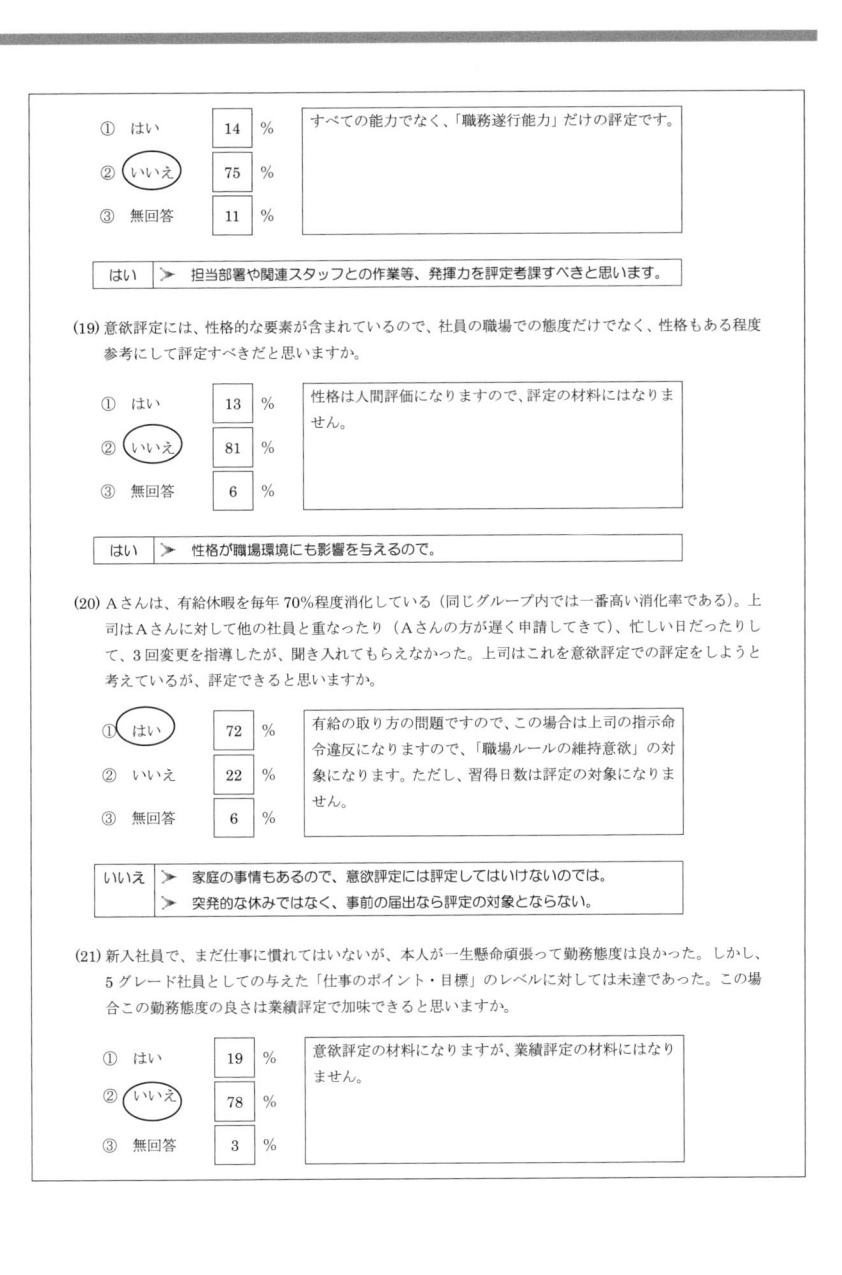

① はい	14	%	すべての能力でなく、「職務遂行能力」だけの評定です。
②(いいえ)	75	%	
③ 無回答	11	%	

| はい | ➤ 担当部署や関連スタッフとの作業等、発揮力を評定考課すべきと思います。 |

(19) 意欲評定には、性格的な要素が含まれているので、社員の職場での態度だけでなく、性格もある程度参考にして評定すべきだと思いますか。

① はい	13	%	性格は人間評価になりますので、評定の材料にはなりません。
②(いいえ)	81	%	
③ 無回答	6	%	

| はい | ➤ 性格が職場環境にも影響を与えるので。 |

(20) Aさんは、有給休暇を毎年70％程度消化している（同じグループ内では一番高い消化率である）。上司はAさんに対して他の社員と重なったり（Aさんの方が遅く申請してきて）、忙しい日だったりして、3回変更を指導したが、聞き入れてもらえなかった。上司はこれを意欲評定での評定をしようと考えているが、評定できると思いますか。

①(はい)	72	%	有給の取り方の問題ですので、この場合は上司の指示命令違反になりますので、「職場ルールの維持意欲」の対象になります。ただし、習得日数は評定の対象になりません。
② いいえ	22	%	
③ 無回答	6	%	

| いいえ | ➤ 家庭の事情もあるので、意欲評定には評定してはいけないのでは。
➤ 突発的な休みではなく、事前の届出なら評定の対象とならない。 |

(21) 新入社員で、まだ仕事に慣れてはいないが、本人が一生懸命頑張って勤務態度は良かった。しかし、5グレード社員としての与えた「仕事のポイント・目標」のレベルに対しては未達であった。この場合この勤務態度の良さは業績評定で加味できると思いますか。

① はい	19	%	意欲評定の材料になりますが、業績評定の材料にはなりません。
②(いいえ)	78	%	
③ 無回答	3	%	

| はい | ▶ | プロセスが間違っていなければ、加味されるべきでは。 |

(22) 期初に仕事を与える場合、同じグレードの社員に対しては、同じ基準の「仕事のポイント・目標」を与えなければならないと思いますか。

① はい　　16 ％　　仕事は能力に合わせて与えて良い。しかし、評定はあく
② (いいえ)　81 ％　　までグレードが基準になります。
③ 無回答　　3 ％

はい	▶	ただし、内容は個々でよい。
	▶	同グレードであれば、基準は同じで。
	▶	公平な評定を行うためには、そうなると思います。

(23) 人事考課で自己評定を行わせる際、評定段階の S、A、B、C、D の段階の説明を事前にきちんと行いましたか。その際、B の段階はどう説明されていますか。下記の欄に簡単に説明してください。

① (はい)　　83 ％　　「B」が基準ということはかなり徹底されているようです。
② いいえ　　14 ％
③ 無回答　　3 ％

| いいえ | ▶ | 人事部からの説明と文書に委ねた。 |

(24) 部下の上期の自己評定の結果をみて、部下は新しい人事考課制度を理解して、評定を行っていると思いますか。

① (はい)　　72 ％　　かなり徹底されているようです。
② いいえ　　22 ％
③ 無回答　　6 ％

いいえ	▶	まだ私自身も理解しているとは言えない。部下も理解しきれていない。
	▶	なかなか一律に理解してもらうのが難しい。
	▶	評定をする私も含めて、まだ理解度が低いと感じます。

□　**著者略歴**　□

菅野 篤二（かんの とくじ）

> 経　歴

1940年	山形県生まれ
1963年	日本大学商学部卒業
同　年	社団法人労務管理研究会 入会 月刊誌の編集、人事考課、賃金制度の調査・研究に従事
1970年	株式会社エム・デー・シー（現代マネジメント研究会）の設立に参加
1989年	代表取締役就任
1995年	厚生労働省の「中小企業賃金制度モデル等作成委員会」「均衡処遇に配慮した賃金制度に関する調査研究委員会」委員を歴任
2015年	株式会社プライムコンサルタントと株式会社エム・デー・シー（現代マネジメント研究会）統合
現　在	現代マネジメント研究会代表

> 専門分野

成果型賃金制度の設計、目標管理の設計と定着化、ポイント型退職金制度の設計、人事考課制度の設計、人事考課評定者研修、管理者研修等、人事・労務全般にわたるコンサルティング

> 主な指導先

日本政策金融公庫、農林中央金庫、全農、全共連、各県ＪＡ連合会、デパート、石油会社、地方銀行、病院、社会福祉法人、私立学校、ドラッグストア、ホテル・旅館、全国銀行協会、全国地方銀行協会、その他中小企業多数

> 主な著書

人事考課事例集（政経研究所）
わかりやすい職能型業績給の導入と手順（経営書院）
超かんたん賃金設計（中経出版）
超かんたん目標管理（中経出版）
超かんたんオーダーメイド型賃金導入の実務手順（中経出版）
目標管理実践マニュアル（すばる舎リンケージ）
成果型賃金導入マニュアル（すばる舎リンケージ）
評定者研修用テキスト・シート付 人事考課書式集（日本法令）
成功事例からわかる中小企業の目標管理（日本法令）
業種別・職種別 人事考課表実例集（共著、日本法令）

実例でわかる　人事考課結果の	平成 26 年 11 月 20 日　初版発行
昇給・昇格・賞与への活用のしかた	平成 29 年 2 月 10 日　初版 2 刷

検印省略

日本法令®

〒 101-0032
東京都千代田区岩本町 1 丁目 2 番 19 号
http://www.horei.co.jp/

著　　者	菅　野　篤　二
発 行 者	青　木　健　次
編 集 者	鈴　木　　　潔
印 刷 所	三 報 社 印 刷
製 本 所	国　宝　社

（営　業）	TEL	03-6858-6967	Ｅメール	syuppan@horei.co.jp
（通　販）	TEL	03-6858-6966	Ｅメール	book.order@horei.co.jp
（編　集）	FAX	03-6858-6957	Ｅメール	tankoubon@horei.co.jp

（バーチャルショップ）http://www.horei.co.jp/shop
（お詫びと訂正）http://www.horei.co.jp/book/owabi.shtml

※万一、本書の内容に誤記等が判明した場合には、上記「お詫びと訂正」に最新情報を掲載しております。ホームページに掲載されていない内容につきましては、FAX またはＥメールで編集までお問合せください。

・乱丁、落丁本は直接弊社出版部へお送りくだされば取替えいたします。
・R〈日本複製権センター委託出版物〉本書の全部または一部を無断で複写複製（コピー）することは、著作権法上での例外を除き、禁じられています。また、本書を代行業者等の第三者に依頼してスキャンやデジタル化することは、たとえ個人や家庭内での利用であっても一切認められておりません。

Ⓒ T.Kanno 2014. Printed in JAPAN
ISBN 978-4-539-72396-8

ビジネスガイド 定期購読のご案内

労働・社会保険，税務の官庁手続＆人事・労務の法律実務誌

定期購読にするととってもおトクです！

ホームページ　http://www.horei.co.jp/bg/

ビジネスガイドとは？

ビジネスガイドは，昭和40年5月創刊の労働・社会保険や人事・労務の法律を中心とした実務雑誌です。企業の総務・人事の実務担当者および社会保険労務士の業務に直接影響する，労働・社会保険の手続，労働法等の法改正情報をいち早く提供することを主眼としています。これに加え，人事・賃金制度や就業規則・社内規程の見直し方，合同労組・ユニオン対策，最新労働裁判例のポイント，公的年金・企業年金に関する実務上の問題点についても最新かつ正確な情報をもとに解説しています。

「定期購読会員」とは？

- ビジネスガイドの年間定期購読（1年または2年）の申込みをし，弊社に直接，下記の定期購読料金をお支払いいただいた方をいいます。

定期購読会員特典

① 会員特別価格でご購読いただけます。

　1年間（12冊）10,457円　／　2年間（24冊）18,629円　（いずれも税別・送料無料）

② 毎月の発売日（10日）までに，ビジネスガイドがお手元に届きます。
（※）配達業者等の事情により一部到着が遅れる場合がございます。

③ 当社発売の書籍・CD-ROM商品等を，会員特別価格で購入することができます。

④ 当社主催の実務セミナーを，会員特別料金で受講することができます。

お申込み方法

【初めて申込みをする場合】

- 下記にご連絡いただければ専用郵便払込用紙をお送りいたしますので，必要事項をご記入のうえ，郵便局で購読料金をお振り込みください。
- 定期購読料金のお振り込みが確認され次第，ご希望の号数から発送を開始いたします。
（※）バックナンバーからの購読をご希望の場合は，定期購読会員係【電話：03-3249-7178】に在庫をご確認のうえ，お申込みください。

【定期購読契約を更新する場合】

- 定期購読終了の際に，「購読期間終了・継続購読のご案内」とともに，新たに専用の郵便払込用紙を送付いたしますので，郵便局で定期購読料金をお振り込みください。
（※）定期購読期間中の中途解約は，原則としてお受けいたしかねます。

■ 定期購読に関するお問い合わせは，**日本法令** 定期購読会員係【電話：03-6858-6960】まで
E-mail kaiin@horei.co.jp

会員数 No.1！社会保険労務士のための総合webサービス

SJS 社労士情報サイト
Web Solution for Labor and Social Security Attorney

社労士情報サイトは「業務に必要な書式や規定を手軽にダウンロードして使いたい」「手間と時間のかかる事務所便りを楽に発行したい」「法改正や行政動向に関する情報を早くまとめて入手したい」といったニーズにお応えする"総合webサービス"です。

日本法令

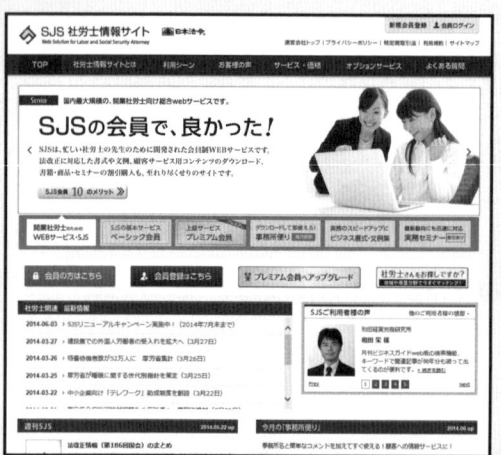

サイトトップページ　　　　　　会員専用ページ（ログイン後）

◆社労士情報サイト年会費◆

〔ベーシック会員〕24,000円（税込）…ビジネスガイド定期購読も含まれて　1月当たりたったの2,000円！
〔プレミアム会員〕60,000円（税込）…セミナー3日分無料の特典もついて　1月当たりたったの5,000円！

◆社労士情報サイト申込方法◆

〔新規申込の場合〕
　ウェブサイト（http://www.horei.co.jp/sjs）からお申込みください。
〔ビジネスガイド定期購読会員から社労士情報サイト会員に変更する場合〕
　ビジネスガイド定期購読料金と社労士情報サイト年会費の相殺を行います。詳しくは下記アドレスにお問合せください。
〔社労士情報サイト「ベーシック会員」から「プレミアム会員」への変更を希望する場合〕
　ベーシック会員年会費とプレミアム会員年会費の相殺を行います。詳しくは下記アドレスにお問合せください。

お問合せ先　（株）日本法令　社労士情報サイト担当
E-mail：sjs@horei.co.jp　電話：03-6858-6965

SJS社労士情報サイト会員になると
これだけのサービス・特典があります!

「ベーシック会員」(年会費:税込 24,000 円)には①～⑩のサービス・特典が、「プレミアム会員」(年会費:税込 60,000 円)には①～⑬のサービス・特典が適用されます(入金金はありません)。

① 社会保険労務士のための『営業支援ツール』&『業務支援ツール』

ファイル総数 200 以上!

『営業支援ツール』…パンフレット、ヒアリングシート、レポート、実務ツール、各種提案書
『業務支援ツール』…開業準備、顧客獲得、事務処理、官庁提出、労務問題対応のための各種ツール

Microsoft Word・Microsoft Excel 形式のファイルをパソコンにダウンロードして簡単なアレンジ・カスタマイズを加えるだけでご利用いただけます。事務所の業務効率化や売上アップにお役立てください!

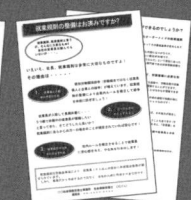

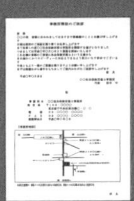

記事中に登場する裁判例の詳細がわかるWEB限定情報を毎号掲載!
〔提供:ウエストロー・ジャパン株式会社〕

② 月刊ビジネスガイド 定期購読
労働・社会保険や人事労務、労働法に関する旬な記事を掲載した月刊誌『ビジネスガイド』最新号を毎月ご指定の場所にお届けします。

③ ビジネスガイド記事 WEB 版
2002 年 1 月号以降に掲載した記事のWEB 版(PDF 形式)をパソコン上で検索・閲覧。必要なバックナンバー記事がすぐに見つかります。

④ 顧客満足度アップ! 「事務所便り」
事務所名とコメントを加えて印刷するだけで完成する、当サイトオリジナルの記事&ひな型。ひな型のパターンは数種類あります。

⑤ 使える書式が満載! 「ビジネス書式・文例集」
行政機関に提出する申請書や届出書、社内外で使用するビジネス文書や契約書、会社規程、内容証明等の書式を Word・Excel 形式で提供。

⑥ 日本法令ならでは! 「就業規則バンク」
当社から発行している就業規則関連書籍の一部から、各種規定例を多数提供。「規定の運用ポイント」や「改正情報」も掲載しています。

⑦ 検索機能も充実! 厚生労働省資料
厚労省発表の膨大な資料のうち必要なものをピックアップし、ジャンル(雇用・賃金・労災・年金・医療・介護等)ごとにまとめています。

⑧ 週1メールマガジン 「SJS Express」
業務に必要な最新情報をまとめた「Topics」や日本法令の新商品・セミナー情報等を週1回配信。

⑨ 自己PRできる! 社労士紹介ページ
開業社労士の方は、プロフィール、連絡先、得意分野等を当サイトに掲載することができます(希望者のみ)。

⑩ SJS 会員で良かった! 会員特別割引制度
日本法令の各種商品を割引価格で購入でき、実務セミナーにもお得な料金でご参加いただけます。

⑪ プレミアム会員限定 セミナー動画
当社から発売中のセミナー動画商品(一部を除く)、定期更新の実務解説動画を視聴することができます。

⑫ プレミアム会員限定 SR記事 WEB 版
開業社労士専門誌『SR』(年4回発行)のバックナンバー記事の WEB 版(PDF 形式)を閲覧できます。

⑬ プレミアム会員限定 セミナー無料受講
当社主催の実務セミナーを年3日分無料で受講することができます。音声CD-ROM への振替も OK!

法令・実務・顧客開拓・事務所経営
開業社会保険労務士専門誌 SR

定期購読のご案内　定期購読にするととってもおトクです！

ホームページ http://www.horei.co.jp/bg/sr.html

● 開業社労士専門誌「SR」とは？

労働・社会保険，税務の官庁手続＆人事・労務の法律実務誌「月刊ビジネスガイド」の別冊として，平成17年より発行を開始いたしました。

本誌は，すでに開業をしている社会保険労務士やこれから開業を目指す社会保険労務士を対象に，顧客開拓や事務所経営，コンサルティング等に関する生きて使える情報を豊富に盛り込み，実践的に解説をした開業社会保険労務士のための専門誌です。

実務への影響が大きい法改正情報はもちろんのこと，就業規則，是正勧告，あっせん代理，退職金，助成金，特定社会保険労務士制度等にかかわる最新の情報やノウハウについても，正確かつ迅速に提供をしています。本誌を読むことで，多くのビジネスチャンスを得るためのヒントを手に入れることができます。

●「定期購読会員」とは？

- ●「SR」の定期購読会員(年4回発行)の申込みをし，弊社に直接，下記の定期購読料金をお支払いいただいた方をいいます。
- ● 定期購読会員は 未刊号を含む 連続した4号分にて承ります。(会員期間はご注文4号目の発売日まで)

● 定期購読会員特典

① 会員特別価格でご購読いただけます。

4冊【4号分（未刊号を含む）】セット：5,333円（税別・送料無料）
※1冊（定価1,714円（税別））ずつ購入するより1年間で1,500円以上お得！

② 毎回の発売日までに，「SR」がお手元に届きます。
※年4回(2,5,8,11月の原則5日)発行です。

③ 当社発売の書籍・CD-ROM商品等を，会員特別価格で購入することができます。

④ 当社主催の実務セミナーを，会員特別料金で受講することができます。

● お申込み方法

【初めてお申込みをする場合】

- ● 下記にご連絡いただければ専用郵便払込用紙をお送りいたしますので，必要事項をご記入のうえ郵便局で購読料金をお振り込みください。未刊号を含む連続した4号分にて承ります。
- ● 定期購読料金のお振り込みが確認され次第，ご希望の号数から発送を開始いたします。
（※）バックナンバーからの購読をご希望の場合は，定期購読会員係【電話：03-3249-7178】に在庫の有無をご確認のうえ，お申込みください。

【定期購読契約を更新する場合】

- ● 定期購読終了の際に，「購読期間終了・継続購読のご案内」とともに，新たに専用の郵便払込用紙を送付いたしますので，郵便局で定期購読料金をお振り込みください。

(※) 定期購読期間中の中途解約は，原則としてお受けいたしかねます。

■ 定期購読に関するお問合せは，**日本法令** 定期購読会員係【電話：03-6858-6960】まで
E-mail kaiin@horei.co.jp